當和尚遇到鑽石 ⑥

Katrin
女孩可以做得到

麥可・羅區格西 Geshe Michael Roach／著　謝佩妏／譯

Katrin: Girls Do Do That

作者序

二〇〇〇年是我人生的重大轉捩點。當時我剛完成一個長達十九年的「實驗」。那是我的上師交代我的功課，他要我試試看能不能運用像《金剛經》這樣的佛教經典，打造出成功的事業，進而累積足夠的財富以發起並資助數十萬冊的亞洲經典蒐集及保存計畫。

這個實驗大獲成功，過程都紀錄在《當和尚遇到鑽石：一個佛學博士如何在商場中實踐佛法》這本商業書中。在書中你會看到，我們果真運用古老的智慧在紐約市創辦全球最大的珠寶公司，年銷售額高達兩億五千萬美元，並在二〇〇九年被投資大師巴菲特收購。

另一方面，我們的亞洲經典傳承圖書館（Asian Legacy Library）致力於保存經典，建立的數位檔案已累積約八千萬字，並免費提供線上檢索及瀏覽。

但兩千年時，我的上師突然改變對我的指示。他希望我辭掉多年來在鑽石業界得來不易的職位，前往他方展開為期三年三個月又三天的傳統止語靜修——幾世紀以來稱之為「大閉關」。

首先我要說明的是，「大閉關」必須先完成多次短期閉關之後才能進行。剛開始先閉關一兩天，然後慢慢加到一週，而後一個月、三個月，以此類推。也就是說，大閉關之前必先經過長時間的練習和準備，而且要在一名經驗豐富的閉關上師的指導下才能進行。要不然你很可能只是白白浪費了時間。眞正的閉關非常嚴肅，架構嚴謹，規劃詳盡，一切都按照詳細的古老傳統進行。

因爲我是個「書呆子」，所以我的上師認爲大閉關的第一年，我應該盡量避免大量閱讀和寫作，只專注於一、兩部傳統的閉關指導經典。

閉關一年之後，有個靈感浮上我腦海。我想寫一個女孩在古代亞洲展開心靈覺醒旅程的系列作，一共三本。女孩的名字就叫「星期五」，因爲按照習俗，東方的鄉下人家會以出生那天是星期幾來爲新生兒命名。

第一本的書名是《瑜伽眞的有用嗎？》，我們在書中認識了星期五。她獨自踏上前往印度尋找神祕上師的危險旅程（對一千年前的女性來說尤其危險）。不幸卻在途中被俘，成了階下囚，卻靠著發自內心的自我修練，將她的牢房和把她抓來的人轉化成一片愛與啓蒙的綠

洲。

第二本書的書名是《Katrin》，就是你手上的這本書。Katrin 在古老梵語中意思是「仁慈」，尤其是我們的心靈導師展現的仁慈。我選這個名字當作星期五決心追隨的上師的名字，部分是因爲它跟 Kathryn 這個字很像，那是十六歲那年逼我學會寫作的高中老師，他雖然上了年紀，卻非常擅長啟發學生。我也在那一年認識了我的心靈伴侶，那就是我的妻子維若妮卡。

第二本寫的是星期五展開心靈覺醒之旅以前的生活，從她出生寫到她如何透過他人的鼓勵和自己遭遇的不幸而萌生追求心靈覺醒的渴望。三部曲還有最後一本，但目前爲止只存在我的腦海中（雖然對我來說已經相當清楚完整），從中我們會發現這個女孩的神奇之處，而那就是她跟我們的現代世界密切相關的原因。

朋友都知道，通常我相信一部好的虛構作品應該更能自成一個世界，不需要靠「眞實」世界任何多餘的介紹打斷它本身的音韻。但爲了這本書，我卻特別破例，因爲我希望讀者知道書中的故事可以說是眞正發生過的事。

也就是說，那一千多個嚴格閉關、與世隔絕的日子，我得以神遊其他地方和其他世界。

與其說是我一天一天寫下這兩個故事，不如說我得到了允許，得以看著、聽著一個眞正發生過的故事在我眼前展開。閱讀星期五和 **Katrin** 的故事時請記住這點，同時也別忘了，假以時日，那也會幫助你踏上自己的神聖之旅。

而那就是我希望有一天你能跟我們分享的故事。

麥可・羅區格西

美國亞利桑納州里姆羅克彩虹屋

二〇二五年五月十九日

第一部

女孩可以做得到

老人又低眸凝視手中的茶碗半晌，然後再度用堅毅的眼神看我，細細打量我的臉。

最後他終於開口：「你的要求……你要我教你的東西非同小可。」再度停頓，默默垂下眼簾，彷彿在茶湯底下尋找用字。

「就算我對這種……這種療法……略知一二，也不可能傳授給你。」一陣椎心之痛劃過我的胸口。他看見了。

「我是說，除非我知道……知道你是誰、為什麼想學這些東西，還有為什麼是你——年紀那麼輕，不過是個小姑娘。」

他又一頓，轉著手中的茶碗，一邊端詳，接著突然抬起頭，眼睛一亮。

「還有你是怎麼找到我的！怎麼找來這麼隱密的地方！從來沒有人像你這樣走到這裡！」

他靠過來，再次映入我的眼底和生命中。「孩子，從頭說給我聽，原原本本說給我聽。」

目次

1 我們的家

我出生於第一繞迴水豬年，也就是西元一〇八三年。我對生命最初的記憶是張開眼睛往上看，只見一顆精緻的深藍色綠松石在我頭上晃悠悠地轉。綠松石鑲在色如銀輝的圓框裡，一起掛在漂亮的深褐色木頭念珠項鍊上。

我的視線沿著念珠往上爬，看見黝黑又有力地抓著項鍊的可愛手指。再往上，那是我第一次看見我親愛的哥哥丹增。他顴骨飽滿的帥氣臉蛋上方是一圈剛青色的圓形天窗，又大又圓的棕色眼睛閃著光，深情地看著我。他開心地笑，高聲大喊：「阿瑪拉，我可愛的小妹妹終於醒了！」

阿瑪拉（在我們的語言裡是指「親愛的媽媽」）走過來看。我抬起頭，在半空中也看到她可愛的臉。她抱抱我哥哥丹增，慈愛地摸摸他剃得光溜溜的小腦袋，說：「是啊，她好可愛。不過你該回去用功啦，我的小格西，讓這小丫頭休息一下。」

他綻放迷人的微笑，露出一口雪白牙齒，用欣喜的眼神溫柔地跟我道別。兩張臉從圓形

天空中消失，珍貴的綠松石也輕輕移走，把我留在鋪著柔軟羊毛和溫暖犛牛毛毯的搖籃裡，繼續仰望早晨的藍天。

我記得我躺在那裡好幾個小時，透過帳篷屋的天窗往外望。隨著時間流逝，耀眼的金黃色太陽在天窗上緩緩移動，灑下一束金光，爐火的輕煙在光束裡繚繞不絕，爲我表演一整天。上有天窗灑下暖融融的光線橫過房間和我的身體，下有石頭圍成的火爐發出的火光溫暖我的背。

天窗就是我的全世界，是我視線所及的一切。白天我宛如太陽的姊妹，晚上當月亮沿著太陽走過的軌道越過漆黑天窗時，我就成了月亮的姊妹。這時我的心會飄到窗外，跟著白晃晃的星星繞著力量強大卻看不見的軸心轉動。我成了漂浮在半空中的小嬰兒，把塵世拋到九霄雲外。

天窗是我們的帳篷屋或稱蒙古包最棒的地方。那是由堅固的杜松木圍成的圓形開放窗口，直徑約四呎，能讓整頂帳篷沐浴在柔和的琥珀色光線中，同時也能排出火爐的煙。八根拱形木條如輪輻排列，中間的圓孔有一呎來寬，孔裡是個漂亮的木頭十字。

圓形窗框由數十根頂竿支撐，頂竿漆成紅褐色，畫上靛藍、緋紅和翠綠色的龍和火鳥之類的小巧圖案。躺在搖籃裡往上看，沉醉在光柱和木條輪輻交織而成的圖案時，我有時覺得自己彷彿在自己體內，在貫穿身體的核心裡，凝視從核心向外延展的容器發出閃閃光芒。所以，我對生命的最初記憶就是巨大的軸心和光束，恆星和行星從中切過，既在我體內也在我周圍——我的新家。

我們的家溫暖又熱鬧。跟這裡的每戶人家一樣，我們一家人睡在一起，晚上在地上鋪羊毛地毯、毛毯和被子，舒服地坐下來談天說笑唱歌。一邊是度母奶奶，她有張特別的草蓆和幾個精美的加蓋木箱，所以坐得比我們高一些，在火光下顯得沉靜而威嚴，晶亮的雙眼笑咪咪地看著我們，居高臨下，像個女王。而她確實是女王，或者該說是公主，在一座名叫貝加爾的大湖附近的遙遠北國。

「奶奶，再說一遍那個故事給我聽嘛。」小時候我會坐在她腿上撒嬌。這時她會喜孜孜地放下用來幫阿瑪拉紡紗的紡錘，因為她骨子裡確實是個公主，從來就不喜歡幹活。接著，她一如往常從鮮豔腰帶上的小袋子掏出一塊「珠拉康波」給我。那是我們小時候的「糖果」，因為甘蔗在那麼高的地方種不活，而「白沙」（我們對砂糖的稱呼）又得用駝獸從印度翻山越嶺送來，所以很珍貴稀有。

不過呢，珠拉康波比糖果更好吃，那是一塊塊乳酪，只比骰子大一點，用繩子綁成一串放在陽光下曬乾。我們住在很高的山上，幾乎什麼東西都不會壞，所以這些方塊小乾酪可以放很久。它們硬得像石頭，含在嘴裡很久才會融化，很適合用來讓小孩閉上嘴巴安靜聽故事。（伯父說乾酪塊是惡魔的發明，因爲西藏人嘴一個，每當嘴巴塞滿乾酪，他們就無法一連祈禱好幾小時。）可是度母奶奶每次跟我打招呼或道別時，一定會掏出一塊乾酪塞進我的嘴巴。

2 家人

「那時候啊，我年輕又漂亮。」奶奶話說從頭，而且很有說服力，因爲即使上了年紀，她仍然外貌出眾。一頭及腰長髮早已全白，卻依舊豐盈閃亮。通常她會像一般西藏婦女把頭髮編成一股長辮，在頭上繞一圈，後面用孟加拉絲綢做的緞帶綁起固定，每次都很像戴著一頂皇冠。

她的上衣也是絲綢做的，長長的袖子蓋過手指，這種貴族的古老習俗顯示他們從不幹粗活，而且天冷還能把手籠在袖裡也不錯。奶奶還會給上衣縫上中國式高領，襯托她修長的脖子和貴氣的下巴，而她的下巴總是抬得高高的，不爲虛榮，而是因爲舉手投足仍不脫貴族習氣。我哥哥丹增高聳而立體的臉頰和優雅的鷹鉤鼻也遺傳自她。

「我父親是我們那裡的大首領，也是有名的商人，帶領一支商隊往南或往西前往絲路跟人交易麝香、毛皮和森林採來的貴金屬。我纏著他，要他帶我一起去，一次就好，後來他終於點頭。雖然我懷疑多半是因爲他擔心蒙古東邊勢力日漸強大的盜匪入侵，我也受到波及，才把我帶在身邊。

「接近于闐古城時，我們在絲路上碰到另一支帶著羊毛製品和羊群前往中國本土的商隊。領隊的就是你親愛的外公……」每次說到這裡，她總會停下來拭淚，因爲我還沒出生外公就過世了。「……他呀，是西藏有史以來最了不起的商人；但我們認識的時候，他還不算富有。你也知道，你爸爸會的東西都是他教的，那時候他還只是個年輕小夥子，身家不過就是幾袋鹽和幾頭犛牛。」她微笑，寵愛晚輩之心溢於言表。（我想我應該告訴過你，奶奶來自我母親那邊的家族。）

「總之，長話短說，你外公對我一見鍾情，立刻命令商隊停下來，花了三個禮拜求我父親把我許配給他，只差沒跪下來。這段期間，兩邊趕駱駝或犛牛的人忙著交易青稞酒和亞力酒，還有喝酒打架，幾乎毀了所有貨物。最後你外公放棄了一半財富——三百頭羊，我才能跟著他離開。」說完時她一臉驕傲。我腦中浮現一大批綿羊往西走，而外公跟他的新娘各騎一匹馬往東而去的畫面。後來我才明白，外公藉此跟蒙古人締結同盟很聰明，之後蒙古人建立了亞洲有史以來最大的帝國。這段婚姻庇護我們的家族和商隊多年。

但對我來說，度母奶奶就像個小女孩。我們可以說說笑笑好幾個小時，讓阿瑪拉傷透腦筋，因為她需要紗線織地毯。早上奶奶教我用高海拔聖山的杜松枝磨成的粉為騰格里（蒙古人的天神）焚香。當她跪在火坑升起的煙霧中時，看起來就像個祭司女王。她的威嚴和優雅讓我又敬又畏，是我小小世界裡的天空、不可動搖的權威和力量。

爸爸就像個眞正的商人，通常會睜一隻眼閉一隻眼，不理會她的花招。他當然是個虔誠的佛教徒，卻願意為了丈母娘特別跑一趟，確保她的神聖杜松粉不虞匱乏。「因為總得給自己留條後路是吧？誰曉得哪個宗教最後才是對的！」

這種包容力是爸爸的基本人生觀，雖然他經常不在家，帶著商隊遠走他鄉，我對他的敬愛依然不減。他討價還價的功夫令人難以招架，所以我跟哥哥丹增早上都會躲著他。早上是分派工作的時間，不到幾分鐘他就能說服你多做些額外的工作，心裡還覺得自己對不起全家人。他在商業領域高人一等，一如他的哥哥——也就是我的蔣巴伯父——在精神層面出類拔萃。其實爸爸做生意一直都奉行一個原則，那就是交易雙方都要能從中受益。這個原則也體現了我們從小耳濡目染的最高行為準則：照顧自己也要不忘照顧別人。

爸爸的主打商品是鹽，還有阿瑪拉跟其他婦女在蒙古包編織的精美羊毛地毯。他跟其他家的男人帶領犛牛和其他駝獸組成的隊伍往東北方走，前往大片鹽沼，然後南下到尼泊爾上方的山隘。接著，一行人騎馬進入寬闊的山谷，在熱鬧的都城加德滿都跟人交易，主要是從更南邊的印度來的珍貴商品。最後他會帶著糖跟米、番紅花、檀香木、其他香料和香水，還有偉大恆河畔的瓦拉納西出產的珍貴絲綢回家。

爸爸的家族甚至有些印度血統，他自己則有張福態的圓臉，眼睛也圓圓的，鼻子像外國人，因此到偏遠異地也吃得開。事實上，更早之前他甚至曾跟他的父親和兄姊一起遠遊至印度中部。

爸爸是家裡的老么，老二是跟我們住在一起的蔣巴伯父，老大是姊姊。姊姊比他們大很多歲，但已經走了，家裡從來沒人提起過她。

阿瑪拉，我的媽媽，是個安靜又神經質的女人。她應該長得像外公，因爲她跟奶奶一點都不像，身薄臉尖，一雙睜得大大的貓頭鷹眼，頭髮烏溜溜。丈夫長年累月不在家，她的日子並不好過，什麼擔子都往身上扛。每次商隊男人動身上路，他們的妻小就會在我們東邊不遠處紮營，但除了名叫布卡拉的擠奶女工和幾個幫忙播種和收割的工人，其他援助阿瑪拉一概拒絕。因爲如此，我們家很少有訪客。

阿瑪拉一整天都在織地毯。織布機在火坑的另一邊，正對著奶奶的小王座，靠在蒙古包的牆上，是一根根木頭排列組合而成的，比一個男人還高，抵得到蒙古包的頂竿。爸爸要是帶著尼泊爾莊園或寺廟特別訂製的大地毯訂單回家，阿瑪拉就得在橫梁上架一個更寬的織布機，從圍壁頂端延伸到火坑兩邊其中一根用來支撐天窗和屋頂的堅固杜松柱。

阿瑪拉的地毯以圖案精細複雜聞名，這一帶沒有人比得上她。她不但是編織西藏雪獅和山景的大師，中國的複雜符號、蒙古王族的封蠟藝術、印度叢林的猛獸圖像都難不倒她。當我坐在火爐的一邊纏著奶奶說故事時，阿瑪拉就在我們對面的織布機前認命趕工，把不同的世界結合在木頭框架的新天地裡。她用一根沉甸甸的木棒把每條新紗線往下壓，砰怦怦的節奏滲入我的心中，連同神祕的圖案一起留存。因爲我是個好奇寶寶——我仔細觀察她的每個動作並記了下來。

阿瑪拉從早到晚埋頭織布，唯一能讓她短暫回過神的是我哥哥丹增。每隔一、兩個小時，哥哥就會進來幫在對面蒙古包教書的伯父添酥油茶。這種茶是我們國家的日常必備飲品，但其實比較像湯。我們住在高山上，一天要喝上十五到二十杯補充能量和禦寒。每天早上和下午，阿瑪拉就會備好一批新茶。先把滾水倒入大茶桶，再加入中國磚茶、牛奶、奶油、鹽，常常還會加小蘇打或肉豆蔻，接著將茶桶的蓋子封緊。茶桶長而細，有如直立的大

砲，材質是漂亮的老舊硬木，飾以一圈圈華麗的黃銅。再來，上下拉動活塞，熟悉的刷刷水聲傳來，反覆攪打到成爲濃稠的金黃色茶湯爲止。對我們來說，那才是眞正代表「家」的符號。

丹增抱著伯父的小茶桶進來加茶時，阿瑪拉會趁機關心「我的小格西」，問他課上的如何。印象中，我對媽媽說的頭幾句話中，有一句就是：「阿瑪拉，我也想聽伯父上課。」

媽媽低頭看我，微微一驚，說：「可是女生不上課的，小寶貝。」

突然間，我聽到腦中有個聲音非常大聲地說：「誰說女生不會！」但我就像十一世紀亞洲家庭的乖女兒一樣，沒有吭聲，只是低頭看腳。

所以我唯一能避開伯父和阿瑪拉，把哥哥佔爲己有的時間，就是晚上在阿瑪拉織的華麗地毯躺下來，頭對著火爐，舒服又安全地夾在奶奶和爸媽之間的時候。奶奶睡在一邊的床上，爸媽睡在另一邊堆得較高的地毯上。我跟哥哥會拉起被子蓋住頭，等大人都睡著我就會問他，伯父那天教了他們什麼。

丹增會得意地說給我聽，好像自己已經是個格西，也會溫柔有耐心地回答我所有的問題。有天晚上他激動地說：「星期五，今天我有個大發現！」

「什麼大發現？」我壓低聲音問。

「伯父有個祕密！」他說。

3 我的名字怎麼來

「快跟我說！」我不由提高聲音。

「你知道我們班有個大塊頭男生叫德龍，今天他偷偷把一隻小蟾蜍帶進教室，跟他朋友鐵鎚在那裡傳過來傳過去。鐵鎚想趁伯父不注意時把蟾蜍撿起來……」丹增開始笑個不停。他笑我就會跟著笑，但我趕緊噓他一聲。「你會把大家都吵醒！然後呢？」

「然後那隻蟾蜍好死不死尿在鐵鎚的手裡，你也知道蟾蜍就是那樣。鐵鎚大叫一聲，嚇得把蟾蜍往伯父的佛龕一甩。」

「然後呢？」

「伯父正好忙著查他想不起來的一句經文，根本沒發現。我怕要是讓伯父看到那隻蟾蜍，大家就慘了，於是我站起來假裝要去幫伯父倒茶。」

「你要怎麼抓到那隻蟾蜍？」

「經過佛龕的時候，我假裝不小心把茶桶的蓋子掉在地上。蓋子滾到佛龕後面，我彎身擠進蒙古包圍壁和佛龕之間，伸手去撈那隻蟾蜍，無意中發現佛龕後方有塊石頭已經鬆動。我探頭一看，發現可以把石頭滑開，而且裡面好像藏了個小包裹。」

「你有看到裡面是什麼嗎？」

「當然沒有！那時候伯父剛好喊了一聲：『啊哈！有了！』我還以爲他在跟我說話，趕緊一手抓起蟾蜍，另一手抓起蓋子，然後高高舉起蓋子說：『找到了！』只見伯父仍然低著頭，對著全班念出句子。於是我走上前替他倒茶，全身都在發抖，差點把蟾蜍當作蓋子放上茶桶。結果那個德龍還賊賊地對我笑，所以我走回去的時候直接把蟾蜍丟在他腿上，然後坐回座位。眞痛快！」

「所以你覺得那個神祕包裹裡面是什麼？」我著急地問。

「不知道，也沒辦法知道啊。伯父幾乎整天都待在他的蒙古包，出去也只是去摸摸牛或上個廁所，一下子就回來。」

我點點頭，完全懂他的意思，因爲伯父確實心無旁鶩。他是僧侶中的僧侶，日日埋首祈禱和研究直到深夜。當地一家僧院算是把他長期借給我們家，進行我們所謂的「沙普騰」。爸爸從加德滿都的一所寺廟取得一整套目前已由梵文（宗教經典使用的古印度文）譯成我們母語的古老佛經。那時候木板印刷在我們國家尚未普及，書都是用手寫抄錄到一疊疊長而薄的宣紙上，仿效古印度最早用來當紙的棕櫚葉。抄寫員在每一頁畫上菩薩和智者裝飾，再用寶石磨成粉做成的染料上色。

這些書可說是無價之寶，也是我們家族最珍貴的收藏。當地僧院會派一名僧人學者去到哪怕只有一本珍貴佛經的人家住上一陣子，並在借住期間大聲誦經，這家人進進出出時便會聽見，當下多半不解其意，只願就此種下善因，有朝一日得以通透經文。此一習俗就是所謂的「沙普騰」。

所以伯父的工作就是大聲念誦我們家的珍貴手稿，小時候我記得他老是一遍又一遍地念，無時無刻不在念經，不只對乳牛和星星念，連三更半夜也照念不誤。如今他漸漸上了年紀，常常在夜深人靜時，在其他家人入睡之前，從小木門窺視他，都會看見他彎著腰，額頭貼在佛經上某幅精緻菩薩畫像的胸前，在一個句子中間沉沉睡著。

像伯父這樣到一般人家念經的僧人會有自己的獨立空間，因爲他早已立下誓言，不能跟女性同睡一室。不過，若是出訪僧人和借宿家庭配合無間，他也可能一再延長借宿時間，跟這家人建立亦師亦友的關係，扮演類似家庭顧問的角色。家裡每個人幾乎隨時都能去找他，徵詢他精神方面和日常事務的意見。根據奶奶跟我說的故事，我的名字就是這樣來的。

我出生後幾天，爸爸和阿瑪拉把我包起來，一起走去伯父的蒙古包，因爲按照我們這裡的習俗，新生兒要由喇嘛來命名。奶奶也跟著去，確保過程都妥妥當當，符合傳統。

行禮如儀一番並奉上用動物毛皮包裹的奶油和上等紅茶磚之後，大家在伯父面前的地毯坐下來。伯父跟大多僧侶一樣，把小木床當作自己的小窩裡唯一的一張椅子。

爸爸緊張地瞥了奶奶一眼，然後說：「可敬的喇嘛，尊者蔣巴．拉布傑拉❶。懇請您惠賜我們女兒一個名字。」

伯父一如往常眉開眼笑，露出一口白牙，幾撮長而亂的花白鬍鬚垂下嘴角。但一雙眼睛依舊哀傷，從我有印象以來一直蒙上深深的憂鬱。「當然好！當然好！樂意之至！」他說，聲音粗嘎。

全文皆為譯者註：

❶在名字後面加「拉」字，是西藏對人的尊稱。

伯父一一注視我們，眼神親切，跟奶奶嚴厲的眼神交會時頓了一頓，接著說：「不過要一點時間，得按部就班來，每個步驟都不能出錯，才能得到正確的名字，所以請各位稍待。尤其是你，小丫頭！」他伸手搔我下巴，我微微皺眉——就是要跟別人不一樣——但沒哭給他看，因爲他的蒙古包溫暖又明亮，他又在我眼前，我眞的好開心。

接著，他又瞥了一眼板著臉直挺挺坐在爸爸和阿瑪拉後面的奶奶，然後把手伸進堆在床附近的加蓋籮筐裡摸索，從中抽出一個塗了亮漆的小盒子，裡頭放了兩小塊白骨。那是羊的關節骨，接近四方形，每邊的凹痕都不同，所以蒙古人和北方部族很喜歡拿它來當骰子玩遊戲或占卜。這種東西奶奶從小看到大，她點點頭表示贊同。

然後伯父取出一本由鬆散宣紙組成的小書，外面包著髒掉的絲綢，一代傳過一代都磨破了。那是一本曆書，講的是恆星和行星的方位，裡頭滿是奇怪的圖畫和符號，能幫助人挑選吉日、避開凶日，還有做各種決定的注意事項。後來伯父常告訴我，不管做什麼決定其實只要記住兩大原則，一是善待他人，二是明白善行的力量，不過這兩大原則也需要我們尊重他人重視的傳統。因此，他小心翻閱這本書，嘴裡不時哼哼唧唧，在他跟爸媽之間的小桌子上擲骰，用我們西藏人的方式用手指關節數數，偶爾拿起竹筆在一小片羊皮紙上寫字，字跡娟秀工整。

這樣持續了很久，旁邊的大人忍不住開始有點坐立難安。幸好我很享受當下的氣氛，所以還靜悄悄。他皺起眉頭，喃喃自語，不時緊張地瞥一眼奶奶，她開始有點擔心。最後伯父長嘆一聲，把小書重新疊好，包上布，骰子放回盒子。動作慢條斯理，彷彿在延後難以面對的一刻。連我爸媽都緊張起來，而奶奶早已繃緊神經。

「這女娃的名字……」伯父一字一句地說，輪流看著每一張臉。「一定就是……帕杉。」

奶奶全身一震，瞪著伯父問：「有危險嗎？應該放進水壺裡嗎？」

伯父緊張地搖搖頭，因爲當事情偏離奶奶的計畫時，奶奶可能會變得很不好惹。伯父五湖四海都去過，知道北方人有個習俗，若是產婦之前生產時失去過小孩，就要把新生兒放進大水壺裡好幾天。當地人覺得幽靈會出來到處找新生兒，所以要把寶寶藏起來，大家提起時也要當作寶寶已經死了，據說這樣能騙過幽靈，幽靈就會自己離開。母親餵奶則要趁萬籟俱寂之際，在漆黑的帳篷或蒙古包裡蓋著布偷偷餵。

「不用，」伯父沉吟道。接著又補上他最愛的一句話：「事情不是看起來那樣。」停頓

片刻他又說：「不需要愚弄幽靈，事實上，剛好相反。」

「如果不是要混淆到處找她的幽靈，你爲什麼要給她一個男生的名字？」奶奶問。她認爲我母親必須知道事實，即使事實難以接受。

這時阿瑪拉終於開口，聲音細小；她比奶奶更信任喇嘛，更能接受他的決定。「這個名字好。」她說：「我知道很多傑出的人也叫這個名字。是因爲她在星期五出生，所以才給她這個名字嗎？」按照嬰兒在星期幾出生爲之命名，在我們國家也是常見的做法。「帕杉」在我們的語言就是星期五的意思。

「不是，完全無關。」伯父謹慎回答：「而且請務必理解……」他輕輕抬起手。「請務必理解並不是我挑選了她的名字。」他看著奶奶。「這就是她的名字，非它不可，一切都相應相和。」他說，語氣毅然決然，對著那本古書和骰子盒擺了擺手。「但那是什麼意思呢，哥哥？」爸爸終於出聲，但語氣低沉慎重。當心智跨入更高層次，超出平常經商貿易的大千世界時，有時他就會出現這樣的語氣。

伯父憂鬱的臉龐轉向他，一雙漂亮的眼睛跟爸爸四目相交。他語帶恭敬地輕聲說：「她名叫帕杉，你們就這樣叫她，叫她星期五。但時時刻刻都要記得，帕杉的眞正含意是金星，也就是晨星。這顆星星升起時，比整個夜晚、整片天空中的其他星星都要亮，也就表示黑暗將盡，太陽即將升起。帕杉，星期五，金星——晨星……」他低語，伸出溫熱柔軟的手摸摸我的頭。「她在夜裡最漆黑最寒冷的時刻到來，經歷過最深沉的黑暗，而後萬丈光芒自東方升起，將她淹沒在無遠弗屆的光輝之中。」眾人靜默，隱約有種什麼事要發生的預感，連度母奶奶都感到心滿意足。

4 我開始走不同的路

儘管如此，蔣巴伯父在基雄村和附近的干比寧僧院受到應有的敬重，並不是因爲他擅長預測禍福吉凶，而是因爲他學識淵博，飽讀經典，並擁有聖賢先師先後在印度和西藏本土代代相傳的智慧。伯父的獨特之處在於他能直接讀梵語（所謂的「古老母語」）經典，還跟隨過當代最偉大的智者在印度修行約十二年。

因爲博學多聞，待人又謙和，伯父是很受歡迎的老師。從早上到下午，大半時間他都在給一群群小學僧上課。他們每天從僧院走一大段路來接受他的諄諄教誨，也趁機出外溜達，到鄉間透透氣。

每堂課約一個鐘頭，從初級班上到傍晚的進階班。那時候干比寧約有兩百五十名僧侶，像伯父這樣負責教導學僧的上師約有十名，學僧則約有一百二十名。這些學僧又按照程度分成十班，完成十年修習才有機會成爲格西。「格西」即精通五部大論的僧侶，涵蓋哲學、祈禱、冥想等項目。修習之路困難重重，最終能通過考試的僧侶寥寥無幾。我們的僧院是西藏最早如此訓練僧侶的僧院之一，而伯父因爲在印度受過訓練，也爲安排課程和考試方法貢獻了心力。

許多年後，成爲格西要受的訓練和取得資格的過程變得更加複雜嚴格，也流傳到全國各地。但即使在當時，千比寧僧院的每個僧侶都希望能獲得這份榮耀，每個母親也都夢想自己的兒子能參加口試，在一群村人和僧侶面前贏得那頂金黃色尖帽。不用說，那也是我母親長久以來寄予哥哥丹增的厚望。

丹增比我大將近十歲，我還沒出生，爸媽就決定讓他出家成爲僧侶。男生最小七歲就能受沙彌戒；根據古老的傳統，小孩只要大到能對烏鴉大喊大叫、把牠們嚇跑就能受戒。這些沙彌前八年學習讀書識字，有時還有寫字，一天花好幾個小時背至少三部經典。十五歲（能開始深入思索問題的年齡）才能開始跟著一位老師正式學習他們早已熟記的經典。

接下來是十年的苦讀，如今延長爲二十年，以求得到考試資格。到二十歲的時候，他們必須決定是否要繼續當僧侶。這次將由他們自己決定，而且一旦決定就要終身遵守。但女生就沒有這樣的選擇，我吃了好多苦頭才明白。

丹增能跟在伯父身邊伺候他，是爸爸和伯父跟僧院住持求來的。他是他們兩人的老朋

友，也去過印度修行。這一切都是阿瑪拉起的頭，她想要魚與熊掌兼得，既要寶貝兒子成爲格西，也要把他留在身邊，看著他長大。資深喇嘛的侍從要做的工作包括：送三餐給喇嘛，挑兩個水桶到附近溪流提水和洗衣服，幫喇嘛打掃佛龕，更換供奉菩薩的鮮花和香水。但最重要的工作是確保喇嘛的茶杯隨時都有又熱又濃、帶著鹹香的酥油茶。畢竟大家都知道，讀艱深難懂的書時，保持腦袋清晰絕對必要。

有一天，丹增很晚都沒來添茶。阿瑪拉忘我地修補變形的地毯，奶奶決定要睡個午覺。那時我大概五歲吧。只記得我大膽地站起來，做了我一直想做的一件事。我抓起一小桶茶送去給伯父。

當我溜進他的蒙古包時，伯父話正說到一半。只見他坐在床上，凝目注視底下的八個小沙彌，也就是丹增那一班。

「……所以眞正能保護我們的，我們眞正的庇護和避風港，不是聖像，甚至不是聖典裡的教誨。」他言詞懇切，對著佛龕和一疊珍貴手稿揮了揮手。「眞正能保護你的是念頭本身：善待他人、知道自己爲什麼這麼做，還有這麼做會帶來什麼……」他霍地停住，視線越過一小群光頭，看見我的那一刻一臉訝然。

我及時低眉垂眼，在他用眼神阻止我之前大步走上前，沿著佛龕前沙彌留給侍從通過的空隙移動，走到伯父的桌前並站到一旁。這時我才突然意識到周圍靜悄悄，所有男生都在看我，我的手不由自主開始發抖。我掀起木頭小茶桶的蓋子，舉起茶桶要幫伯父倒茶，問題是我不夠高。有個男生看了吃吃竊笑。

我印象非常深刻，因爲那短短幾秒促使我走上截然不同的人生道路。我把茶桶放地上，雙手伸去抓杯子。有個人咕噥：「有個女生……在教室裡！」我沒轉頭去看是誰，反正也不重要。我聽得清清楚楚。

我的手抖得好厲害，不得不把茶桶夾在腋下，用雙手捧著杯子，慢慢把茶倒進去。這時伯父說：「星期五……星期五！你在做什麼？」

我嚇了一跳，茶灑了出去。幾個男生開始嘻嘻笑。杯子裡只有一點茶，但我無法再繼續，抬頭無助地看著伯父。

「我……我……拿茶茶……給您。」我結結巴巴，手臂夾著茶桶，因爲不夠高，沒辦法把茶杯放回桌上，只好遞給伯父。他拯救了我，溫熱的手按住我的手，接過杯子，溫和而憂鬱的眼神打量著我，但令人安心。

「謝謝你，星期五。」他語氣和善，但意思是要打發我走。我如侍從那樣往後退，腦中卻砰然響起一個憤憤不平的聲音。「留下來！給我站住！」那個聲音說：「剛剛他沒說完，他要繼續告訴他們什麼才能保護我們，那對每個人都很重要。妳也有權利知道！」

如同那一刻，後來那個聲音不斷在我生命中出現。有時候我覺得那只是自尊或其他負面情緒在作祟，但它經常要我爲了捍衛眞理採取行動。無論如何，那個聲音總是叫我去做困難無比的事、即使正確卻沒人會做的事，還有做了會引人非議的事。但最後我認爲應該聽從那個聲音。於是我站住不動，杵在靠近佛龕角落的牆邊，等著跟大家一起學習。

然而，教室還是一片安靜。伯父回頭去看他正在講解的書，如在整理思緒。底下的小沙彌緊張地動來動去，他抬頭一看，然後視線轉向我，眼神和聲音都倏地一緊，然後簡短地說：「星期五，你可以走了。」

說完他又低頭看書，但我感覺得到他的注意力在我身上。我紅了臉，看向門，瞬間遲疑了，既不甘心又愈想愈氣。但出於對伯父的尊重，我沿著佛龕往後走向門。

但還沒走到門，我前面的地上卻出現了一本經書，就是伯父正在講授的那本書。每個沙彌都有一本，因爲規定每個人都得先用漂亮的毛筆字抄寫下來當作練習。我猛然停住，不能繞過去或跨過去，因爲在西藏甚至整個東方世界，一般認爲腳很髒，不能踩到或接近地上的神聖物品。我們在家從不穿鞋，而碰別人的腳，或像某些聖徒那樣替人洗腳則是無比謙卑的展現。我愣在原地不知所措。

我往旁邊瞄一眼，看是誰把書放在那裡——是班上塊頭最大的男生。我知道他叫德龍，總覺得他不太友善。他抬起頭發出冷笑，有一瞬間我直視他的臉——有點歪的鼻子，牙齒又尖又利，像老鼠。我轉頭看伯父，把茶桶抱在胸前，快要哭出來。

他又猛一抬眼，語氣堅定地說：「星期五，去吧。你該出去了。」我的心就要碎成一地。伯父對我們很好。伯父什麼都懂，不會因爲我是女生就拒絕我。「我……我……」我吞吞吐吐，用力閉上眼睛，一滴淚奪眶而出。我趕緊低下頭，免得被看見。

接著，有隻手輕拍我的腳踝，我睜開眼往下看。只見丹增在大塊頭男生後面往前一傾，默默把那本珍貴小書從我前面移走。

我鬆了口氣，像隻獲救的小鳥奔向門，一個轉身奪門而出，感覺所有男生的目光都盯著我看，伯父也是。「我偏要學。」我無聲地說，在陽光底下抬頭挺胸站好，過一會兒才走掉。

5 圈套

那次端茶事件推了我一把，讓我跨過了某道門檻。我滿心渴望學習丹增和其他男生正在學的東西，甚至光是從伯父口中聽到的片段都讓我好幾天魂不守舍，好奇到底是什麼念頭能像強大的朋友或弓箭那樣保護我們，遠離危險。但即使年紀還小，我也感覺得到我想追求的事希望渺茫。即使才五歲，我也感覺得到「一直都是如此」的洪流團團將我包圍，好幾世紀以來周而復始，推著我、鞭策我照著女人的方式長大，像阿瑪拉和奶奶一樣安靜守著陰暗的蒙古包，一輩子織地毯或張羅三餐，隔絕在丹增和他的朋友早已走進的世界之外也渾然不覺。我不要，我決定了。我不要像那樣長大。我要去做女生不會做的事，無論大人同不同意。

該怎麼踏出第一步很清楚。丹增跟附近僧院的所有沙彌一樣，晚餐後都會到外面繞著自家蒙古包踱步，背誦他要是想成爲格西就一定要熟記的經典。好幾世紀前，有人用古老母語寫下這些書，後來由我們國家的羅札瓦（譯師）翻譯成西藏文。書以詩句寫成，以便記憶，但文字精簡洗鍊，需要老師講解才能理解。因爲如此，這些沙彌在僧院空地踱步，一邊背誦晦澀難懂的古老經文時，通常沒人會仔細聽。

但誦經聲本身極美，每家僧侶的音調都不同，每個上師的旋律也各異。據說夜幕低垂時，看不見的幽靈就會出來到處遊蕩，這些哀怨淒苦的幽靈若是聽到有人大聲誦經，便會得到安慰。

我一如往常擬定計畫——至少是自己心裡打的如意算盤，是利用巧妙的方法實現一般情況下想都別想實現的願望，但實現之後卻有能有益於這世界。我決定了：這世界需要第一個女格西。畢竟我們女生跟男生很不一樣，不一定比較聰明，雖然很有可能是這樣。而如果男格西能將所學傳授並幫助他人，那麼女格西一樣可以，只是多加了女生的獨特風格。因爲如此，我知道我得在浮屠附近建立據點。

如果你還不知道的話，浮屠就是一種小廟，幾乎無所不在，無論是大城市的中心或任何地方的路邊都可能看到。但一般人不會進去拜拜什麼的，其實通常也進不去。裡頭只是個小小的空間，或放了特別的小東西，比方很久以前某個大善人的一顆牙齒或一小片衣服。

有人直接把東西封存之後在周圍建一座浮屠，或許是洋蔥形的圓頂，但如果在鄉間可能

只是很大一堆石頭。我們的浮屠就像那樣，位在我們家的蒙古包後面，其實就是很大一座圓錐形石堆，那些石頭是我們第一次清出房子周圍空地時搬來的。後來伯父、爸爸和商隊其他男人努力把它砌成漂亮的尖形，並在前面留一個很深的壁龕。

壁龕後方一片白色石板上立著漂亮的青銅度母像，救苦救難、象徵自由的女菩薩，是爸爸從尼泊爾帶回來的。你可以彎身走進去，晚上我們常在石板上放幾盞酥油燈。壁龕能遮風擋雨，溫暖宜人的光線從石堆深處流洩而出。

老實說，我不知道密封在那座浮屠裡的聖物是什麼。伯父說，那是很久以前他從印度聖地帶回來的一件特別的寶物，卻不肯說到底是什麼。不過，正因爲不知道，浮屠對我跟丹增反而更特別，我們常在附近玩耍。

對我來說，目前的重點是浮屠跟牛欄靠得很近，如果你想繞過蒙古包或走後面的小路抄捷徑去僧院，一定得經過浮屠。我們相信當你經過一個神聖的地方，無論是浮屠或老師的家，如果你有正確的心態並對人抱持善念，就會沾上那個地方的福澤，變成一個更好的人。

想也知道，丹增背誦那些我決心從他那裡偷來的經典時，一定會繞著我們家的蒙古包和浮屠走來走去。然後沿著小路走回空地，穿過牛欄走向伯父的蒙古包，因爲伯父不知爲什麼堅持要把蒙古包搭在牛欄邊。我實在想不通，牛這麼吵，哞哞叫到半夜，沒還天亮就又開始叫，他要怎麼睡覺。

總之，這樣我就能聽到大半丹增背誦的詩，他原路折返繞回我們的蒙古包之前，我還能在心裡複誦。這雖然不是理想的學習方式，卻是我唯一的辦法。況且，有時候必須克服困難反而比得來全不費功夫的學習效果更好。所以你可以說我很幸運。

「奶奶，可以再跟我說一次你名字的由來嗎？」我故作認眞地問，設下第一階段的圈套。

「當然可以啊，孩子。」她說。能趁機吃到幾塊乾酪就夠我開心了。我含著送進嘴裡的第一塊乾酪，奶奶開始滔滔不絕。「你知道嗎，如果你祈禱很長一段時間，好好做人很長一段時間，那麼你就會變成……某種菩薩。之後你就可以同時出現在三個不同的地方……」

「三個？」我不敢置信地問，把我的小圈套變得更有說服力。

「對，三個！」她說。「你可以人在基雄村那裡，同時也在干比寧僧院，還能坐在蒙古包這裡聽你奶奶講古。」她自信地點點頭。

「你爲什麼會想同時出現在三個地方呢？」我問，眼睛睜得又大又圓。

「這樣才能幫助更多人啊，那還用說。」她答。「你可以在村裡陪孤單的小孩玩耍，還能到僧院參加類似明天晚上的盛大活動，幫忙點酥油燈，同時也能在這裡幫阿瑪拉看著乳牛。」

我想了想。「但那樣不會有點嚇人嗎？過一陣子人家不會開始怕你，覺得你怪怪的嗎？」

「哦，確實是。」她點點頭。「所以你看起來要像三個不同的人，才不會讓人害怕。面對小孩就要像小孩，面對僧侶要像僧侶，在這裡也許你要看起來像個漂亮成熟的淑女。」

「有可能辦到？」我問。

「當然可以，」奶奶說。「每個人都可以辦到，都可以學會在同時間幫助愈來愈多人。那些書教的就是這些，所以你伯父才要教人讀書，男生才要學習成爲格西。另外也提醒大家，有時覺者以女性的形象出現更能幫助人，所以度母來到了人間——長得像女人的佛陀。」

「那你的名字是什麼意思？」我問？「度母是什麼意思？」

「意思就是救度眾生、助人解脫獲得自由的女菩薩，」她驕傲地說。

「是誰幫你取的？」我繼續追問。

「哦，不是別人幫我取的，是我自己喜歡，所以嫁給你外公之後就改叫這個名字……」

她頓了頓，黯然神傷。

「我喜歡它的含意，又想融入他的族群，所以就改成他們的名字。」

「那你本名叫什麼？」

「騰格朗優。」

「它也有意思嗎？」

「我們北國語言的意思是天空之女。其實你姑姑也叫這個名字，只不過她的是古老母語拼音，大家都叫她達基妮。」

「達基妮……」我喃喃複誦，心中猛然一震。「達基妮。哦，奶奶，她長什麼樣子？你認識她嗎？」

「當然不認識，孩子。那都多久的事了，你爸爸那時候年紀還小。」她表情有點嚴肅。

「後來發生了什麼事？」我刺探。「她現在人呢？爲什麼我都沒看到她？」

「我也不知道。」奶奶回答。如果連奶奶都不知道，想必那眞的是祕密。「誰都不清楚，你伯父也從未提起。」

我點點頭，看出該把話題轉往浮屠了。「所以如果我常跟度母祈禱，你想我可以學會像那樣嗎——我是說同時出現在三個地方幫助別人？」

「當然可以。」度母奶奶說，似乎很開心我對她的名字感興趣。「甚至還有一種女生可以學的特殊祈禱文，或許要一段時間才學得會，但要全部背下來其實也不是問題。總共有二十一小節，可以對著度母念誦。」

「太好了！」我興奮道。「那你可以教我嗎？這樣說不定我傍晚就可以走去浮屠那裡念給她聽！」

奶奶頓了頓，大概是在估算要花多少時間才能從伯父口中問出祈禱文，然後自己背下來。接著她爽快地說：「當然可以。而且我會把我們的小計畫跟你爸爸和阿瑪拉說，他們聽了一定很高興。下禮拜我們就來學第一小節，之後或許幾個禮拜學一小節，如果不會太多的話。你可以嗎，小丫頭？」她眉開眼笑。

我也對她笑，在床上站起來鉤住她的脖子抱住她，然後又想起一件事。「奶奶，明天僧院有什麼大活動啊？」

「新住持的就職典禮，或者該說是老住持，總之會很精彩。而且你爸爸之後打算搭一個大型營火來慶祝。」她說，一雙小女孩般的純真眼睛盯著我。「當然了，我們也會一起去。」

我開心尖叫，但多半是因為成功把這個超級固執的大人騙進了我的圈套，感覺就像牽著一頭好脾氣的乳牛出去吃草一樣。

那天傍晚，我走進浮屠打掃度母的佛龕。她看我的眼神有點嚴厲，但我想她應該贊成我這麼做。丹增慢悠悠經過，剛要開始背誦第一部經典的開頭第一句：

諦聽求心靜……

我是在聽，而且就從那裡開始聽。後來奶奶果真把二十一小節度母祈禱文教給了我。但我十歲那年，丹增——還有我——就背完了格西課程最重要的三大經典，總共超過一千小節。只不過除了在心中默念，從來沒有人聽我念出來過。

6 寶座上的女士

我跟度母奶奶走向干比寧僧院的正殿。要是你從來沒在大節日來過這樣的寺廟，就很難想像那種場面。僧院裡的所有僧侶和全國各地來的人齊聚一堂，僧侶身披閃亮金袍，人多到從金碧輝煌的宏偉大門滿到長廊和台階上，一排排面對面席地而坐。這樣的大日子裡，僧人都能戴上格西的高尖帽，齊聲祝禱祈求福祐，身體跟著大鼓的節奏擺動，尖帽如海浪隨之波動。周圍每棟建築物的牆壁和地板也隨著節奏晃動。

村人團團從走道擠上樓梯，鑽進寺廟，從誦經的僧侶後面沿著高大石牆魚貫而入，走去聖壇祈禱或點燈。丹增跟同班同學擠在一群小沙彌裡面。連伯父都為了今天走出蒙古包，到時會跟其他資深格西坐在前面。

我們往寺廟大門走去。誦經聲逐漸增強，數百個聲音奮力拉高再拉高，往最高點挺進。夾雜著人體熱氣、焚香、成千上萬盞酥油燈香氣的熱風撲面而來。約有十名頭戴特殊法帽、身穿華麗法袍的高僧排成一列，隆重地走向鼎沸的人聲和人潮。我站在宏偉廟門的門檻上。

奶奶牽著我的手跨上前，但我動不了。

只見「她」端坐在寶座上。我在一排金帽上方看見她，她也是金色的，但比其他人更金，因爲她本身就是金光。那一刻她抬起眉眼，跟我視線交會。那雙眼睛異於常人，充滿慈愛，還有力量。

我甩開奶奶的手跑走。她大聲喊我，但我穿過一排僧侶直直跑向寶座上的女士，根本沒聽見。我一定要過去摸摸她。越過成群高僧的飄逸絲綢長袍，越過聖壇前方地上的精緻吉祥符號，踏上通往寶座的密實泥土台階，然後向她伸出手，爲她展開雙臂和心胸，設法爬上寶座的木階。

她垂眼看我，我清楚看見了她。她綻放笑靨，告訴我不用擔心，時機終將到來。就在那一刻，一雙強而有力的手從臂膀下抓住我，把我舉起來放回寶座旁邊的地上。

「喔哦，小丫頭！」一個笑咪咪的高大僧侶對我說。「那個座位今天有人坐了，除非你剛好是干比寧的新住持！」

我興奮地抬頭看他，指著早已坐上寶座的女士，但她卻不見了。我困惑地皺起眉頭，抓住笑咪咪僧侶的溫暖大手。

「怎麼回事，羅塔格西？」我後面有個雀躍的聲音在一片嘈雜中傳來。我轉過身，看見喇嘛隊伍走到了聖壇前的寶座。走在最前面的僧侶是個矮矮胖胖、活潑又開朗的男人，滿臉堆笑，有點鬥雞眼，渾身散發著溫暖的氣息。

「不曉得，仁波切。」抓住我的僧侶回答。「不過看起來有人要跟你搶新工作哩。」他笑道。接著仁波切抓起我另一隻小手，俯身湊近我的臉，表情疑惑。他開心地捏捏我的臉，說聲「嗨，小朋友」就又直起身。

「現在人擠人，要把她安全地弄出去我看是不可能了。」他說，回頭看黑壓壓的誦經僧侶和村人。「你何不先讓她跟在你身邊坐下來，等儀式結束再說。跟她走散的人現在一定看到她了，之後會自己上來把她領回去。」接著我發現底下幾乎每張臉都仰起脖子看著我們，想知道是怎麼回事，怎麼會有個小丫頭跑上去擾亂干比寧下一任住持的就職典禮。

那位仁波切（住持）轉身爬階登上寶座。剛剛那位女士坐的中央寶座兩旁還有幾個較低的寶座，是給前幾任住持和來觀禮的貴賓坐的。右邊寶座上的喇嘛尤其吸引我的目光，有點像男版的奶奶，一樣高貴的修長脖子，氣勢威嚴。他轉轉眼珠，冷冷看我一眼，一臉不以爲然，我忍不住微微發抖。但笑咪咪的僧侶羅塔格西隨即把我拉去他旁邊，跟一排慈眉善目的老僧人坐在聖壇前的平台上。這片平台由一片片大石板組成，橫跨在寺廟前方。

「怎麼了，小朋友？」他面帶笑容靠過來問我，在吵嚷聲中稍微提高聲音。我抬頭看他。

「坐在另一個寶座上的那個喇嘛，他看起來好凶！」我小聲地說。

羅塔格西看看另一邊又把視線轉回來。「他啊。」他徐徐說道：「那是元老！多年前創立這間僧院的人就是他。他也是我們的第一任住持，至今也差不多還是這裡眞正的老大，無論我們叫誰住持也是如此。再說他其實不兇。」羅塔格西頓了頓。「只是比較強悍。以前僧院還沒那麼多，要創建一個像這樣的地方，不強悍也不行。」

「哦。」我說，聲音引來大家稱爲仁波切的僧侶的注意。在我們的寺廟裡，他的「寶座」其實只是在高而窄的台子上放一個華麗的坐墊，旁邊一張滑稽的小桌子，桌腳又小又細，跟一個人差不多高。有個提著黃銅大水壺的僧人盡可能把手舉高，將剛打好的酥油茶倒進桌上的細緻中國白瓷杯裡。仁波切對我使眼色，指指茶又指指我，彷彿在說：「你也會有一杯喔！」

「他看起來人就很好。」我對羅塔格西說，頭往住持的方向一點。

「哦，仁波切啊……的確，他的確是。要當這個地方或其他大僧院的住持，一定要意志堅定又有幽默感。你要知道，僧侶都是很頑固的人，不頑固怎麼堅持出家之路，所以要管理這麼大一群頑固的人，你必須要有智慧也要有耐心。我們的仁波切東尤格西，就是這樣的一個人。除此之外他很謙虛也很好笑，所以僧侶才會選他當下個六年的住持，而我們今天就是來慶祝這個的。」

他停下來盯著我的眼睛看了很久。「小朋友，你長大想當住持嗎？」他笑著問。

「想啊。」我回答。「可以穿漂亮的僧袍，每個人都得聽他的，而且還能第一個拿到茶。」我指著人群，只見幾個沙彌提著更大的茶壺幫一排排僧侶倒茶。每個僧侶從長袍底下拿出小木碗盛茶，雙手捧著熱騰騰的茶擱在腿上。

「那個啊。」羅塔格西笑出聲。「你最好想清楚再說喔。」他又笑。「住持身上披的那件特殊的僧袍其實又熱又不舒服，尤其像那樣坐那麼高的時候。難道你看不出來他在流汗嗎？」他咯咯笑。我抬頭一看，發現確實如此，也忍不住跟著笑。「至於大家都聽他的——那是他的工作，他該做的事，但大家只是敷衍了事，不是真的想聽他說話。坐上那個位子可沒那麼簡單。」他深有所感地點點頭。

「還有那杯茶……」他壓低聲音，因爲寺裡突然靜下來。「他們給了他那個精緻的小茶杯，可是容量只有一咪咪。他確實能第一個拿到茶，之後卻得等到階梯前最後一個小沙彌拿到茶，他才能開始誦經謝茶。那時候他的茶早就冷冰冰，難以入口了。我敢說，無論什麼時候他都寧可要小沙彌的那一大碗熱茶。」羅塔格西咧咧嘴，換上正經嚴肅的表情直起身，因爲旁邊有人把一碗茶塞給他。過了一會兒，仁波切開始誦經謝茶，大家也跟著念，將第一口茶獻給覺者。

接著是漫長的用餐時間，年輕僧人在走道間穿梭，爲所有人送上節慶吃的米飯，裡頭拌入葡萄乾，還有形似松露、味如堅果的根莖類。他們用大柳條籃裝飯，舀進僧人用來喝茶的同一個木碗裡。接著，包括村人在內的所有人會拿到一張又大又圓的甜薄餅，那是當天早上僧院伙房用大平底鍋烤的，材質就是我們家附近山脊上的巨大板岩。最後，所有人終於能享用今天才有的好料——一杯加了牛奶和一大匙珍貴砂糖的熱茶。

大家享受美食時，誦經長——一個高大肥碩的僧侶，聲如洪鐘，跟他的圓肚很相配——站起來，離我們很近。他攤開一幅卷軸，大聲念出有關新住持和其他僧院幹部的公告。但我對過程印象模糊，因爲鬧騰了一陣加上寺裡暖烘烘，羅塔格西又一直塞好吃的給我，像高大

又笑咪咪版本的阿瑪拉，我突然覺得好睏。

最後，每個僧侶把剩下的薄餅往前面地板一丟，木碗塞回長袍底下。又一群沙彌跑出來，隔三差四在一排排僧侶前丟一把用蘆葦紮的小掃帚。僧侶抓起掃帚把剩下的薄餅掃到寺院後方之後，沙彌再度拿著大籃子出來。所有餅屑都堆進籃子，有些拿去灑在周圍的田野上，當作禮物送給跟我們共用這片土地的小動物和神靈。有些拿到屋頂跟渡鴉和鷹隼分享，對我們來說，牠們就像是僧院和村子的守護者。牠們應該早已迫不及待，成群在空中盤旋，往湛藍無比的高空翱翔，而此時天際已染上日落時分的豔紅霞光。

這時，仁波切清清喉嚨，宣布開始今天最後一段誦經，即格西必修的五部大論的第一部前幾頁。我轉向羅塔格西，故意對他念：「諦聽求心靜……」他驚訝地張大嘴巴，但我懶得告訴他我只會第一句的一半，而且還是昨天晚上剛學的。

接著誦經聲再度響起，住持走下寶座，帶領高級喇嘛離席。這次他們經過寶座和聖壇，聖壇上立著巨大的神像和幾世紀前的偉大上師像。一行人經過我們時，羅塔格西起身，再次抓著我的手把我舉起來，我們移到住持和元老後方混入隊伍之中。我這才恍然驚覺，這個笑咪咪的高大僧侶本身也是干比寧地位最高的喇嘛之一。

我們一一走向沐浴在酥油燈燦燦金光下的美麗雕像，並停下來爲每尊面容祥和的雕像獻上名爲「哈達」的白色絲巾。這種絲巾可能長達十呎，是西藏用來表達歡迎和友誼的通用獻禮。我們走下台時，村人湧上前，紛紛把柔軟白紗丟進新住持手中。他在每一張開心笑臉前停下來，並按照傳統把每條絲巾還給主人，披在他們壓低的脖子上，用溫暖的手掌輕撫他們的頭以爲祝福。

按照習俗，高級喇嘛要從旁邊最後一條走道離開寺院，穿過一排排新來的沙彌。我抓著羅塔格西的手，跟在他後面，開心到恍恍惚惚。快到寺廟門口時，事情就發生了。

經過一些年輕僧人時，我眼角有東西一閃，接著就跌了一跤。我的手從羅塔格西手中滑開，膝蓋狠狠刮過地板。我大叫一聲，羅塔格西飛快轉身把我抱起來。只見一支小掃帚躺在我跟前的地板上。他用另一隻手撿起掃帚，慢慢直起身，嚴厲地盯著附近一排僧侶中三個擠在一起的沙彌。

我抬頭循著他的視線望去，看見了那三個人，猛然發現中間那個是哥哥的同學——大塊頭德龍。他臉上掛著目中無人的冷笑，還用挑釁的眼神直視羅塔格西。笑咪咪的高大僧侶臉色一變，露出正義凜然的表情，但他只是停在原地，抬頭看向走在前面的喇嘛和侍從——他

們也都停了下來，正轉頭看著我們。元老凝目注視片刻，羅塔格西垂下眼簾。

仁波切彎彎脖子，一雙鬥雞眼掠了一眼，眉宇之間彷彿射出精光，隨即一目了然。住持果然不是當假的。接著他伸手挽住元老的手臂，拉著他往前走，莞爾一笑說：「很棒的典禮，您說是嗎？」

7 札達

度母奶奶在僧院門口等我，一臉不高興。羅塔格西跟我一踏出門，她隨即抓起我的手，把我拉到她身旁。羅塔格西瞄她一眼就知道該說什麼。

「哎呀呀，想必你就是這個了不起的小丫頭的母親！你一定很以她為榮！」他宏聲說道。

「其實是她奶奶。」她吃吃竊笑，嘴愈笑愈開。「你是……？」

「在下羅塔格西，干比寧寺院的吉庫，擔任副住持及辯經長，聽候您差遣！」他回答時，僧侶和村人紛紛經過我們走出門，步入庭院。「我敢跟你保證，這個小女孩聰明過人，把我們所有人都驚呆了，長大肯定前途無量，如果好好栽培的話！」他讚不絕口。

奶奶正要開口說這都是因為家學淵源，但羅塔格西似乎有預感她要開始滔滔不絕，趕緊推說：「她安全回到你身邊太好了！我該走了，僧院新幹部和長老會第一次正式會議馬上就要開始，就在樓上！」他指了指門廊盡頭的一道樓梯，接著笑咪咪彎下身按按我的手，一襲

飄逸僧袍便翩然而去。

「期待很快再見！」他回頭大喊，對我眨眨眼。

「眞是個正人君子！」奶奶開心地說，氣消了大半。她轉向正門的階梯，拉著我穿過紛紛嚷嚷的僧侶和村人，走向僧院矮牆附近的一棵樹。

「我叫丹增來這裡跟我們會合。」奶奶胸有成竹地說：「我猜我們出來的時候天一定快黑了，人那麼多要找到他太難了，而且之後我們要一起去營火那邊。你伯父也得去開那個會，要好一會兒，他說之後再來找我們。」

我們站在樹旁等，一個又一個人從隔壁小門走出來。村裡好幾個婆婆媽媽跟奶奶點頭致意，上下打量她爲了節慶特別穿出來的一襲盛裝。我認出有個福態的女士是馬路旁一間小茶館的老闆娘，離我們家不遠。她停下來驚訝地盯著我瞧，然後問奶奶：「天啊，從頭到尾跟高級喇嘛坐在前面的不就是她嗎！」奶奶與有榮焉地點點頭，又開始追溯我們的家學淵源。

這時披著帥氣僧袍的丹增衝過來抓住我的手。

「星期五！我不敢相信你竟然這麼做！」他氣呼呼地說，半是敬佩半是難爲情。「你是怎麼了？副住持跟你說了什麼？還有……」他壓低聲音。「……奶奶很生氣嗎？」

我看了看那兩個嘰嘰喳喳聊得正起勁的婆媽，然後抬頭看向僧院最頂樓的廳堂，暗自感謝羅塔格西救了我一命。然後我轉頭對哥哥說：「奶奶很高興。羅塔格西是正人君子。我去前面有我的理由，不干你的事。」我賊賊地笑，踢了他的小腿一下。丹增低頭看見我的膝蓋破皮流血，臉色一沉。

「我看見是誰幹的……」他說。這時奶奶一手把我們拉過去，一手對著愈來愈多朝我們走過來的婆婆媽媽用力揮舞，大家都急著要聽聽我的故事。等我們出了僧院圍牆，走到馬路上之後，我已經變成了一個小名人。

「你們知道嗎，她伯父是住持的老朋友，差不多就像他的左右手。」奶奶說。丹增邊走邊轉頭對我翻白眼。「我們家跟羅塔格西又走得特別近，他啊，或許你們也知道，可是副住持跟辯經長呢。」這次換我翻白眼。大家邊走邊聊之際，我們甩掉了奶奶，落後大家一段距離。典禮訂在滿月這天舉辦，此刻月亮正從山的背面漸漸升起，在路面灑下微光。

「害你跌倒的人是德龍。」丹增沉著臉說：「你跟喇嘛穿過走道的時候，我就看到他跟兩個同夥不知道在計畫什麼，可是我困在另一邊的第二排，沒辦法出去。你經過的時候，他就把掃帚推到你腳下。」

「可是爲什麼呢？」我問。

「他就是這麼壞。」丹增皺起眉頭。「看見別人變成矚目焦點他就不高興。他在課堂上老愛搗蛋，還常跟鐵鎚和木棍一起找我麻煩，因爲他們覺得我是老師的愛徒。」

「鐵鎚和木棍是誰？」我問。

「常跟他混在一起的兩個男生，就是你今天在他旁邊看到的那兩個。我猜古時候印度大概有個壞心的國王，逼迫人民把所有財寶都獻給他，要是給的不夠，國王就派邪惡的大臣去懲罰他們，後來人民就叫他們鐵鎚和木棍，因爲他們就是用鐵鎚跟木棍痛打給的不夠的人。德龍幫另外兩個同夥取這個名字，因爲他喜歡想像自己是個威風的國王，可以用他的鐵鎚和木棍整我們其他人。木棍就是那個高高瘦瘦從來不笑的男生，鐵鎚是胖嘟嘟、笑聲很邪惡那個。

「你一定要離他們遠一點，星期五。」他停在路上，抓著我的手，表情嚴肅。

我抬起頭，一臉倔強地說：「丹增，我用不著離誰遠一點。」

「可是你要是不怎麼做，他們可能會開始找你麻煩。」他擔心地說。

「無所謂！」我拉高嗓門。

「他們會做出很過份的事。」他警告我。

「管他的。他們要是敢對我怎樣，我就去告狀！」我撂下狠話。

「呃……要告他們的狀很難。」丹增說：「大家都怕德龍的伯父，所以他做什麼幾乎都會沒事。」

「無所謂！」我又說。「我就去跟蔣巴伯父告狀！」然後我靈機一動：「我甚至可以去跟住持告狀，讓他吃不完兜著走！」我愈說愈起勁。「必要的話，我甚至會去跟元老告狀！」我大剌剌地說。

「有點難。」丹增悶悶地說，又開始邁步。

「爲什麼不行？」我對他大喊，還生氣地跺腳。

丹增轉過頭，幽幽地說：「因爲元老就是德龍的伯父。」

我垂頭喪氣看著地上，突然明白我跌倒之後羅塔格西和其他人爲什麼反應那麼奇怪。眞不敢相信。

但今天晚上也不能怎麼辦。就在這時候我瞥見了遠方的營火，走路至少還要半小時才會到。我跑上去跟上丹增。

爸爸在離我們家有段距離的馬路邊買了一大塊田地。農作物在幾個禮拜前已經收割，剛從尼泊爾遠行回來的商隊成員把剩下的殘梗集中在一起，再丟進幾根大木頭，升起了暖烘烘的營火。爸爸訂了大壺大壺的熱茶，還有他知道奶奶會特別喜歡的一種蒙古燉菜，請大家在節日過來一起享用。商隊的人也帶全家一起來參加，女人特地把兩邊有長柄的碗狀金屬大鍋連同一袋袋磨碎的青稞帶過來。每次她們都會利用營火合力把青稞粉烤熟，做成糌粑——我們國家最受歡迎的主食。先把幾匙青稞粉放進碗裡，再倒些酥油茶，然後攪拌成香噴噴的麵糰就變成了糌粑，尤其受閉關禪修幾個月甚至幾年的僧侶歡迎。

營火的兩邊各站一人，握著金屬鍋的長柄來回搖晃，每次搖晃就把青稞粉甩向空中，免得烤焦，然後再接住，同樣的動作一再重複。大家邊烤邊唱悅耳動聽的青稞民謠，營火周圍的人坐下來聽，會唱的人也跟著一起唱。這是我們把工作變好玩的一種方法。接下來大家甚至會開始圍著營火跳舞，奶奶每次至少都會站起來秀一段北方民族的舞蹈，雙臂往兩側伸直，雙腳慢慢跺地。之後你會看到她開始快速旋轉，開心地仰頭大笑，當下多投入就轉得多快。

我跟哥哥用慣用的伎倆擺脫大人。我們興沖沖跑到奶奶跟前，跟她說我們要去找爸爸跟阿瑪拉，奶奶還在跟幾個不耐煩的村人炫耀我們的家學淵源，揮了揮手就把我們打發走。接著我們跑去營火另一邊找到爸爸和阿瑪拉。爸爸一如往常像在指揮作戰一樣忙著張羅大家的吃喝，阿瑪拉靜靜跟在一邊，但難得一臉欣喜，那畫面真美好。她寵愛地摸摸丹增的頭，我們順口胡謅說要去找奶奶，她微笑點個頭就又回去忙了。

我跟丹增知道要往哪兒走。離路邊遠一點的地方有一小群老人，之前也跟著爺爺的商隊到處跑。他們會自己生一小堆火，大家輪流喝一壺「羌」（青稞酒）。那是一種溫和的淡酒，我喝過一次，味道有點像梨汁，但摻雜一絲苦味。爸爸是虔誠的佛教徒，反對喝酒，但只要老人家不對外張揚，他也就隨他們去。總之我跟哥哥很喜歡往這裡跑，因爲他們很會說故事。

其中一個臉頰凹陷、牙齒快掉光的老人說的故事最精彩。這會兒他正口沫橫飛說著我們最愛聽的雪怪故事，又稱德雷摩或喜馬拉雅山雪人。精彩的部分要來了，只見他眼中閃著狡黠的光芒，映著火光紅彤彤。

「所以我們站在山隘上，雪深及膝，那個大傢伙——少說也有十五呎高——從山丘上朝我們飛奔而來，巨大無比，全身白毛，一口尖牙。」他瞥見我跟丹增便張大嘴巴，露出一顆

孤伶伶的門牙增添效果。

我們倒抽一口氣，湊上前緊張地問：「那你們怎麼辦？」

「那還用說，當然是立刻拿出行囊裡的兩支槳開始狂拍，發送札達。」他邊說邊拿起旁邊的酒壺灌一口。

「什麼是札達？」我們異口同聲問。

「哦！札達！」他打了個響嗝，但我們沒往後退，因爲眞的很想知道。

「就像是一種警報。」他瞇著眼睛說，好像看不太到我們。「拿兩根大又平的木棍用一種特殊的方式互相拍打，然後拚命大叫，就算沒人聽到你的叫聲，也會聽到木棍拍打聲，因爲那個聲音能傳將近一哩高，跟我們這裡差不多高。」他對我們解釋，但眼睛四下尋找不知傳去哪兒的酒壺，突然忘了自己說到哪裡。

「札達是什麼樣的聲音？」我們接著問。

「到哪都一樣啊。」他回頭看我們，眼神失焦，接著舉起手輕拍一聲。「拍一聲，然後停一下。再拍兩聲。」他又拍兩下。「再停一下，這時你就扯嗓大喊札達！救命啊！然後重頭再來一遍，死命拍死命喊，不斷重複直到有救兵來爲止，或那個怪物把你活活吃掉爲止，看哪一個先來！」他喘吁吁地說。

「牠有吃掉你們嗎？」我們不約而同問。

「沒有。不能算有。」老人家說，有點難爲情。「牠直直穿過商隊追著一隻奇比跑，後來我們就沒再看見牠了。」

「什麼是奇比？」我們又異口同聲。

「奇比？」他失神地問，又開始四下尋找酒壺。「奇比？哦，那是一種住在高山上的小土撥鼠。」

「那牠吃掉了奇比嗎？」我們又齊聲問。

老人家努力把視線轉回我們身上。「沒有，雪怪很少那麼做。」他喃喃地說。

「爲什麼？」

「因爲啊，那些雪怪只喜歡在晚上吃飯，而奇比又只在中午出現，所以雪怪看見奇比只會抓住牠們，坐上去壓住等到晚上，這樣就可以趁牠們還新鮮又熱熱的時候享用。」

「所以雪怪還是吃了奇比？」最後一次異口同聲。

「沒有。」他賊賊地笑。「重點就在這兒啊，聽到這兒你們還沒想通雪怪怎麼會從我們

面前跑過去，當我們是空氣一樣？因爲每次雪怪坐在一隻奇比上面，牠就會看見另一隻跑來跑去，於是又跳起來去抓那隻，結果讓第一隻溜走。沒過多久這些小傢伙就會耍得大雪怪團團轉，弄到最後牠什麼都沒吃到！」

「耶！」我們開心歡呼，老人家得意地笑了。接著我跟丹增蹦蹦跳跳跑走，遠離火光，走去路邊練習發出札達的聲音。

丹增找到兩根大樹枝，劈劈啪啪開始敲打，我負責大喊大叫，但刻意背對營火的方向。反正大家都在高聲歡唱，應該沒人聽得見我們的聲音。這就是最好玩的地方，我跟丹增你一句我一句，笑說這樣說不定會引來雪怪，這時一種怪之又怪的聲音傳來。

「星期五，快停！停下來！」丹增喝止我。「你聽！」我閉上嘴巴仔細聽。我不知道你有沒有聽過那樣的聲音，那就好像你靜靜坐著，周圍靜悄悄，所在之處杳無人煙，周圍有幾棵樹，突然間遠遠響起某種低吼，聲音愈來愈大，接著刮起了一陣強風，穿過樹林猛撲而來。就是那種聲音，我們心驚膽戰站在原地等著看是什麼東西朝我們襲來。

結果只見伯父站在月光下。那是我們認識也深愛的人，到哪我們都認得出他的剪影。他焦急萬分地走過來。

「丹增！星期五！你們在做什麼？爲什麼發出札達的聲音？發生了什麼事？」

丹增全身一僵，手中抓著兩根樹枝，我低頭看地上。伯父立刻看出我們只是在玩。他彎身抓住我們，一手一個。「你們兩個聽好，札達有個規定一定要遵守。只有眞正發生緊急事件才能用，比方看見雪豹在住家附近出沒，或是強盜騎著馬逼近村落。可是小孩——」他按一下我們的手臂以示強調。「永遠不准發出札達的聲音。算你們幸運，從僧院趕來的人是我，不是別人，不然你們麻煩就大了。懂嗎？」他一口氣說完，語氣強硬。

丹增點點頭，沒出聲，但漫長的一天突然間把我榨乾，我忍不住嚎啕大哭。伯父靜靜坐著，讓剛剛的訓話在我們心中沉澱，片刻之後才站起來，露出微笑。他牽起我們的手，我跟往常一樣納悶他的手怎麼那麼熱，即使外面這麼冷也一樣。不多久，我們又坐到大營火前，伯父夾在我們中間，兩手搭住我們的肩，把我們一起摟在懷裡。他看著我的眼淚漸漸乾掉，然後從肩袋掏出包著布的一樣東西。

「這或許可以讓你們開心一點。」他咧咧嘴，攤開布，露出裡頭的——蟲蟲。

「咘魯！」丹增跟我開心大叫。

伯父說：「沒錯。聖壇上擺了一大堆，打掃的人收完之後帶了一些來會議上給大家

吃，算是獎勵大家花好幾小時做幾個簡單的決策沒睡著。」他吁了口氣，拿起一大塊扳成兩半，給我們一人一半慢慢嚼。

不過呢，如果你不知道的話，我要提醒你那可不是真正的蟲蟲。咘魯只是我們對它的稱呼，意思是油炸蟲蟲。其實就是準備一大鍋酥油，加熱到微微沸騰，然後拿個比方襪子的東西（當然要洗過的），在腳趾部位戳個洞（如果本來沒有的話）。接著把幾杯甜麵糊倒進去，抓起襪子在油鍋上方擠壓（輕輕的就好），麵糊就會像條小河流下來。你抓著襪子搖晃，彎彎曲曲的麵糊就會層層疊上去，看起來像很多小蟲黏在一起。等炸到金黃酥脆之後，再用大鍋鏟撈起來放到盤子上，或許在上面灑些蜂蜜甚至白糖，等到冷卻（甚至不用到冷卻）就能吃了——直接扳開小蟲塞進嘴裡——好吃得不得了。

我跟丹增之間有個規矩，我忘了是怎麼開始的，但每次吃飯我們都會跟對方分享盤子裡的一半食物，即使東西都一模一樣。我們就是喜歡什麼東西都互相分享。那種感覺就好像我們其實是一個大人，有個大大的肚子和兩個嘴巴。所以我一臉認真地把我的蟲蟲扳成兩半，一半給他，他也一樣。然後我們安靜地邊吃邊看營火，聽大家開心高歌。火光好溫暖，伯父的懷抱也是，我差點要睡著時，伯父靠過來小聲喊我：「星期五，小丫頭。」

「嗯，蔣巴伯父。」我昏昏欲睡地應道。

他低聲說：「告訴我，告訴我……今天你經過一排喇嘛跑到寺廟前面，在寶座上看到了誰？」

我心情一振，開心極了，因爲伯父知道我看到某個人，到現在我還不敢跟別人說。「是一個女士。」我低喃，鑽進他的柔軟披肩裡。「是個金黃色的女士，全身都是金光。」

伯父嚴肅地點點頭，直直盯著營火看了很久。

然後他低聲對我說：「星期五，小丫頭……她的臉……你有看見她的臉嗎？」

「有啊。」我半夢半醒地說，眼睛幾乎要闔上。「我看見了。她有一雙我看過最特別的眼睛……」我抬頭看伯父，有一瞬間他的眼睛幾乎跟她一模一樣。「像你的眼睛……」我輕聲說，然後就沉入美妙無比的夢境裡。伯父把我抱起來，一路背著我走回家。

8 智慧勇士

我想奶奶就是在隔年的春天第一次帶我去看辯經。辯經都在晚上舉行。夜幕低垂之後，附近的老人喜歡到馬路上散步溜達，開心聚在一起，順便到僧院做些有意義的事。

那次經驗我永生難忘。我們離僧院大門少說還有四分之一哩。奶奶邊走邊跟幾個和藹可親的老朋友聊天說笑時，我聽到了那個聲音。像遠處傳來的雷聲，我們走得愈近，聲音愈來愈大，走到僧院大門時，老人不得不用吼的才聽得到對方說話。到了門前我們轉往下坡走，繞過僧院外圍的高牆，幾分鐘就來到一堵跟腰差不多高的矮牆，牆內是一座大院子。我猛然停住，鼓譟聲大得我目瞪口呆，眼前是我這輩子看過最驚人的畫面。

矮牆上隔著一定距離插了火把，在閃爍的火光下，我看見超過一百名學僧跳上跳下，手舞足蹈，快速轉圈，集體形成一種酣暢淋漓的節奏。有人大喝一聲開心地跳起來，然後一腳落地，另一腳一跺，像一頭壯碩的公牛用蹄子頓地。手臂高舉過頭，甩著一條念珠，兩手往前伸，一手往另一手重重一拍，發出響亮的擊掌聲。然後飛快轉身往後跑幾碼再轉回來，再度出擊，凌空跳起並高聲大喊，雙手大力互擊，拍到指間皮開肉綻，血滴在眼前噴射四濺。

這時我才注意到，每個飛躍旋轉的僧人前面都有另一個僧人，靜靜地坐在灰石板上鋪的薄薄地墊上。坐著的僧人就像你在圖片中看到的佛陀，坐在大樹下：堅如磐石，一動不動，就像一堵牆，任由手舞足蹈的僧人將身體撞向他，看看是否能使他移動。但他們紋絲不動。

那畫面讓我目眩神迷。我整個人和腳下的土地都跟著轟然雷動的聲音共振共鳴。

我興奮地拉拉奶奶的絲質衣袖，抬頭湊近她大聲問：「奶奶，他們在幹嘛？這實在太……太棒了！」

度母奶奶沒答腔，只是直挺挺站著，面無表情望著牆的另一邊，貴氣高雅的五官映著火光。接著她把我拉到前面抱住，這樣就能對著我的耳朵大聲說話，我們也能欣賞前面的精彩畫面。

「他們是勇士！」她雀躍地說，強而有力的手抓住我的肩膀，我感覺到她體內的北方血液在指間翻騰。「智慧的勇士！這是他們獲得智慧的方式，透過腦袋跟腦袋的激烈交戰！」

我又敬又畏，只能凝目點頭，說不出話。整個院子紅袍飛揚，口沫橫飛，紅通通的臉神采奕奕，求知若渴，臉頰、胸膛和忽高忽低的瘦長手臂汗水淋漓，一刻不停歇。我努力想聽

清楚他們說的話。

「可是他們在說什麼？」我拉開嗓門，興奮地問，把奶奶拉到矮牆前。

她像個蒙古武士仰天大笑，笑聲飛向周圍的喧鬧聲中，彷彿回到自己的家。「你跟我永遠不會知道的，小ㄚ頭！」她在一片嘈雜中大喊，然後靠過來對我說：「因爲女生不做那種事的，你知道。」她指了指我們面前的語言交鋒。

我生氣地轉身背對她，張大嘴巴，腦中再度響起那個聲音。那聲音比一百個僧人的聲音還大，就算他們是巨龍也比不過，而且傳遍院子和僧院發出怒吼：「誰說女生不會！」但對奶奶我只是用堅定的眼神瞪著她，怒不可遏，她忍不住開懷大笑，扯嗓大喊：「眞拿你沒辦法，小ㄚ頭！」於是她彎身牽起我的手，腳步輕快地沿著矮牆往後走，簡直要跳起來。我們經過一群又一群靠在牆上看熱鬧、輕撥西藏人手一串的念珠祈禱的村人。快到院子後方的角落時，只見僧院的田地往牆後的一片漆黑延伸而去，有堆泥土翻起來堆在石頭邊。我們站上土堆，俯身靠在牆上。

「等著瞧。」奶奶自信地對我說。「看好了。」

這場混戰從盡頭的這個角落看去很不一樣。現在我看見遠遠那面牆有片大看臺，四面開放，周圍立著高柱，上面是中式寶塔屋頂。後方擺了個高大的木頭寶座，旁邊有階梯可以走上去。看臺正中央是個高而寬的長椅。我漸漸發現在看臺底下和周圍跳來跳去的僧人年紀較大，動作也更流暢熟練。外圍靠近田地這邊的僧人較年輕，跟丹增年紀相仿，雖然發出的聲音似乎比較大，但連我都看得出來，他們才剛開始摸索妙不可言的飛揚步伐和擊掌動作。

接著，在看臺附近的光線下，我看見有個又高又壯的身影從一道門走出來。他披著僧袍，一手舉起，邊揮著手邊往前走，趕走前方的年輕僧人，有如母雞在趕小雞。

「辯經長。」奶奶說：「也就是你的朋友羅塔格西。」她壓低聲音，因爲眼前的激戰突然靜下來，只剩窸窣細響，氣喘吁吁的年輕僧人紛紛停下來，三五成群各自散開。

「剛剛只是暖身而已。」奶奶轉向我說，一臉興奮像個小女孩。我這才明白她爲什麼晚上那麼常走去僧院。

「現在他們要去跟自己班的同學坐在一起，然後好戲就會重新開始。年紀較大的僧人可以坐得離光線和看臺近一點，小沙彌只能坐後面這邊。」她對著不遠的角落點點頭。「我們在這裡可以看得很清楚。」她看見我掠她一眼，便揚起微笑說：「也可以聽得很清楚。」

同時間，約有十五個沙彌安安靜靜聚集在奶奶剛剛指的地方。我突然看見了丹增，立刻

用手肘去戳奶奶。她平心靜氣地看著他，一臉自豪。

這群沙彌蹲下來片刻，個個拿下掛在左手腕上的特殊念珠往中間一丟，堆成念珠小山。接著，一名面容和善但表情嚴肅的年輕僧人兩手抱起念珠拋向空中。他閉上眼睛，從糾結墜落的一團念珠中抓住一條。

然後他一臉肅穆把手中的念珠交還給主人——一個又矮又瘦的新人，大眼睛，一口暴牙，滿臉驚恐。

「他們在做什麼？」我小聲問，每個細節都想知道。

奶奶悄聲答：「班長剛剛選了守方。現在他要重複剛剛的過程，選出攻方。」

一團念珠又往上拋，這次一個高高壯壯的身影站出來取走自己的念珠。我內心一震，發現那就是德龍，班上的調皮搗蛋鬼。

瘦小的沙彌靜立片刻，緊張地打量對手，然後默默轉身走去牆邊，背靠著牆坐下來。大塊頭德龍往後退，離牆約二十呎遠，已經開始用眼神威嚇瘦小的對手，手大力轉著念珠，一副像在磨拳擦掌的樣子。

班長在靠牆的沙彌前坐下來，稍微偏向一邊。我看見丹增毫不猶豫站上前，坐在他對面。其他同學紛紛跟進，面對面排成兩列，在德龍和瘦小的沙彌之間形成一條走道。現場鴉雀無聲，你感覺得到氣氛愈來愈緊繃。

「攻方預備備。」奶奶悄聲說，臉上一抹頑皮的笑。「守方靜下心，祈求上師賜予他力量。」

接著，大塊頭德龍慢慢走上沙彌圍起的走道，在盤腿而坐的瘦小男孩前停下來，離他僅只一吋。看起來像一頭熊聳立在一隻小老鼠面前，正在考慮值不值得花力氣吃了牠。

大塊頭德龍拉下肩上僧袍的一角，這是用來表達敬意的傳統手勢。坐在地上的瘦小男孩低頭回禮。

「雙方跟對方致敬，無論心裡實際上怎麼想，都要誠心祈禱對方獲勝，也祈禱雙方和在場觀戰的所有人都能滿載而歸。」

我抬頭看奶奶，對她刮目相看。她看穿了我的心思，笑呵呵地說：「哎呀，我沒那麼聰明。但我必須說，這件事激起了我的好奇心。偶爾會有老僧人從僧院圍牆的後門走出來。」她抬抬頭，指著院子前方的高牆。「僧人早早就會關上全部的門，但刻意把辯經的院子蓋在高牆外面，這樣村人就算晚上也能過來觀戰。他們說即使只聽到一點點，也能在心裡埋下善

種子，爲未來甚至死後都有幫助。

「這些事我本來都不知道。」奶奶沉吟道：「但我啊，就是好奇。」她又笑。「總之呢，老僧人晚上出來尿尿的時候，你會看到他們從那道門走出來，經過這裡走去田裡，走回來時我們就攔住他們，請他們解釋一下那些人在做什麼，所以我才會知道。」說完她又回頭去看丹增那一班。

大塊頭抬頭挺胸，重新穿好僧袍，然後俯身向前高喊一聲：「諦！」

「那是什麼？」我著急地問，心臟都快停了。

「古老母語，也就是梵文。」奶奶解釋，聚精會神看著兩個男孩。「那是一句古老咒語的其中一個字，用來請覺者開示，意思就是『智慧』。同時也是——」她睜大眼睛，滿懷期待。「下戰帖。」

突然間，大塊頭男孩縱身一躍，扯開嗓子劈哩啪啦喊出一串字，有如萬箭齊發。我只聽懂一句 ten ching drelwar jungwa na。我屏住呼吸，心越過圍牆飛到空中，停在兩個勇士中間。我認得那句話。那是丹增每天晚上經過我們的小浮屠都會念誦的句子。聽到時我會在心裡跟著默念，但我不知道那是什麼意思。

我側耳傾聽。從大塊頭男孩口中飛出的字句掠過我的耳朵，沒入我們後方的黑夜，有如一群鳥被丟過來的石頭驚起四散，振翅飛走。

「他說什麼？」我再次激動地問奶奶。

她低頭看我，眼中滿是同情，然後又回頭去看跳來跳去的沙彌，一度專注地瞇著眼睛，接著轉向我徐徐說道：「我說小丫頭……」她提高聲音，因爲散落在院子四周的一群群僧人紛紛開戰。「其實我也不知道。你知道那是很古老的語言，來自很古老的經書，幾乎跟古老的母語一樣古老。中間他們會穿插一些一般用語，比方『那是什麼意思？』或『你眞的這麼認爲？』」

「我只知道他們告訴我的事，像是攻方會拋出比方他們正在研讀的經典裡的某個重要句子，第一先確認守方記不記得那句話出自哪裡。你知道，他們不能帶書上場，全都得記在腦子裡。所以囉，你哥哥丹增每天晚上才要走來走去，一遍又一遍背誦那些經典，把內容牢牢記住。」奶奶的語氣有掩不住的優越，我聽了不太高興。但我張開嘴巴又閉上，即使年紀還小，我也知道何時該裝傻。

「再來，攻方會繼續針對那個句子裡的概念，故意把一個小地方說錯。守方得找出那個小錯誤，然後當眾證明那是錯的。來了來了！」她高喊。大塊頭快速後退，跟小個子拉開距離，倏地一個轉身，然後彷彿一步就邁上前，抬腳往石板地一跺，殺氣騰騰發動第一次攻擊。

我伸長了身體，像緊緊勒住韁繩的馬，全心全意投入眼前的激戰。而我確實聽到了，起碼聽到了一小片段，那彷彿是我生命的起點。

「……還有疾病、衰老跟死亡！全都沒有原因！也無法阻止！」

瘦小的沙彌像隻受到驚嚇的兔子抬起頭，說了些古老的字句，但我只聽得懂「不對」。

攻方又拋出新一串我完全聽不懂的概念。我沮喪地抓住奶奶的手，但我知道沒人能幫我，我得自己想辦法。於是我傾身向前，盯著小個子的嘴巴看，心想如果看得到他的嘴唇或許我會聽得更清楚。「關關關鍵！」他說。「在中中中間。」

攻方又射出更多利箭。古老的文字。我聽不懂。而且他的手舞足蹈愈來愈激烈。儘管我很討厭德龍，也不得不讚嘆他戰術一流，不斷騰躍、吟誦、大笑，在對手周圍灑下天羅地網。每次一箭中的——每次小個子被攻得啞口無言——在旁邊觀戰的同學就會歡聲雷動。我爲他感到難過，他顯然有口吃方面的問題，心愈慌就愈嚴重。

「三三三種毒！」他大喊。

「哪三種，你這笨笨笨蛋！」大塊頭故意取笑他。

「死亡眞正的原原原因！生病或或或……衰老……眞正的原因！還有如何阻止它們……」

小個子再也說不下去，氣呼呼瞪著地板。

但就在這時候，丹增衝過去幫他，我也好想這麼做。那一刻，眼前的哥哥就是我一直以來相信的一切——大方，帥氣，最重要的是樂於助人，我忍不住哭出來。只見丹增跳起來，飛快轉身，在小個子旁邊坐下來，一手搭住他的肩，另一手抓著念珠猛然伸向德龍，彷彿要射出一道閃電。我匆匆瞥了奶奶一眼。

她急忙說：「根據規定，如果守方需要幫忙，另一個人可以站起來加入他。其他人也可以站起來加入攻方。」

丹增勇敢地大聲說：「心靈的三種毒素以三種動物代表，關鍵在生命之輪的中間。」他說的每一個字我都懂。

德龍轉到一半停下來，輕輕低下身，像隻貓，眼神欣喜。「衰老的眞正原因？」他喊道。「三隻小動物，在一幅簡單的圖畫上？」

「正是！」丹增像丟鐵塊一樣把話語丟向他。

「人生病的眞正原因是什麼？還有衰老？還有死亡？」德龍像在唱歌，又開始手舞足蹈。他對底下排排坐的同學使了個眼色，兩個人隨即起身，跟他一起手舞足蹈。我看見了棍子，然後是鐵鎚。壞心小國王的兩個邪惡跟班。

「正是！」丹增回他。身旁的小個子也跟著抬起頭，雖然膽怯，但不肯認輸，眼中燃起希望的火焰。

德龍對朋友點點頭，三人旋即排成一列往前一躍，重重踩在丹增和小兔子跟前的地板上。「死亡的眞正原因？還有衰老跟各種疾病的原因？我們可以……」三人同時擊掌，轟轟有如雷鳴。「……阻止那些原因？」

「正是！」丹增吼道，幾乎要站起來。

「那麼的話……」惡霸三人幫接著說，合而爲一在我哥哥面前扭身一轉。「爲什麼……人還是會死？」三人把手往上甩，歡欣鼓舞地轉圈。

丹增直直看著前方，眼神一暗，那感覺就像有把刀子刺進我的胸口，那一瞬間我甚至比坐在現場看的其他人更早看出他沒有答案。我立刻低頭看漆黑的地面，因爲承受不了想必無法逃避的結果。接著，德龍那邊的僧人發出勝利的歡呼。辯經長突然在這時候出現，再度揮揮披肩，所有僧人不約而同起身，排成一列緩緩走出院子。場子剎時安靜下來，一群群老人也散了開，各自回家。牆內有個年輕僧人一一收走火把。

我轉向奶奶問：「奶奶……我必須要知道，我必須要去看看生命之輪。我一定要看看那三隻動物，一定要知道才行。」

她瞥我一眼，在昏暗中俐落點頭並抓起我的手。「跟我來，快。」

9 白衣陌生人

我們快步沿著牆壁走回院子前面的門。那裡鬧烘烘聚集了一群人，很多父母趁兒子回僧舍之前塞給他們一小包水果或甜點，順便稱讚他們今晚的表現。奶奶被村裡裁縫師的老婆拖住了一會兒。我看見丹增從人群中推擠出來，一手仍然搭著小個子的肩。我跑過去。

「丹增！剛剛實在太棒了！好精彩！」我興奮大喊。

我哥哥懊惱地看著我，但這次換小個子對他伸出援手。「今今今天晚上我我我們表現不太好，可是你應該看看看幾天前丹增當攻攻攻方時有多厲害！」他開心地說。

「我我我的媽呀！」後面傳來一個響亮的聲音，小個子還被推了一下。他飛快轉身，下一秒我們三個人就跟德龍、棍子和鐵鎚面對面。「看來諦諦拉交了個跟他一樣小小小隻的朋友！」德龍高聲說。鐵鎚彎身向我靠過來，像在觀察一隻螞蟻，然後直起身，耀武揚威地說：「說的沒錯，德德德龍！而且她說話也跟他一樣！」

「沒錯！」棍子插嘴道。「我還記得她說『伯父，我我我拿茶茶茶來給你了！』大家還記得嗎？」三個人哄堂大笑，從我們旁邊推擠而過。

丹增皺起眉頭瞪著他們走遠。「難怪伯父課後都留他留很晚。一定是他闖太多禍，被罰做一堆事。」

但小個子拍拍他的背，開朗地說：「算了，丹增，下下下次再給他們好看。跟我回房間去，我們邊喝茶邊計畫明天的策略。」

接著他轉向我，眞誠地說：「小妹妹，能跟你做朋友是我的榮幸。我叫諦諦拉。」他雙手合十放在胸前，這是西藏人打招呼的方式。「你叫什麼名字？」

「大家叫我星期五。」我抬頭對他笑，他還來不及問我怎麼會取男生的名字，我就搶先一步問：「諦諦拉是你的眞名嗎？」

「當然不是。」他也對我笑。「僧院的沙彌很少叫彼此眞名，大家都有綽號，通常來自於他們以前出過的糗。但沒人會放在心上，我甚至覺得我的很幸運。」

「那是什麼意思？」我問。

「你知道文殊菩薩心咒？象徵智慧的菩薩？嗡阿喇巴札那諦那個？要撥著念珠一遍又一遍念誦，每撥一顆先深吸一口氣，念到諦的時候要一直重複諦諦諦諦諦，直到喘不過氣爲

止，然後再往下一顆。那樣可以增長智慧，變得更聰明，所以沙彌常念。話說有天剛要開始辯經時，我口吃得很厲害，因爲我一緊張就會口吃，甚至剛開始喊『諦！』就卡住。德龍哈哈大笑，跟大家說我諦諦諦諦諦諦個不停好像在念咒，從此之後那個綽號就跟著我了。」

「我哥哥也有綽號嗎？」我突然想到要問。

「有啊。」諦諦拉眼中一閃。「當然有！但你最好自己問他。」我抬頭瞥了丹增一眼，看見他鬆了口氣。

奶奶還沒甩掉裁縫師的老婆，看來今晚的八卦很精彩，於是我決定再多問一些。

「那個……你們戴在手腕上的那串念珠。」我指了指諦諦拉手上的老舊念珠，又深情地看看丹增手上的胡桃木念珠跟綠松石母珠，打從第一眼看到他可愛的臉龐，我就記得這條念珠。「你們辯經的時候爲什麼要把念珠甩來甩去？被打到不會痛嗎？」

諦諦拉開懷大笑，露出一口暴牙。「不會的，辯經的時候沒人會打人。嚴格規定不能打人，不然我就慘了，畢竟德龍跟他朋友都很高大。」他咯咯笑。「不過，我們確實會把念珠揮來揮去或瞄準一個地方，就像拉弓射箭那樣，全都是爲了要讓對手分心。那訓練我們即使面對壓力都要想清楚。假如周圍鬧烘烘你都能專心，那麼無論何時何地你都能專心。而且念珠用來記住一長串東西也很好用，比方生命之輪的十二個部分。」他說完臉上仍掛著微笑，急著要讓我了解，就跟丹增一樣。

說到生命之輪，我想到了我的疑問，於是又轉頭去看奶奶。諦諦拉看出我得走了，便拉著丹增走向僧院圍牆最近的一道門。「走吧，尊者。」他說。「不然要是弄得太晚，我就沒辦法偷偷放你出去了。」

「星期五，跟奶奶說我想跟諦諦拉再練習一下，好嗎？」丹增叮嚀我。「結束之後我就會回家。」

丹增正直又真誠，奶奶跟爸媽一向信任他，我也一樣。我對他點點頭，然後走去替陷在村人八卦裡的奶奶解圍。

「瞧我都忘了。」她說，低頭看我，然後對裁縫師的老婆點點頭。「我們還有件……要事……要找辯經長討論，也就是副住持羅塔格西。」她對好友使了個眼色。「原諒我們先失陪。」

女人豎起眉毛，也對奶奶點點頭。我們轉身擠過最後一批從院子走出來的年輕僧人。

「辯論結束之後就可以進去。」奶奶笑著對我說。她停下腳步往大看臺方向看。「他在那裡。」

奶奶擺出端莊鄭重的表情，拉著我走向看臺拾級而上。羅塔格西就在那裡指揮最後的收拾工作，準備關門休息。

「副住持，大人。」奶奶行了個禮。「方便耽誤您一點時間嗎？」

「沒問題！」他中氣十足地說。後來我漸漸發現，他從來就不是個喜歡繁文縟節的人，也深深喜歡上他這一點。

「我的孩子，我孫女星期五，在這兒……她想請教一個跟今天的辯經內容有關的問題。」

羅塔格西低頭凝眸看我一眼，很快又恢復原樣。他一把將我抱上長椅，讓我跟他差不多高。「問吧，我的小格西。」他笑著說：「我會盡我所能回答你的問題！」

「那個輪子……」他的開朗喜樂有如暖陽，使我鼓起勇氣。「那個生命之輪長什麼樣子？是怎麼動的？裡面真的有三種動物會讓人生病、變老或死掉嗎？」

羅塔格西睜大眼睛，轉頭靜靜注視奶奶好一會兒，然後又回頭直視我的雙眼。

「孩子，要不要轉過去自己看看？」他柔聲說。

我轉過身，看見看臺中間屋頂最上方的一根大柱子。柱子上面畫了圖案。有個大妖怪怒目圓睜，青面獠牙，手臂粗壯，還有長長的利爪。爪子抓著一個輪子，輪子內部有三種可怕的動物，分別是野豬、眼神邪惡的蛇，還有正在整理羽毛的鴿子。蛇和鴿子的尾巴都被野豬緊緊咬住。牠們周圍是許許多多小世界，有些擠滿人，有些是各種動物，也有些是餓鬼和烈火焚身痛哭流涕的人。我的心也爲他們哭泣，不忍心再看，淚汪汪轉頭看羅塔格西。

「可是那是什麼意思？」我輕聲問。

「哦，說來話長。」他眼中閃著光。此時他身旁的年輕僧人（剛剛到牆邊收火把的那個人）著急地拉著辯經長的披肩。

「上師，你得來看看，在後面。」他上氣不接下氣地說，指著院子後方，靠近丹增的班級剛剛辯經的地方。

「怎麼了？」羅塔格西問，瞇起眼睛往黑暗裡探。「怎麼回事？帶我去看。」

年輕僧人拉著他，兩人從看臺快速走下石板地。奶奶豎起耳朵，抓著我的手扶我下來，然後大步跟在兩個僧人後面，一副僧院的事就是她的事似的，但確實也是。

我這才發現院子裡還有一些人，這裡一小群那裡一群，挨在一、兩根火把附近。他們談得正起勁，偶爾爆出頓地聲和擊掌聲。「死心眼的。」奶奶邊走邊低聲對我說。「非弄清楚不可的人。辯經長出來喊停的時候，他們大概正辯到精彩的地方。其他人都回家喝茶去了，這些人還捨不得走，非要弄清楚不可，有時候甚至會一直辯到天亮。」她引以爲傲地環顧一圈，彷彿他們都是她的小勇士。

接著，羅塔格西和年輕僧人在側牆附近的陰影下猛然停住。我跟奶奶默默走到他們旁邊。

「那裡，上師。」年輕僧人說：「在田地那邊，後方的火把後面。」我抬起頭，看見三、四個年輕僧人聚在一起，在後方牆上的火光下脣槍舌戰，互相拋出問題和神聖的概念。火光外的漆黑夜空下有個人影。

那人並不年輕，事實上我想他應該有年紀了，但那只是臉和眼睛。他輪廓分明，身材結實，就像我哥哥丹增。晚上變涼了，但他只在腰間綁了塊輕薄的白色棉布，赤裸的胸前另外披了一塊布，看上去一派從容。有條白色細繩從他的左肩斜拉到腰部右側再繞回左肩。

他肩上靠著一根非常老舊的木棍，跟他一樣高。只見他目不轉睛盯著院子裡的僧人看得津津有味，兩眼發亮，比灑滿他臉龐的火光還亮。他完全無視於我們的存在，就像年輕僧人無視於他的存在一樣。我們又敬又畏地看著他眼中的火光，說不出話，過了幾分鐘，帶我們來的僧人終於打破沉默。

「是聖線智者，上師！」他咬著牙說。

「是啊。」羅塔格西沉著答道。「我看見了。」

「他站在那裡聽了好一會兒了，尊者。」僧人驚道。

「是嗎？」羅塔格西回應。

「說不定是像他們說的，想偷走我們的知識。」年輕僧人大膽斷言。

「或許。」羅塔格西順著他的話說。「也有可能只是求知若渴。」他直視對方，語氣堅定。

年輕僧人垂下眼睛，不知所措，接著是一陣尷尬的沉默。我看著那個一身白的怪人，突然間很同情他。因爲我霍然發現他就跟我一樣——站在黑漆漆的牆外，一心想加入院子裡正在發生的好事，他眞的想要知道也必須知道。說不定有人需要幫助，他想要伸出援手，而他知道院子裡有他能用來幫助他人的知識寶藏。然而，因爲某些原因他無法進來，他們不讓他

進來；因爲他有地方不對勁，就像我也有地方不對勁，他們爲什麼不讓我們進去？

我拉了拉羅塔格西的袖子。我得知道是怎麼回事。他轉身低頭看我，頓了一頓又回頭去看白衣人，那人卻已消失無蹤。

羅塔格西嘆了口氣，看看奶奶。「下次吧。」他和藹地說：「時間不早了，門要關了。」

奶奶點點頭，乾脆地說：「是，尊者。」她鞠了個躬，我們便轉身離去，我把心裡所有的疑問都留在那裡。除了一個。

回程路上跟平常一樣黑漆漆。奶奶打開隨身塞在腰帶裡的紅色小袋子，拿出一小塊乾酪丟進我嘴裡讓我含住。但這次沒效，因爲我已經學會把它推進腮幫子，這樣就能繼續問東問西。因此過了一會兒我問：「度母奶奶，那個人是誰？聖線智者是什麼？」

我們繼續邁步，奶奶抬頭望著前方天空的星星，低聲說：「我也不是很清楚。」她坦白得有點反常，我不禁納悶。半晌，她又說：「你知道嗎，小丫頭，我不是在這裡長大的。」接著她停下來，若有所思地低頭看我：「不過呢，有時候外地人反而看得出本地人看不見的事，因爲他們距離太近。」

她帶我走了一段路，一邊對我說：「聖線智者其實就像僧侶一樣，決定把一生用來幫助別人，毫不保留。但他們不住在僧院裡，而是獨自住在荒涼偏僻的地方，比方山林或洞穴。或者到處漂泊，走到哪就在哪落腳，靠善心人的施捨過活。他們擁有特別的知識，知道如何透過擺動身體的特殊方法來幫助人、治療人，甚至只靠呼吸還有一些特別的祈禱和冥想就能達成。而這些事僧侶可能都不太懂。

「僧侶雖然也有幫助人、治療人的一套方法，但他們比較是透過心智、透過理解，還有自己一套特殊的祈禱和冥想方法來達成。

「問題是，每當有兩種陣營出現，不管哪一邊都可能有些不太聰明的人，看到另一邊的人具有某些神奇力量就忍不住眼紅，然後這些心胸狹窄的人開始閒言閒語，在兩邊陣營之間興風作浪。所以就發生了不幸的事，僧侶跟聖線智者從此疏遠，甚至引起一些風波……」她停下來，似乎覺得跟我說太多並不明智。

「總之很令人難過。」她嘆道，再次抬頭看前方夜空的星星。「畢竟你要知道，很久很久以前在印度，僧侶會學習聖線智者的技能，聖線智者也會效法僧侶的修爲，兩邊沒有嚴格的界線。傳說兩邊都學習有成的人具有特殊的治療能力，能治癒自己的各種疾病和傷痛，同

時也奉獻一生將這種能力傳授他人。」她在馬路中間停了一下。「有些人甚至說，他們學會跟菩薩相會，就是從天上來的人……」她又抬起頭。「……然後，然後隨菩薩而去，自己也成爲菩薩。」我們繼續走。

「聽起來好棒喔，奶奶。」我沉吟道。「那樣的話，懂這些事的人，我是指比方像你這樣的大人，爲什麼他們不去找些像伯父那樣的僧侶，再找些像我們今天晚上看到的聖線智者，然後大家在比方一個很大很大的蒙古包裡坐下來，讓僧侶爲智者示範他們會的東西，也讓智者爲僧侶示範他們會的東西，這樣大家都能治好自己，也能出去教其他人怎麼治好自己。」

奶奶繼續邁步，抬頭看星星。我注視她映著微弱星光的臉龐，渴望中帶有幾分哀傷，令人不解。「不知道耶，小丫頭。」她低聲說。

「那你自己呢？」我繼續追問，猛然停住。「你自己呢，奶奶？如果僧人知道一些事，如果他們眞的懂生命之輪，眞的知道怎麼阻止人生病或變老……甚至知道怎麼阻止比方像外公那樣的人死掉，就算只知道一部分，但說不定另一個部分聖線智者可以教你，那麼奶奶你爲什麼不去請他們教你？」

這次奶奶把臉靠近我的臉，表情幾乎有點痛苦，還有我從沒在她臉上看過的——不確定。

「我不知道耶，小丫頭。你知道，在這個國家做這些事很難，如果你是女人的話……」不知什麼觸動了我，我內心一震，擰了擰她的手。她笑了笑，接著說：「……雖然那也阻止不了我。

「沒錯，真要說起來，也不是那個原因。」她嘆了口氣。「而是我內心其實就是個普通人。一早起床就有事得做，要打茶做麵包，接著又有忙不完的事，腦袋淨想著家裡的事，不然就是想著去找村裡的朋友話家常，然後回家吃飯，之後就累到不行準備睡了。生活就這樣一天過一天，推著我前進，像溫水一樣讓人不知不覺沉進去，等到有天醒來你就發現自己老了，就像我現在一樣。於是你覺得自己已經太老，一切都太遲了，還要費功夫去學那些東西也太累了。」

「可是……我是說……即使你可以學會怎麼救人？可以教他們怎麼救自己的命？」

她悲傷地低頭看我。「唉，我不知道，小丫頭。改變很困難，相信也很困難。你打從心裡相信是很幸運的事。一定要繼續保持這份信念……」說完她輕輕拉著我往前走。

明知道有可能，或許不是百分百，但光是那樣就比其他事更重要，我還是不懂奶奶爲什麼不採取行動。我想問她更多問題，卻把疑問藏在心裡，靜靜走了一小段路。

快要走到家裡的蒙古包時，我聞到寒冷空氣裡傳來家中火爐飄出的煙味，突然想起另一件事。

「度母奶奶？」

「嗯。」她語氣疲憊，一點都不像她。

「奶奶，那些聖線智者，爲什麼大家這樣叫他們？」

「因爲他們戴著特殊的線啊，就像你今天晚上看到的那個人，線繞過肩膀再往下拉……」

「那代表什麼？」我問。

「老實說，我也不是很確定。」奶奶笑道：「但有個人告訴過我，那條線代表知識，而且是療癒身心的特殊知識，像線一樣延伸而下，由老師傳給學生，學生再傳給他們的學生，代代相傳。因此當他們感覺到身上的線或低頭看見線時，就會想起自己的老師、老師的老師，還有這些人多麼仁慈，把所知所學傳授給別人，然後一代傳過一代，讓它永遠不會失傳。

「而且你也看到了，他們穿的不多！」她又笑了。

「為什麼呢？」我又問，設法讓她繼續往下說，但突然間覺得好睏。

「那是因為他們會做一些特別的動作，類似運動，搭配特別的呼吸跟祈禱等等。他們說這些會漸漸改變你的身體，如果方法正確，身體各方面都會改變，甚至——至少他們是這麼說的——就像我之前說的，你就好像變成菩薩一樣，身體是光組成的。

「但他們說，即使不到那種程度，你也會覺得體內愈來愈健康、強壯，身體隨時暖得跟熱騰騰的包子一樣，不管什麼天氣都是。我呀，還聽說過女性聖線智者做那種特殊運動時，也穿得跟你今天晚上看的那個人差不多，因為他們必須學會從體內發出熱氣，而不是體外。那大概是第一階段吧。我還聽說……」但奶奶突然停住，緊張不安地低頭看我。

「女性……聖線智者？」我直直盯著她問。

「哦，是啊。」她放慢速度，我猜是在思考怎麼收回剛剛的話。「但很少很少。事實上，這一帶說不定連一個都沒有！」她輕快自信地說。

但話已說出口，改變已經造成，我們兩個都知道，她長嘆一聲。「該睡覺了。」她手環繞著我。「你不能一天做完所有的事。」她拉著我走進蒙古包，回到溫暖的家。

10 縫紉針

就這樣過了一年多。我快速長大，奶奶快速變老，我想盡辦法纏著她帶我去看辯經。多的話一個禮拜可以去三次，有時爲了省時間，我們會走後面的捷徑，越過板岩山脊，但晚上回來走那條路就太暗太危險。其他時候我就守在石頭小廟前，陪伴救苦救難的菩薩——度母，跟著哥哥默念。

我認得出辯經時僧人喊出的大半經文，但伯父不斷鞭策他們，我知道沒去聽課我永遠無法理解。一、兩個月內他們就從生命之輪進展到新內容，白天經過伯父的蒙古包時，我聽得到一些吊人胃口的片段，但也只有當他們在練習辯經時如何擊掌和呼喝時我才聽得見。這時伯父會假裝是攻方，扯著喉嚨喊出一個概念，要所有學生及時喊出答案和拍擊雙手。

我漸漸發現答案有規則可循，似乎只能短短幾句，但那些都是類似梵語的古老語言，我只能自己猜意思。所以我總是隔著牆壁努力聽，有時是辯經場地的庭院石牆，有時是伯父蒙古包的毛氈牆。

那年秋天，所有一切漸漸改變。起點是有天早上哥哥急沖沖跑來找我。丹增一個月比一個月更高、更壯也更英俊。

「星期五！你猜怎樣了？伯父說我們終於讀完《般若論》，下個月要進入『長者』了！」

每次丹增爲了什麼事而興奮，我也會跟著興奮，即使根本不知道是什麼事。後來我才知道，年輕僧人在成爲格西的過程中，五部大論中他們必須熟讀的第一部就是《般若論》。讀完《般若論》對僧人來說是邁出一大步，有些僧院走到這一步可能長達七年。但當時我才七歲，根本不知道這些事。對我來說，好玩的是「長者」那部分。

「丹增，長者是什麼？」我抓著他的手，興致勃勃地問。

「那眞的超讚的，你聽了會不敢相信。總之，爲了慶祝完成第一部大論，我們可以穿上漂亮的戲服繞著僧院遊行。我想長者應該是古時候某種國王吧，而他身邊有個左右手，就是他的丞相。兩個高大強壯的保鏢會沿途保護他們，旁邊還跟著一個滑稽搞笑的人，類似弄臣。

「到時候我們一整個早上都會繞著僧院走，兩個保鏢要一邊吆喝：『嘿呦！長者駕到！

讓一讓！』大家聽到都得讓路。然後我們不時會停下來，想停哪兒就停哪兒，周圍所有人就立刻圍上來。這時長者隨便往人群一指，丞相對其中一個保鏢點點頭，保鏢就走到那個人面前，無論對方是誰都一樣，然後揮一揮手中那把假的大刀，大吼：『你！過來回答長者的問題！』

「他們會把人拖上前，讓長者問他們一些蠢問題，不管是誰都不例外。我是說甚至連伯父，或是仁波切或住持都是！他們都得上來跟長者致敬，回答他問的任何蠢問題！」

「所以你想想——重點來了——伯父可能走在路上被長者叫住，說：『嘿你！我好像認識你！你不就是那個老是給年輕僧人一堆功課的老師嗎？話說——上禮拜你的課無聊得要命，你有什麼好理由嗎？』然後不管是伯父或住持或誰都得配合演出，給個好答案，圍觀的人聽了就會哈哈大笑！」

他也笑了，我跟著笑，興奮地拉他的手。這個是拷問自以爲什麼都知道的大人的好機會！一個扳回一城的好機會！讓他們嘗嘗我們答非所問時的感覺！但我想到另一件事，臉垮了下來。

「可是丹增，誰都可以去看嗎？想看的人都可以去？」

「對啊！」他開心大喊。「每個人都可以！那是一整年最好玩的活動！錯過就太可惜了！」

但我又想到一件事。「那你……你會扮主角嗎？」我露出崇拜的眼神。

他燦爛一笑，說：「這個嘛，你知道德龍和鐵鎚又高又壯，看起來很不好惹，所以理所當然就被選作當保鏢。棍子長得高又從來不笑，而且一臉精明，所以當然就被指定當丞相。諦諦拉一口暴牙又口吃，還有雙滑稽的大眼睛，而且本來就很搞笑，所以一定是當弄臣。

「我就只好當……」他說。

「長者！」我開心尖叫。兩個人同時舉手歡呼，在空地上繞著圈圈手舞足蹈，直到伯父不得不探頭出來噓我們，但臉上也堆滿笑容。

活動的前一晚，我跟丹增興奮到睡不著。我們躺在阿瑪拉新織的一小堆地毯上，頭挨著火爐，因爲天氣變冷了，而且要到太陽高掛天空才會回溫。我正在努力想丹增可以問什麼問題讓大人出糗。火爐對面的佛龕上擺了三盞祈求好運的酥油燈，會亮一整晚，在蒙古包裡灑下舒服溫暖的金光。那就像我內心的反射——我們家好幸福，好事連連，我有個優秀的哥哥，還有聰明又可靠的爸媽，還有既是我最好的玩伴也是最大靠山的奶奶。我就這樣迷迷糊

糊想了一會兒，直到一邊傳來爸爸的打呼聲，另一邊傳來奶奶翻來翻去的聲音。這時丹增戳戳我的肋骨，我們頭靠頭開始聊天，壓低聲音說說笑笑，計畫要怎麼整大人。最後我只記得我問丹增，長者能不能也考考他的保鏢，讓他們難堪，那可是報復德龍和鐵鎚的絕佳機會，但他說應該不行。後來只見爸爸蹲在我們旁邊，輕輕把我們搖醒。

天寒地凍，他跟阿瑪拉已經穿上漂亮的絲質長大衣，配上鮮豔的腰帶。醒來就能看到他們打扮得漂漂亮亮，眞幸福。奶奶還躺在雕花木櫃木桌中間的別緻小床上。只見她側躺著，頭支在一邊手肘上，一頭漂亮的灰色長髮披散在枕頭周圍，用半夢半醒的高貴眼神查看她的領土。

「你們兩個跟丹增先去吧。」她打著呵欠說：「等一下我再跟星期五一起過去。我才不要在又大又冷的寺廟呆坐兩個小時，等喇嘛幫所有人的下一本要讀的書加持。等到長者出來的時候我們再去外面等。」她對我跟丹增眨了眨眼，就又拉起被子和老舊毛皮蓋住肩膀。

阿瑪拉拿出她幫丹增新織的羊毛長袍，雖然又暖又好看，但因爲還刺刺的，丹增不肯換下舒服的舊棉袍，兩人僵持了一下。最後爸爸跟平常一樣跟他交換條件，答應讓哥哥整趟路都把長者的白鬍子掛在腰帶上。那把鬍子眞的很漂亮，長度到丹增的腰，是爸爸用白雪（他最喜歡的一頭商隊犛牛）的一大把尾巴細毛精心製作的。

我太過興奮，已經睡不著，所以就爬起來跟他們說再見。伯父也走出來，一雙憂鬱的棕眼在晨曦下跟往常一樣炯亮；話說回來，他隨時都精神奕奕。

「再次恭喜。」他對丹增微笑，熱情地拍拍他的背。「祈禱時要心懷正念；還有……長者那個……祝你好運！」

我跟丹增同時一驚並瞪大眼睛看他。「可是伯父，那表示你不來看嗎？」我問。

「呃……嗯……這裡好多事要做。」他吞吞吐吐地說，但我們都知道他今天放假，大概只是想要關在房間裡看書。其實很多喇嘛這天都這樣度過。

「反正總得有人顧家！」伯父又說。他一本正經對爸爸點頭，爸爸只是面帶微笑翻了翻白眼，然後就拉著丹增和阿瑪拉走了。他們走馬路，很多村人都帶兒子從那裡走去祈禱。阿瑪拉不習慣邊走路邊跟人搭話，但她知道大家看到鬍子就知道「她的小格西」扮的是主角。

奶奶今天動作特別慢。我把一個水桶從外面拖起來擺在火爐旁，這樣上面的冰就會很快融化，然後往火裡加了幾根木頭，希望引誘奶奶爬出被窩。我還不能打早茶，因爲還不夠高，甚至碰不到茶桶的蓋子，更何況是活塞。但我把大水壺裝滿水，放在火爐旁加熱。能做

的都做完之後，我只能坐下來，著急地等奶奶起床。早上我常在心裡複誦偷學到的經書片段，當作練習。但滿腦子都是別的事時，我就會想不起那些片段，比方哥哥今天要扮的長者。

感覺過了好久好久奶奶才終於起床，但天色仍然昏暗。泡茶時她一臉疲倦，悶悶不樂，但不忘在小茶桶裡留些茶等伯父來拿。接著她用杜松粉焚香，祭拜故鄉的天神。那一刻靜謐無比，她也跟著神明神遊好一會兒。完成例行儀式之後，她坐在床邊失了神似地開始東翻西找，不知道在找什麼。

「你在找什麼，奶奶？」我問，有點擔心我們會遲到。

「卡普楞。」她咕噥道：「跑哪去了。」

卡普楞是奶奶的寶貝，其實就是個附蓋子的金屬筒，用來放她的縫紉針。那時候針很稀少，當地製的針又粗糙，用一塊鐵磨好幾個鐘頭才能磨成。品質較好的針來自很南邊的印度，奶奶收藏了很多。那是商隊千辛萬苦攀越雪山帶回來的，不過那畢竟是爸爸的事業。

「卡普楞，要幹嘛？」我高聲問。

「哦，啊……」她口中喃喃，還在到處翻找。「得縫個東西，要縫好才行。」

我暗自叫苦。我們一定會遲到，偏偏就在最重要的這一天，偏偏就在我跟丹增難得能捉弄大人的這一天。「縫什麼？」

「就那塊來自印度的漂亮絲綢啊，你爸上禮拜給我的，說我可以用它來縫今天要穿的上衣，會很與眾不同。你爸這方面實在體貼，跟你外公有得比！」她仰頭讚嘆，然後又繼續找。

「但我們得出發了。」我忍不住嘀咕。「不然會遲到！錯過長者就不好了！你爲什麼不之前就縫好？」

「因爲我……我……」她支支吾吾，不知是還沒清醒還怎樣，我不確定。「對了！」她大叫，暫時停下動作，直起身體。「我沒辦法完成是因爲我在縫其他東西，縫了一整個禮拜，還偷偷縫呢！」她突然想起來，伸手從枕頭後面拿出一個包著鮮豔棉布的小包裹遞給我，臉上一抹迷迷糊糊的微笑。

我打開棉布，第一眼看見的是一塊漂亮的天藍色絲綢，拿起來才發現是件漂亮的新上衣，而且是我的大小。我對衣著一向不太在意，但這件上衣眞的很美，我燦爛一笑，舉起手抱住奶奶的腰。她開心地笑了，戳了戳布料。「你看，還有喔。」她咯咯笑。

我這才看見裡頭還有一件楚巴，看上去是灰藍色，也是我的大小。楚巴是西藏女性以前幾乎天天穿的一種連身裙。漂亮的長裙垂到腳踝，上衣的後半部延伸到脖子，前半部到胸前，前後扣在肩膀固定。剛剛的上衣穿在楚巴底下，從胸前、領口和袖口露出來，非常美。奶奶叫我穿上新衣，站在火光下讓她瞧一瞧。

「美極了。」她說，如在夢中。「你看起來藍藍的一片，像天空，彷彿菩薩爲了今天特別降臨人間。」

「只有上衣是我縫的。」她又說。「我看東西愈來愈吃力，縫衣服就更不必說了。其他是裁縫師他老婆替我縫的，縫得還挺不錯的。」她拍拍上面的縫線。

「我的卡普楞到哪兒去了？」她突然想起剛剛的事，又開始緊張地翻來翻去。「就快好了，只要袖子再加些錦緞。」她拿起她的新上衣。

跟我的一模一樣。想到她怎麼哄騙爸爸給她一大塊夠作兩件衣服的布料，我忍不住咯咯笑。奶奶也溫柔地對我笑。

接著她又把所有東西翻過一遍，全新的衣服不一會兒就變得皺巴巴。我也爬到她的床上幫她翻箱倒櫃，心裡愈來愈急。我低頭看她的上衣。

「可是奶奶，這件衣服已經很漂亮了，我覺得根本不需要再加東西。」我說，眞的很怕我們會完全錯過長者遊行。「而且時候可能也……不早了。」

她把臉湊過來，那種堅毅的眼神又回來了，然後說：「不會的，小丫頭，時間一定會剛剛好。

「重要的是東西。」她接著說：「人擁有的東西。」她往周圍這些年她日積月累的一小堆物品揮了揮手。「應該要是好東西。要是好東西才對。人應該擁有好東西。」一雙迷濛的眼睛盯著我不放，彷彿努力要說服自己什麼事。接著表情又變得柔和，換回一家之主的語氣。

「別擔心，小丫頭。」她拍拍我的手。「我們會準時到的。我都計畫好了。咱們走山脊的捷徑，待會天色就會變亮，回程再走馬路，那時候還是大白天，大家都會看到我們的新衣服。」爲了表示就這麼說定，她伸手從床邊的櫃子拿下她的紅色小袋子，搖出一塊乾酪讓我嚼，順便堵住我的嘴，結果卡普楞就這麼掉出來。「哦！」奶奶驚呼。「我就知道我把它放在我們會找到的地方！」她把乾酪塞進我嘴裡，然後撿起卡普楞，顫抖著雙手掀開蓋子，針一下子全掉出來灑了一地，冷冰冰的石頭地板滿是尖銳小針。

從那一刻開始，一切開始不對勁。我爬到黑漆漆的床底下把針撿回來，針刺進我的小指頭。然後奶奶一邊喃喃自語一邊縫上華麗的袖口，卻縫得歪七扭八；最奇怪的是她自己卻沒發現。然後我們走出了門，踏上石頭小廟和牛欄之間的小徑。

「我們不用跟伯父說再見嗎？」我問。

「不用啦。」她漫不經心地說，抬頭注視前方的山脊，或者是山脊上方的天空。「他應該早就鑽進書裡或去冥想了。說不定還以爲我們早就出發，從馬路走去僧院了。」

她拉著我踏上田埂。「小心，別踩到穀物啊。」她邊走邊叮嚀，好像我不知道每株麥稈都很珍貴似的。她的手冷冰冰，風呼呼吹在我們的背上，太陽已經升起但還沒露臉，因爲厚厚的灰雲遮住了大半天空。放眼望去，我只看見奶奶的背和她身上的藍綢上衣和錦鍛袖口，以及周圍一束束高大的冬麥。

賣力走了大約半小時，我們終於走出麥田，來到一片空地，這裡本來有片大池子，現在水面都已結冰，布滿牛蹄留下的凹洞。我們跟往常一樣右轉往下游走，越過溪流，上面有圓木和石塊堆成的攔水壩。

奶奶的手好冰，仍然抖個不停。她拉著我越過我們走了上千次的圓木，到盡頭時卻腳一滑，踩進冰水裡。但她露出一貫的堅毅表情，說「沒事的，孩子」，急急把我拉向另一邊，從上游經過池子。接近山脊時，她再次抬頭看山頂——還是天空？憑著一股意志力撐起老邁的身體，爬上堅實的山脊小徑。

上了山頂之後我們停了一下，奶奶喘個不停，呼吸吃力，冰冷的指尖像掉了一地的針扎著我的小手。太陽在我們後面，仍躲在灰雲後方，欲振乏力。家在底下田野的另一頭，蒙古包像蘑菇一樣小。

我們開始往下爬，沿著越過灰冷板岩山脊的陡峭小徑走，這一面幾乎照不到太陽。「小傢伙，要踩好，從這裡掉下去可不是開玩笑的。」她對著下方的陡峭石坡和盡頭的懸崖點點頭；村人和僧侶挖空了半座山，把板岩拿去蓋屋頂和鋪院子。

我們小心翼翼走在又尖又滑的板岩上時，她突然間停下來，像個霸氣公主高高抬起頭，怔怔看著底下的幾棵松樹，然後有如一尊威嚴的女神伸出一隻手，說：「看！」

我定睛細看，但光線太暗看不清楚，接著底下的松樹動了起來。一開始我先看到角，很像長長的彎刀，每一根都比人的腿還長。接著我看見碩大的頭，最後才是身體，肩膀離地有十呎高。是看起來像野生犛牛的巨獸，就停在樹木中間，就在這個節骨眼，牠抬起那張可怕

的臉，視線悠長地掃了我們一眼。

接著牠衝上山脊，一頭蓬亂的毛髮往後甩，嘴巴張開但沒發出狂嗥，只有喉嚨呼哧呼哧地喘。牠瞬間越過陡峭的山坡，大步一跨就能躍進二十呎，腰腿上下起伏，尖如利刃的蹄子刺進石頭。片片灰色板岩飛落，墜下懸崖應聲碎裂。我們腳下的山脊隨之震動，還來不及邁出一步，牠就龐然逼近，淌著口水聳立在我們面前，充血的眼睛先是掠過我的眼睛，我當場感覺到身陷地獄般的冰寒。接著，那雙眼睛越過我的肩膀，停在奶奶身上定住，周圍一切瞬間靜止。

半晌，牠安靜輕巧地轉過頭，像匹小馬輕快地跑上我跟奶奶走的來時路。只見牠一路跑向山頂，踏上一片巨大的板岩，背後就是天空。這時牠轉過身，回頭看我們，總共看了三次，狂風撕扯拍打著牠的頭髮，像一片巨大的戰旗在空中飄揚。這次牠沒看我，視線越過我，射向我身後的奶奶。

她輕呼一聲「噢」，那一幕我一輩子都忘不了。我半轉過身看她，只見她對著牠或是天空抬起頭，兩眼發直，雙臂像在爸爸安排的營火前跳舞一樣往兩邊伸直，看起來很不對勁。

我回頭去看那頭巨獸，但牠不見了，此時又刮起狂風，陣陣吹襲著灰雲。風本身就是巨獸，互相撕扯又分開，剎那間，一線清澈藍天破雲而出，金色陽光迸散四射。

奶奶有節奏地跺了三次腳，我的心突突地跳，希望她只是在跳舞。我飛快轉身，只見一束金光灑在她身上，她仰頭朝天，優雅地轉了三圈，幾乎要飛起來——

接著，她往前一倒，重重摔在地上，整個人開始往下滾，離懸崖邊愈來愈近。

11 奶奶醒一醒

那一刻，世界靜下來——那是我第一次有這種感覺。那是我真正能發揮內在潛能的時刻，後來有段時間我終於找到那種感覺，但那次是我的初體驗。一條人命落到我的手中，是死是活都操之在我。

我跳上前去抓她的手臂，但她往前滾，消失在我的視線之外。我撲上前，四肢著地，灰色板岩的碎片劃過我的手，扎進新衣服，刺傷我的膝蓋。我趕緊伸手去抓她的另一隻手，阻止她繼續往前滾，卻只抓到空氣。雖然絕望，但我又再一次撲向她。她那愚蠢的長袖飛起來，打在我臉上，我一把抓住。袖子愈拉愈長，逐漸裂開，但暫時撐住了——因此救了她寶貴的性命。

奶奶終於不再往下滾，但只有短短一瞬。靜止的那一刻，我撲上去越過她，但兩人又滑了幾呎才停住，懸崖離我們近在咫尺。我奮力爬過她的身體，腳趾深深踩進斜坡，把我們兩個固定住。我低頭看奶奶的臉。

她眼皮顫動，張開眼睛看了看我又轉去看天空。表情柔和放鬆，幾乎像在微笑，我不禁想，這會不會只是個惡作劇？

「奶奶。」我輕聲喊她。「這樣不好玩。不好玩啦。快起來，我們要走了。」

但她的視線越過我，對著天空。我試著拉她的肩膀，結果兩人又滑了幾吋，於是我提高聲音喊她：「別鬧了，求求你，醒一醒。快起來啦，奶奶。」

我直視她的雙眼，但她的眼珠子盯著天空一動也不動。接著內心深處一股恐懼湧上來，我放聲大喊：「奶奶！度母奶奶！醒一醒！」

但她卻只是輕輕閉上眼睛。刺骨的寒風猛然掃過岩壁，我手上和膝蓋的刮傷突然一陣刺痛，我忍不住對著空氣哀號「快起來」，冷風從我內心深處捲走了我生命中的所有溫暖和安全感，我恐懼不已，而能夠幫助我的人就在我懷中，此刻也跟小孩沒兩樣。我一直都知道卻害怕去想的事，此刻如脫韁野馬闖進我的腦海，那就是奶奶還有其他大人，在這個冰冷世界裡就像他們照顧的小孩一樣脆弱、無助、無知。這個念頭帶來的悲傷和體悟從未真正離開過我，而當下我只能垂下頭，任憑冷風吹打，把頭靠在我懷中的奶奶僅剩的一絲溫暖中。我嗚嗚咽咽哭了出來，她還是一動不動，過了好久好久。

12 池中漣漪

奶奶的身體突然一抖，我才終於回過神。我抬起頭，風停了片刻。我往後看，想知道我們離懸崖還有多遠。接著她猛烈一晃，我的腳冷到麻掉，再也撐不住。我們又開始往下滑。

有顆石頭飛過來，狠狠打中奶奶的頭，我想都沒想就把手伸過去，想護住她的臉，卻撞到岩石中冒出來的不明物體，我伸手一握，使出全力抓住。那是一棵小杜松的樹幹，奮力從石縫間鑽出頭。我們再次停住，世界再度靜下來。心中的疑慮頓時一掃而空，我知道自己非做些什麼不可。

我把肩膀移到上天保佑的小樹後方，然後把奶奶拉過來，讓她稍微往小樹的方向滑。接著，我奮力把她拉到我前面，把她纖細的腰卡在樹幹和斜坡之間。固定好之後，我又彎下身，但這次比較鎮定，努力發出跟她一樣平穩又有力的聲音。

「聽我說，奶奶，沒什麼好擔心的。我把你都安頓好了，現在我要爬到山頂上對著我們家的方向大喊，叫人來救我們。我不會離開你的視線範圍，也會一直留意這裡的狀況，確定你沒事。你聽懂了嗎，奶奶？」我心裡隨時會再度崩潰，這一切太可怕也太奇怪，這樣對著奶奶說話，好像我才是大人一樣。但她毫無反應，閉口不語，仍舊張大眼睛看著天空，但眼神充滿哀傷，在寒風中閃著光，她好像想哭，卻不知出了什麼問題眼淚就是掉不下來。所以我只說了聲「那好吧」，然後盡可能把裙子拉緊，從奶奶身邊移開，爬上冰冷陡峭的山壁。

自己一個人爬容易多了，我很快就回到小徑上。我轉頭去看奶奶，她還在那裡，仍然一動也不動，跟娃娃一樣軟趴趴，嘴巴開開瞪著天空。我從這裡看見我們只離懸崖邊幾呎遠，不由全身發抖。然後我堅定地轉過頭，直直走上山脊頂端。

沿途巨石遍布，杜松從石縫中冒出來，我推擠而過時，衣服和手臂被扯破。有些地方我得爬過大石頭，迎著風穩住腳；有些地方我只能趴下來，從石頭中間的小洞穿過去，暗自祈禱毒蛇不會在這麼冷的天氣跑出來。最後終於到了最後一塊巨石底下，兩邊是高達三十呎的尖石。我再度腹部貼地往上爬，用雙腳和膝蓋推進，手指扣住縫隙把自己撐起來，終於爬上山頂，看見了另一邊山坡下的家。

我跪起來，不小心絆到鷹巢的殘骸，差點往前栽。前面是幾百呎的懸崖，幾乎筆直而下，底下就是大池子和山脊小徑的起點。我用膝蓋夾住石頭，雙手放下來保持平衡，再度往

後查看底下的奶奶。現在她看起來更小，在遙遠的另一頭，跟死了一樣靜止不動。我轉頭對著家的方向，使出全力大聲求救。

冷風像在回應我一樣，就在這一刻猛烈撲向山脊，穿過兩簇尖石，差點把我往後吹倒。風把我的稚嫩聲音狠狠甩向我的臉，之後又飛騰而去。我的淚水奪眶而出，不會有人聽到我的聲音。我又冷又害怕，甚至不確定自己能不能走回小徑。

接著，世界又靜下來，陣陣狂風之間彷彿有某個力量對我伸出援手。我豁然開朗，知道該怎麼做了。我得發送札達；我得發出響亮的聲音，讓它穿過冷酷的風，抵達我們家。我得發送警報，雖然小孩無論如何都不應該發出那種警報。

我轉過身，想都沒想就爬下巨石，找到兩塊我的小手抓得住的扁平石頭，然後抓著石頭再爬回巨石。我瑟瑟發抖，因爲冷也因爲恐懼。接著，我大力互相敲擊手中的石頭，發出札達的聲音——致命危險逼近的警報聲。敲一下停住。敲兩下再停住。然後扯嗓大喊札達！救命啊！風攔截了我的聲音，卻攔不住石頭發出的訊號。

我不停猛敲大喊，只覺冰冷的雙手濕濕的，低頭一看，發現手指夾在兩塊石頭之間，血流如注，深紅色鮮血滴下全新的藍綢上衣，在新裙子的裂縫間形成一小灘一小灘血。儘管如此，我還是沒停下來，猛敲大喊的同時也俯瞰著我們家的蒙古包，一心一意只希望有人會聽見。

接著伯父出現了，大步繞過他的蒙古包。距離太遠，我看不清楚他的臉，但看得出來他正要穿上僧侶的深紅色背心。只見他裸露的胸前閃過一抹白，然後他就拉上了背心。他往山脊頂端抬起頭，像動物嗅著空氣中的危險氣息。我知道我離他太遠，他老邁的眼睛看不見我，但我使出全力敲擊石頭，放聲大叫跟風作對。

他把頭轉向左邊，看往我們家的蒙古包，然後又轉向右邊越過牛欄。接著他一個動作從身側抓起紅色長披肩的一端綁在腰上，然後踏進隨風搖曳的高大麥田，轉眼間變了個人。

我只看見一抹紅影在麥田間忽隱忽現。風吹過金黃麥穗時，麥田如浪起伏，麥梗折彎了腰，那一瞬間我瞥見垂在他身後的披肩，如閃電倏忽一轉，每次都迎風而行，直接與風對峙，抵抗它的力量，借風使力。

我看得出來閃爍的紅影正朝著大水池前進，不到一分鐘就越過麥田。我鎖定伯父會從麥田走出來的地方，直直盯著那裡看。若非如此，我想我永遠不會看到那一幕。

麥田霍地打開，伯父凝定不動，半跨出步伐。臉上神色清朗，抬頭直視前方，平靜得不可思議，臉上沒有半條皺紋或緊繃，彷彿正在沉睡卻又再清醒不過。披肩被風吹得貼在胸

前，好像剛剛快馬加鞭火速趕來一樣。

那一瞬間，我等他轉向下游越過圓木，但他卻毫不遲疑直直走向大池子。他的身影一轉眼從這一邊消失，旋即又從山脊上冒出來。我眨眨眼，直盯著水池看。水面上泛起四圈小漣漪，但我張望之際，四圈漣漪已經擴散到池子邊。我直搖頭，轉身用最快的速度跌跌撞撞跑回小徑上。

我停在奶奶跟我看見那頭野獸的地方，看見她躺在下面如此無助，忍不住又哭出來。伯父突然就站在我旁邊，伸手緊緊抱住我，身體如同往常總是散發著奇怪的溫度。我指著奶奶，他的視線跟著我轉，立刻會意過來。然後他強而有力地抓住我的手臂，跟我一起下去找她。

伯父要我用雙手抓著小杜松的樹幹，接著便放開我，在奶奶身旁彎下身。他輕輕抓起她的手，捲起華麗的小衣袖，把三根指尖放在她手腕上的三個特殊位置，同時閉上眼睛摸索，好一陣子沒出聲。張開眼睛時，一雙哀傷的眼睛比以往更加哀傷，他低頭彎腰，輕聲說著 atsi atsi：傷心啊傷心。我悚然心驚，當下就有預感奶奶的情況很不妙，只能無助地盯著兩個無助的大人看。

13 前往那口井

伯父轉身直視我的雙眼又旋即垂下眼眸。我不知道是因爲不想讓我看見他的眼神，還是不忍心看見我的眼神。

接著他緩緩起身，抓起披肩在腰間打個結，要我用雙手抓住。他彎身抱起奶奶，動作輕鬆，好像那只是一把棉花。我們開始往家的方向走。

下了山脊之後，我們來到水池前，伯父直接走向下游橫越圓木。我在溪流邊煞住腳，想起了一件事，回頭盯著水池看了片刻。伯父停下來，轉身看我一眼。之後我們越過圓木，伯父大步走向我們家的蒙古包，穿過金黃麥田踩出一條小徑，兩眼直視前方，懷中的負荷令人心碎。

我替他開門，他彎身走進去，把奶奶放在她那張別緻的床上，四周都是她的東西，她珍藏的寶貝。我看著那些東西，不由怒火中燒，我也不知道爲什麼，感覺就像這些好東西背叛了她。這算哪門子寶貝。明明好端端放在這裡，卻不肯幫助給它們一個家、長久以來那麼照顧它們的女人。我想我就是在那一刻失去了對東西的信任。

我跟伯父在她床邊站了一會兒，看著躺在床上的奶奶。但她沒看我們，眼睛一樣睜得大大的，但魂不知飛去了哪裡，整個人變回了小孩，跟嬰兒時期的我一樣呆呆盯著頭上的天窗。突然間，悲傷、寒冷、手腳的傷猛烈襲來，我再度崩潰大哭，又變回了小女孩。伯父彎下腰抱住我，直到我停止哭泣，然後他默默幫我清洗傷口和擦藥。最後我終於平靜下來，能開口對他說話。

「伯父，發生了很可怕的事。」我說，聲音細微。「有隻野獸撲向我們，很大隻很大隻的野獸。牠看著奶奶的時候，不知道怎麼回事奶奶就摔在地上，開始往懸崖的方向滾去，我跳起來要去阻止她，可是也摔了一跤，我們兩個就一起往下滑，要不是那棵小樹……」我再也說不下去，但伯父很善解人意，只是抱著我，什麼都沒問。我知道有另一件事我非說不可。

我徐徐說道：「伯父，那個札達，那個警報，之前你說小孩絕對不能發出那個聲音，那是規定，可是我……我打破了規定。」

他微微一笑，臉幾乎要碰到我的臉。「小丫頭，你做得很好。做得非常好。有時候遵守規定最好的方式，就是為了更重要的事打破那個規定。」我點點頭，因為我也這麼覺得，而且我知道他懂。

我們又沉默片刻，然後我抬頭看他悲傷而溫柔的臉龐，說：「伯父，還有……你在大池子那裡做的事……」

我感覺到他強而有力的手在我的肩上一緊。他眉尖一皺，說：「所以你看到了。」

我點點頭並垂下眼睛，伯父沉默半晌。接著他抬起我的下巴，要我看著他的眼睛。

「聽我說，星期五，你今天看到的事非常特別……是一種非常特別的力量，但不能讓其他人知道。我希望你保證，絕對不會把今天看到的事告訴別人。你保證？」他柔聲問。

「我保證。」我說。

「此外你要知道，現在我之所以告訴你，只是因為這些都已經是很久以前的事，而說出來或許能幫助你理解。」

他接下去說：「還有，星期五，你要知道……關於那種力量的一些事。」伯父頓了頓。

「有些人很特別，能做到你看見的事，因為他們知道到哪裡去尋找那種力量。」他再次停頓，彷彿要找到正確的用字很難。

「而那個地方就好像……好像一口井，可以提水的那種井，井裡蘊藏著源源不絕的力量。」

我只是點點頭，覺得自己懂。

他再度抬頭，有點不確定，然後又垂眼看我。「但關於那個力量，有件非常重要的事你一定要知道。那比你今天看到我做的那些事重要多了。」

我又點頭，等著他告訴我，因爲我感覺到此時此刻稍縱即逝，而且是我們一生中只會碰到幾次的重要時刻。接著他說：「所有力量的來源——深處蘊藏所有力量的那口井——不過就是單純的善意，也就是善待他人。那種善意就是你今天撲上去救奶奶、冒著危險去幫助別人所展現的力量。那才是眞正的力量，因爲那是所有力量的來源。」他停在這裡，我看得出來他很擔心自己說得不夠清楚。

其實他說得很清楚，非常清楚，而我必須讓他知道。但他看了我的眼睛最後一眼就明白了，於是點點頭，站了起來。我們又停下來傷心地盯著奶奶，她仍舊盯著天空。那一刻我突然靈光一閃，轉向伯父——一個七歲小女孩對著西藏有史以來最偉大的喇嘛。「我可以治好她。我可以治好奶奶。我知道該怎麼做。」

14 如何除魔

之後我們的生活快速轉變。阿瑪拉變得更安靜，而且必須更努力工作，或者認爲自己必須這麼做。奶奶似乎沒有好轉，也沒有惡化，只是像個小孩整天躺在床上，阿瑪拉會餵她喝湯，清理她的便溺。剛開始伯父常進來看她，後來愈來愈少，因爲能做的事顯然不多。

但我心中早有盤算。情況穩定之後沒多久，有天一大早，我跟丹增說我要去大池子梳洗，順便玩耍，吃午餐才會回來。出去之前我走向伯父的蒙古包，他正在教課，趁沒人注意我抓起擠奶女工布卡拉每天早上來擠奶用的大陶土罐。我抱著罐子匆匆走去大水池前裝水，然後學我看過的婦女抱著罐子頂在腰臀上越過山脊，兩眼盯著小徑，用我最快的速度直奔僧院，免得看到奶奶之前倒下的地方又悲從中來。

女性通常不能踏進僧院的這一區：僧人的宿舍。但白天沒那麼嚴格，比方養牛人家派年幼的女兒送一罐鮮奶來給喇嘛煮茶的時候。

我一溜煙穿過一層層柵門，走向僧舍，當自己家一樣（我從奶奶身上學來的許多事情之

一）。一看到有資格問我進來幹嘛的資深僧人，我便上前問他：「要給副住持羅塔格西的鮮奶。能不能麻煩師父帶我去他的僧舍？」他隨即點頭，轉身快步穿過石頭小屋之間的窄巷，切過幾個門廊。幾個老僧人正在門廊上享受日光浴，他們看了看我的帶路人，無視我的存在。短短幾分鐘，我就開始擔心等一下會走不出去。

接著我驚奇地發現耳邊傳來上課的聲音，跟伯父的課一樣，我四周有一扇又一扇窗源源傳出神聖的字句、響亮的問答和擊掌聲。我開始希望能在這裡迷路，然後待下來。

我們越過最後一片山脊板岩鋪成的院子，替我帶路的師父指著一道陡峭的階梯，說：「上去二樓就是了，一定會看到。」之後他就匆匆跑向他本來要去的地方。

我抱著罐子奮力爬上樓梯，其實有兩道，轉了個彎再往上；罐子雖然才半滿，此時已經重到不行。

爬到頂之後，只見天篷底下的寬闊平台上放了張堅固的低矮木桌，地上擺了幾片老舊的小地毯。羅塔格西就坐在其中一張上面，身旁跟著兩個謙和有禮的沙彌。他轉身對我粲然一笑。陽光斜射進來，照亮他開朗的五官，我總覺得一切都會沒事的。

「呃，羅塔格西，副住持，尊者大人，我……」我欲言又止，然後指了指我抱在懷中的水罐跟他示意。

他只停了一瞬就用低沉有力的聲音說：「啊，鮮奶！太好了！」接著轉向年紀較大的男孩，正色道：「盧力！我說啊，今天樓梯掃了沒？」

「掃了啊，上師。」他回答，表情誠懇而困惑。「每天早上我一起床就去掃了。」

「是嗎。」羅塔格西半信半疑地說，低頭往第一道樓梯的方向看。「我認爲最底下那幾階可能需要再掃一下，畢竟人來來去去。」他瞥我一眼。

「是，馬上去。」沙彌和顏悅色地說。

「那望，最好趁他掃樓梯之前拿水桶去提水，不然你又會把樓梯踩髒。」羅塔格西對另一個男孩說。「就算有鮮奶，沒有溪水煮茶也是白搭！」另一個沙彌嘀咕幾聲就起身去拿水桶。

「這應該能爲我們爭取到一點時間。」他對我笑。「小溪在大門另一頭，有點距離。而且我剛給那兩個吃了一頓豐盛的早餐，他們現在肚子裡裝滿了饃饃。盧力說不定連彎腰掃地都有困難，嘻嘻！」他頑皮地說。沙彌腳步沉重地走下樓，手裡抓著西藏人用的小掃把。

羅塔格西收起笑容，要我在桌前坐下來。他掀起面前小木碗的碗蓋，悠悠啜了口茶，我

皺著眉頭看地上。「看起來有點嚴重。」最後他說：「說吧，什麼事都可以跟我說。別害怕……星期五，是嗎？」

我點點頭，鼓起勇氣，心裡的話就這樣傾吐而出。

「我奶奶病得很嚴重，整天躺在床上，好像睡著了，沒人幫得了她。我記得那天晚上你跟我說的那頭怪物，就是生命之輪那幅畫裡有大爪子的怪物，還有畫中間那三種會讓人生病、變老和死掉——像奶奶這樣——的邪惡動物。後來穿白衣服的怪人出現，就是那個聖線智者，所以你就沒機會告訴我。可是現在……現在我眞的必須知道，因爲奶奶病得很重，我一定要治好她。請你告訴我那個輪子是怎麼運作的，還有我該怎麼做，我保證一定會把每件事都做對。」我自信地點頭。

羅塔格西抬起一邊眉毛，低頭看茶碗，微微蹙眉，我開始緊張起來。接著他隔著桌子看向我，一本正經，像面對大人一樣，我很感激。

他非常慎重地說：「首先你要知道，那個用爪子抓住生命之輪的怪物就是死神。」

我認眞地點頭，但其實不太懂，我從沒眞正看過死神。接著我想起一件事。「他住在哪裡？」我問。「有沒有可能長得像……像一頭巨大的野獸……比方就像很大隻的野生犛牛？」

羅塔格西從容不迫地接納了我的問題，低頭想了想，然後又抬起和善的臉。

「星期五，不是那樣的。」又一頓，然後他低聲說：「死神不是眞的長得像畫中那樣，那只是要表達死神有多可怕。其實呢，他不過就是每個人的一部分，每個人都有，從出生就有了。

「從你出生那一刻起，他就開始啃噬你的生命，就像體內的小老鼠，每分每秒嚼個不停，一點一點吞噬你，於是人漸漸變老，從生命之初就開始了，等到他吃完的那天，人就死了。」

我注視著他，消化剛剛聽到的話。他人很好，讓我靜靜思考，沒打斷我。然後我清清喉嚨。

「那麼你可以把那頭怪物趕出去嗎？可以把他趕走嗎？」

羅塔格西——每當我回想到那一刻，心裡都深深感激他——毫不遲疑地說：「當然可以。」用眼神爲我道出眞相。「那就是我們在這裡要做的事，就是我們眞正必須做的事。」

「所以趕走他的方法——最大的關鍵——跟生命之輪正中央那三種邪惡的動物有關？」

我問。

「沒錯。」他點點頭。「如果你了解牠們，還有生命之輪中的其他小圖案，如果你了解那些部分如何彼此作用，而你又該如何面對它們，你就可以讓死神永遠離開你。」

我想了想，不是很懂。「然後你只會愈來愈老？我的意思是……你是不是就會像奶奶一樣，然後甚至……更老？」

「不是的！」他哈哈大笑。「誰會想要那樣？不是那樣的，到時候你會改變，整個人脫胎換骨，身體就像光做成的一樣，有如蠟燭上的火焰，金光燦爛。」

我又想了想。「但你還是可以看到你的朋友、爸爸媽媽，還有哥哥嗎？」

「當然可以！」他大聲說。

「他們也看得到你？」我問。

「當然可以！」他說，聲如洪鐘，幾乎有點生氣。

「那你一定要教我生命之輪！」我欣喜若狂。接著我轉身看看太陽。「大概一個小時我就得走了，得趕回家……」我猶豫不決。「我跟他們說我去溪邊玩，午餐前會回去……」

聽完我的小小懺悔，羅塔格西笑了。接著他再度低頭看茶碗並輕聲一嘆。只見他緩緩拿起碗放在手中，把碗一斜，倒了幾滴茶在桌子的厚重木板上。

他輕聲說：「我可以一字一句教你，不用太久，雖然會超過一小時，或許要幾天。」

我點頭答應；我會找到方法的。

「但那就有點像倒幾滴茶在這張大桌子上。」他接著說，抬頭銳利地看我一眼，然後瞇起眼睛。「你把手放在桌子下面。」聲音輕柔，但語氣熱切。「手掌緊緊貼在木頭上。」

我照著做，接著他說：「感覺到茶滲進去了嗎？」

我抬頭看他，悲傷在心裡逐漸擴大，因爲我猜到他要說什麼了。

「沒有。」

他又倒了幾滴。「感覺到了嗎？」

「沒有。」我低聲答，傷心地往下看。兩人沉默片刻。

「星期五，這樣一滴一滴倒茶，一滴茶要過多久才會滲進厚重的木板，碰到你的手？」

我飛快把手抽走放在膝上，緊擰著雙手壓住肚子，覺得萬念俱灰。

「重點在我們的腦袋。」他柔聲說。「確實很難！」他用指關節敲敲腦袋瓜，做了個鬼臉。還眞把我給逗笑了。

「那需要時間，星期五。很長的時間。你需要學習很長一段時間，還需要一個好老師願意花那麼長的時間教你、幫助你。東西進去這個小洞是很快。」他把指頭塞進耳朵。「但之後得在腦袋裡烹煮、沉澱很長一段時間，才能眞正觸動你的心，等到那一天你就知道怎麼做了。

「這就是沙彌用功學習成爲格西的原因。」他說，對著周圍的房間揮了揮手。「我們希望他們學習的東西，就是你想學的東西，即使他們或許以後才會明白自己學的是什麼……」他又停下來。

「要這麼久？」我快要哭出來。

羅塔格西點點頭。「大多時候是。」之後又補充道：「當然有些奇人。還有一些奇特的……方法。」他若有所思地看著我，然後又用那種大人的方式對我說話，而且句句都是眞話。

「我坦白跟你說，然後你想一想，好好想一想，同時也在心裡惦記著你奶奶。想要阻止死神的人必須學很多格西學的事。你需要有那樣的知識，不管是誰都需要先建立基本知識。然後他們必須閉關一陣子，認眞地祈禱和冥想。這方面我可以告訴你一個祕密。」他對我眨了眨眼。

我盯著他看，聽得入迷。

他接著說：「關於這方面，如果你懂得智者的一些方法會很有幫助，進展會快很多……」他頓了頓。「……聖線智者。」他悄聲補充，又對我眨了眨眼。

「有些事僧侶知道但智者不知道，他們以前知道但似乎是忘了。也有些事智者知道但僧侶不知道，他們似乎也把它給忘了。」他言盡於此。一陣微風拂來，吹散了他的話。

「身爲副住持當然絕對不該說這種話，所以如果你能保守祕密，我會非常感激。」他咧咧嘴。

我呆坐了好一會兒，重新咀嚼他告訴我的事。

「然後我還可以幫助奶奶？」我壓低聲音急忙問。

「那個啊。」他又低頭看桌上的水滴。水幾乎乾了，差不多都被木頭吸收了。「我跟你說實話，星期五。你沒辦法把死神從別人身上趕走，沒那麼簡單。不然的話，那些早就知道這個祕密的人，那些人想必都有副好心腸，他們就會二話不說，立刻把死神那個老傢伙從所有人身上踢走，你說是嗎？」

他看著我，兩眼炯炯有神，我點頭表示認同。有道理。

他順勢接著說：「所以說，看來那是我們每個人必須自己學會的事。即使是你奶奶也必須學，而且也要想學，另外還要有個眞正關心她的人來教她。」

他再次直視我的雙眼，眼睛發亮，這次幾乎閃著淚光。「而那個人……那個人必須盡其所能快速、認眞、誠懇地學會一切，不只爲了自己的奶奶，也爲了周圍所有願意也能夠學會如何阻止那個怪物的人。

「那個人必須要很堅強才行，即使他們的奶奶出了事，比方再也醒不來，因此聽不到也學不了任何東西，即使沒人來得及幫助她，她就……死了，那個人也必須堅持下去，學會他該學的，因爲世上的芸芸眾生有天都會像你奶奶一樣變老，像睡著了一樣，臥床不起……」

15 約定

樓梯口傳來砰砰砰的聲音，沙彌喘吁吁地走上來，一手抓著掃把，一手抱著肚子。羅塔格西對我張大眼睛發送暗號。

「我必須說，味道太棒了！」他嚷道，指著水罐。「你想你母親願意用一罐鮮奶換兩巴磨青稞嗎？」

我快速動腦。「巴磨」是以前用來計算穀粒的單位，其實就是把手伸進一袋穀粒抓一把，看能抓多少就是一巴磨。幾巴磨幾巴磨的穀粒就像我們用來買賣東西的貨幣。

「那得看用誰的手抓一巴磨。」我快速反應。這是我從奶奶那裡學到的話，從我有記憶以來，她每星期二到附近基雄村的農夫市集都會說這句話。後來羅塔格西告訴我，他之所以下定決心幫助一個七歲小女孩進行她即將展開的計畫，就是因爲我反應飛快。

「說得好。」他開懷大笑，立刻對男孩說：「對了，盧力，屋頂你也看過了嗎？」我們住的西藏屋舍上面多半會鋪一片特殊泥土做的平坦屋頂，泥土壓得很緊，然後蓋在屋梁上，

人可以走上去或站在上面，欣賞日落或星星。四邊圍了低矮的牆壁，避免人掉下去，尤其是小孩。

「屋頂？」男孩還沒喘過來。

「沒錯。」

「可是上師，屋頂我昨天才掃過……你也看見了。」沙彌恭敬答道。

「是啊。」羅塔格西說：「但那些烏鴉，你也知道！弄得髒兮兮！」他做了個鬼臉。

「遵命。」男孩吃力地爬上通往屋頂的小梯子。

我的腦袋轉個不停，不讓羅塔格西說出他本來接著要說的話。「那就這麼決定了。」我堅定地說，又是跟奶奶學的。「首先，你必須教我格西學的東西，愈快愈好。」

他眼睛眨都沒眨，由此可見羅塔格西有多麼了不起。他只是直直看著我的眼睛片刻，然後說：「星期五，我知道周圍的人大概常跟你說『女生不這樣不那樣……』」

我腦中有個聲音準備要響起。

「……所以我就不說了。」那個聲音又繼續沉睡。

「但有件事你要明白。這裡有些僧人負責教書，有些負責管理僧院好讓他們專心教書，這樣你懂？

「而我呢，屬於第二種，要幫忙管理這個地方，不能亂跑。」他靠上前，做了個滑稽的表情，然後說：「我告訴你，這工作會讓人一個頭兩個大！」說完他哈哈大笑，重新坐好，若有所思地盯著我看了一會兒。

「可是你伯父——蔣巴．拉布傑格西不是你伯父嗎？他是這所僧院有史以來最優秀的老師，所以大家才會大老遠跑去你家聽他講課！你爲什麼不叫他教你呢？」

我眉頭微蹙，低頭看桌面。「他是個好人。」我脫口道：「可是腦袋很硬！」那是我們的語言用來形容一個人老古板的不雅說法。羅塔格西抬起眉毛，一臉莞爾，但我開始滔滔不絕：「他不讓我在他班上聽課，甚至不讓我走進教室替他送一小桶茶，所以我哥哥丹增得在伯父和我們家的蒙古包之間跑來跑去，端茶給他。我敢說丹增有一半的課都沒聽到！」不知不覺中我已經半站起來，回過神時才又砰一聲坐下，回想起來還是有點生氣。

「這樣啊。」羅塔格西盯著碗中剩下的少許茶湯轉啊轉，臉上的表情愈來愈頑皮。「你們家……有個可愛的女士早上都會去你們家擠牛奶？」他沉吟道。

「對，布卡拉。」我回答。

「她是我表妹。」他說，沉浸在思緒裡。我不由微笑，因爲「表妹」在我們的語言裡是個泛稱，幾乎誰都可以是你的「表妹」。

「好了，上師！任務達成！」和顏悅色的沙彌又突然出現，從屋頂上的梯子走下來。

「很好！」羅塔格西丹田有力地說，滿面笑容，顯然拿定了什麼主意。沙彌走到桌子旁恭敬地站定，我想就算格西接下來要吩咐他把僧院的四面八方都掃一遍，他也早有準備。但羅塔格西只是笑，並往我的方向揮揮手。

「我說啊，盧力，你能不能把水罐拿去壁爐那邊，把鮮奶倒進鍋子裡加熱，讓客人把罐子帶回去？她還得趕回家哩。」

「是，上師。」男孩靠上前，雙手伸向我。我飛快睨了羅塔格西一眼，輕輕但堅定地搖了搖頭。

「對了，盧力！」他突然又喊一聲，男孩直起身。「仔細想想，把這個小姑娘從家裡第一次帶來的鮮奶留到長老會下次開會再跟大家分享會更吉利。是什麼時候，這禮拜五是嗎？」

「是的上師，沒錯。」男孩回答，我小小鬆了口氣。

「就是禮拜五。禮拜五幸運日。太好了。」接著羅塔格西從桌前起身。「那麼我的小朋友，能不能麻煩你三天後，也就是這個禮拜五再來一趟，大概中午前兩個小時，帶滿滿一罐你們最好的牛奶來給長老開會時享用？他們每次都有特別的茶可喝，而且還用那種可……我是說那種特別的小瓷杯裝！到時候我會把其他東西都準備好。轉告你母親我同意兩巴磨，而且我們會叫寺裡手最大隻的人去抓！」他煞有介事地環顧一圈，然後把手往前伸。「就是我的手！」他大吼一聲，仰頭大笑，然後伸手扶我站起來，趁盧力不注意時好奇地往水罐裡瞧了一眼又轉回去看他。

「我說小尊者，你可以帶我們的朋友走回大門，並確保她星期五知道怎麼走來這裡？」

「遵命。」唯命是從的沙彌露出微笑，走在前面帶我下樓。

我轉頭看羅塔格西，但他只對我使了個眼色，表示一切都已安排妥當。於是我用眼神打從心裡感謝他，然後開始下樓，愈想愈興奮。但另一個疑問突然躍上腦海，我又轉過頭。只見羅塔格西把手肘靠在平台周圍的牆上，俯瞰一間間僧舍和更遠的田野、森林和地平線，沉浸在自己的思緒中。

「呃，尊者，副住持大人？」我喊他，把他從思緒中拉回來。

他微微一驚但轉過頭，又對我綻放溫暖燦爛的笑容。「是，星期五？」

「還有最後一件事。我……我在想，爲什麼伯父……爲什麼伯父不治好奶奶呢？」

羅塔格西再次直視我的雙眼，就事論事地說：「或許那是你必須做的事。」

我們就這樣站在一道陽光下望著對方。然後我點點頭，匆匆跟上盧力。

16 布局

星期五布卡拉來的時候，有頭乳牛似乎病了，奶量很少。殊不知我早就把滿滿一罐溫熱的鮮奶藏在石頭小廟後面，那裡離通往僧院的後方小路很近。我又跟家人說我去大池子那邊玩，吃午飯時才會回來，然後蹦蹦跳跳直奔僧院，儘管鮮奶重得要命。

羅塔格西和他那溫暖燦爛的笑容就在那裡等我。旁邊兩個助手突然多了一堆雜務要忙，又只剩我們兩個坐在平台上的大桌子前，在風和日麗的一天沐浴在耀眼的陽光下。

「事情就這麼辦。」副住持開始跟我解釋，之後我們認眞嚴肅地談了很久，我也鄭重答應他絕不會跟任何人說，包括你。

之後我們走進羅塔格西的神奇僧舍，那裡就像是西藏中心的一片孟加拉叢林，裡面塞滿很妙的東西，每個角落還藏了其他更妙的小東西。他叫盧力爬上一張凳子，把手伸進天花板附近的各種角落縫隙，挖出布滿灰塵的小袋子和小盒子，裡頭裝了神奇的東西。他這裡拿一點，那裡捏一些，然後把東西包進一塊塊小布再用線綁好，最後塞進我的肩袋，滔滔不絕叮

嚀我如何使用，還要我複誦給他聽，確保我理解得沒錯。

接著，他攤開一塊非常古老的精美絲綢，拿出一片擦擦。擦擦就是一片小泥板，上面印著神像。他跟我說上面印的是文殊菩薩，象徵智慧的菩薩，也就是諦諦拉跟我解釋他的綽號由來時提到的神。然後羅塔格西教我一段祈求自己能更透徹理解所學的特殊咒語，並要我複誦一遍又一遍，直到確定我都念對。

再來，他牽起我的手，確認我抱著那罐鮮奶，然後帶我穿過僧舍走向辯經的院子。但還沒走到那面高牆，我們就轉彎穿過一堆堆木頭，走進一個屋頂挑高的陰暗大房間。我驚奇不已地看著牆壁，上面的大鐵鉤掛滿你想得到的各種鍋碗瓢盆長勺湯匙。看到水壺時，我的眼睛甚至睜得更大，那些大金屬桶可以煮出好幾百杯茶，一排擺在矮磚牆上，底下就是燃著熊熊火焰的茶灶。

「我的老東家。」羅塔格西笑著說，我突然發現我們兩個幾乎都滿頭大汗。「僧院的伙房。我在這個地方管了七年！唉，通往副住持之路漫長又艱辛啊！」他深深一嘆。

「伙房長！」他大聲呼喊。「伙房長！出來，不管你在哪，快出來！」

於是，某個陰暗角落的大茶壺後方走出一個安靜謙恭的老僧人。他很瘦，彷彿長久以來在伙房裡火燒火燎，血肉早就被榨乾，但手臂結實，因爲不斷攪拌和搬重而肌肉虯結。儘管滿臉煤灰，但當他對我們露出親切笑容時反而更顯可愛。

「來了，副住持！大師！」他親暱地拍拍羅塔格西的大肚腩。

羅塔格西低頭看自己的肚子，然後對我說：「都是他搞大的！」

伙房長親切地對我眨眨眼，然後問羅塔格西：「有什麼能爲兩位效勞嗎？今天早上才吃過我們送去的早餐，你不可能已經餓了。」他停下來睨了一眼羅塔格西的腰圍，故意悄聲對我說：「我猜有些人還是可能會餓！」

羅塔格西哼了一聲。「伙房長，其實呢，這個小姑娘帶了一大罐很特別的牛奶，準備今天下午長老會開會時用來煮茶。我們要煮馬薩拉茶，還要加眞正的白糖。」

伙房長一臉訝異。「馬薩拉茶！怎麼可能！那種香料我一年也見不到幾次！那要大老遠從印度中部運過來！哪有辦法給他們喝馬薩拉茶？」

羅塔格西動作誇張地轉向我。我立刻從肩袋拿出一小包一小包東西打開，伙房長的眼睛愈瞪愈大，之後我們便展開了如何煮馬薩拉茶的詳細教學，雖然耗時但也很好玩。

教學完畢之後我們先告退。「該走啦，伙房長！這個就不必在這裡吃，可以帶在路上慢慢嚼！」羅塔格西把手伸進一面小簾子後方的壁龕，從鍋子裡摸了兩塊剛炸好的卡賽。

「嘿！」伙房長叫了一聲。

「要藏也藏好一點咩。」羅塔格西暗自竊笑，把一個丟進嘴裡，一個給我，然後就開心得意地走出門。

我滿足地嚼啊嚼，跟著羅塔格西走向一棟窗戶很多卻一扇門都沒看見的長形建築。我們往下坡走，從後面繞過去，只見一條有屋頂的長廊和一小扇木門。他打開門並牽起我的手，兩人一起踏進另一個完全不同的世界。

我看往左邊，陽光從對面牆上的窗戶灑下來，只見一排排年輕僧人坐在厚羊毛地毯上，每個人前面都有一個色彩繽紛、四面雕刻了火龍飛馬日月星辰的小木桌。桌上的凹洞放著裝了墨水的小陶土罐，人手一支竹子筆，俯在長而薄的宣紙上，小心翼翼地落筆揮毫。

宣紙跟手差不多長，與手臂同寬，上面放著另一張已經寫滿字的宣紙。幾個年紀較大的僧人繞著房間靜靜踱步，偶爾彎身細語或換墨水。有個模樣蒼老、表情專注的僧人披著長老的華貴羊毛披風，在一排排僧人之間的寬闊走道上慢慢地來回走動，頸背直挺挺，跟奶奶以前一樣，布滿皺紋的眼睛有如鷹眼，巡視著全場。周圍靜悄悄，只聽見竹子筆在紙上的細微摩擦聲。

「繕寫室。」羅塔格西悄聲說：「我們抄寫經書的地方，在全西藏算是數一數二好的。紙也都是我們自己做的，品質好得沒話說，其他地方大概都比不上。」他對房間右邊點點頭，我看見一面簾子後面有另一群年輕僧人，有些正要把大張大張紙放上架曬太陽，有些用木夾和鋒利的刀子把大片原紙裁成一條一條，落下的紙張幾乎到他們的膝蓋。

「這裡不能嘻皮笑臉。」羅塔格西提醒我，因爲鷹眼老僧瞥見了我們，開始穿過走道朝我們的方向走過來。「老暴君用鐵腕統治這個地方。」我的嚮導偷偷對我說。

接著，羅塔格西抬頭挺胸，一臉莊重，雙手合十放在胸前恭敬問候老僧。「繕寫長，很榮幸在這麼晴朗的早晨見到你。」

見他行禮如儀，繕寫長毫不掩飾眼中的懷疑，順便低頭瞄我一眼。「我說副住持大人，眞難得您大駕光臨！在這裡很少能看見你啊！」

羅塔格西輕輕把繕寫長拉到一邊，兩人交頭接耳了一陣子。年輕僧人好奇抬頭張望，我低頭看地板，豎起耳朵想聽他們在說什麼，卻只聽見羅塔格西說了「奶奶……王室……北方人」之類的，然後是「有可能，你知道……一大筆捐獻」，再來又說「主寺的新廂房」，最

後是「一些零碎的就行了，就配合一下，大概只是想用來塞娃娃之類的」。我突然覺得，聽羅塔格西談奶奶就很像聽奶奶在談他。

接著，兩個人轉向我，繕寫長皮笑肉不笑地對我說：「我相信我們的小客人會想參觀一下應該是整座僧院最重要的地方。」之後的過程感覺永無止境，他帶我們穿過一排又一排正在抄寫經典的僧人，對我跟羅塔格西解說抄寫藝術的精妙之處，比方製作墨水的礦物、竹子筆的正確削法，最了不起的是那天早上抄寫的各種經典的書名和內容。

我聽得如痴如醉。我看過伯父每晚爲我們家的人念誦的經典，但老實說，我從沒認眞想過那是怎麼做或是誰做的。事實上，我從沒看過誰會拿起筆寫很多字，除了伯父，而且通常只有爸爸爲了生意的事需要寫一封正式的信給別人才需要。

我知道聽起來可能有點奇怪，但在我們的僧院裡，知識主要都靠所謂的「口耳相傳」。意思是說，老師講解，學生用他們學會的一種特殊方式認眞聽講，因此老師講完他們就全記住了。通常老師講解的是一本古代經典，僧院裡幾乎每個人都已經把內容倒背如流。所以與其說書是寫下來的文字，不如說是一首歌的內容，而那首歌仔細地傳過一代又一代，內容毫無更改。某方面來說，那比書還要安全，因爲你永遠不會把它弄丟，書隨時隨地都在你腦中，無論何時何地你都可以取出一小片段，大聲唱出來或在心裡默誦，思考其中的含意。因爲如此，我們擁有的書當然沒有現今的人多，因爲記住一整本書很花時間，腦袋能記住的書畢竟有限。但我們的書全是經典中的經典，充滿了美妙而寶貴的知識，例如生命之輪，也就是如何阻止疾病、衰老和死亡本身的方法。所以我想說的是，我們不常寫字，但很多方面來說這樣反而更好。很多年長的智者認爲，依賴書簡直就像兩腿還好好的卻要用枴杖，反而礙事，要是太過依賴，懶得把書上的內容記在腦中，還會害你的兩條腿——你的腦袋——變弱。此外，要是眞能學會這套古老而神聖的學習方法，那麼你的記憶和腦袋能記住的東西會多到超過你的想像。

不過也有很多人發現，只要不會害人分心，寫下某些事情能帶來其他實際的好處。我想你可以說，伯父就是我們這裡這麼想的一個代表人物。因此，所有年輕僧人都要學認字，僧院裡還蓋了繕寫室。在裡頭走動時，我感覺到了這裡進行的工作散發的力量。坦白說，我同時也知道學寫字的女生少之又少。但我還是轉向繕寫長大聲問：「大人，可以讓我試一次嗎？一次就好。你可以教我怎麼寫比方一個字母嗎？」

羅塔格西的表情有點擔憂，但繕寫長對這項技藝的愛已經超過對我的不耐煩。他帶我們走到前面他的桌子前，然後把一個助手叫過來。兩人交談了幾句，助手就走了。接著我坐到陽光下的漂亮大桌子前，屁股底下是繕寫長的坐墊，而他本人則俯身靠著我，我聞到他身上有股混合了墨水、檀香和茉莉的香氣，一隻蒼老而平穩的手握住我的小手，還有一隻細緻而老舊的竹子筆。我們握著筆蘸一下墨水，他帶著我的手在觸感美妙的紙上滑移，然後就浮現了一個字：

ཇ

我興奮萬分地輕呼：「是什麼？那是什麼？」他感覺到我手中透出的能量，同樣興奮地回答：「小朋友，這念作ja。『茶』字就是這麼寫的。」語氣中透著敬畏。

我直起背看著我寫下的第一個字母，心中滿是驕傲，甚至還有崇敬，之後不知道爲什麼我開心到哭出來。兩名僧人低頭看看我又看看對方，久久沒有出聲。

16 布局

後來助手回來了，手裡拿著一個大布袋，裡頭滿滿都是裁紙工剛剛工作的地方堆了滿地的碎紙。繕寫長接過布袋，轉身彎下腰，把袋子輕輕放進我懷中，說：「這是給你的，我的朋友。給你塞娃娃或是……」他用挖苦人的奇怪眼神看了羅塔格西一眼。「……什麼都行。」接著他翻了翻抽屜，從裡頭拿出一個小袋子，也默默把它塞進布袋裡。

我轉身抬頭看他的臉，他的一雙鷹眼一閃一閃。「墨粉。」他粗聲道：「加點水，要乾淨的水，不用太多。」

一切結束之後他直起身，表情就像個還有工作在身的人。羅塔格西代表我們兩人跟他說了聲「謝謝」。快走到家時，我才發現手中還握著繕寫師最愛的筆，但後來我又感覺到他的手握住我的手，引導我寫下一個字母，原來那時候他就把筆送給了我。

17 變身擠奶女工

過了幾天我開始對家人設下圈套，不得不說一切進展得非常順利。這天是禮拜天。擠完奶後，布卡拉進來問阿瑪拉能不能跟她談一談，阿瑪拉用眼神示意我先去外面玩。奶奶還是老樣子，除了一天餵她喝幾次湯和幫她清理梳洗，大家好像很少會注意她。爸爸帶商隊出遠門了。我走到外面，在算準將有好戲上場的地方站定。

隔著蒙古包的門簾，我聽到阿瑪拉和布卡拉之間的緊張對話。之後擠奶女工板著臉走出來，但親切地瞄我一眼。我知道還要再等幾分鐘，一顆心七上八下，直到布卡拉離開視線。接著——時間分秒不差——阿瑪拉默默從蒙古包走出來，站在空地上大聲喊：「蔣巴！蔣巴大伯！」

伯父匆匆走出來，丹增跟在他後面。「怎麼了？是奶奶嗎？」他憂心忡忡地問。

「不是奶奶，是布卡拉！」阿瑪拉激動地說，雙手一攤。「她要走了！我不敢相信！還說她馬上就得走！真不敢相信！」

「走？」伯父不知所以地問：「走去哪？發生了什麼事？」

「說她不能再來擠奶了！之後會忙得抽不開身！因爲僧院派人問她願不願意負責管理僧院的山坡乳牛場！到時候她要管六個擠奶女工！眞不敢相信！」

伯父掌心朝上舉起雙手，想說些安慰人的話，但老實說，我不確定他看書教課之餘有沒有想過有人負責擠牛奶的工作。

「她說她傍晚會再跟她丈夫一起過來！」阿瑪拉繼續喋喋不休：「來拿她的鮮奶罐！說我們可以先留幾個，等自己有了再還她！我不敢相信！」她大喊。

伯父張開口，但阿瑪拉還沒說完。「我自己一個人做不來所有的事。」她哀聲說：「奶奶現在這個樣子——我沒辦法又要紡紗，又要織地毯，又要煮飯，又要照顧乳牛和擠奶，還要……」她哭了出來。「……還要整天替大家煮茶。」

聽到最後一項，伯父終於憂心地豎起眉毛。看書？教課？祈禱和靜坐冥想？沒茶可喝？我看得出來他的腦袋正在快速轉動。我讓緊張的氣氛持續一會兒，才走到兩個可憐的大人中間解救他們。

「我……我可以負責擠牛奶。」我說。他們低頭看我，我有模有樣地點點頭，跟奶奶學

的。伯父的視線飄向阿瑪拉，但她有點錯愕。「還可以放牛去吃草。」我又說。兩個大人還是詫異得說不出話。

「很久以前奶奶就教過我紡紗，下午我可以紡紗。」我繼續宣布：「這裡滿滿一袋都是我弄的。」我拖出來交給阿瑪拉。她終於平靜下來，而且——非但沒反對（要是奶奶鐵定會），甚至還用感激的眼神看著我。

「既然我要負責擠牛奶，當然就順便幫大家煮茶。」我語氣堅定。「可以在牛欄旁邊架個小火爐，這樣我就能一眼望見牧草和溪流，隨時留意乳牛的狀況。」我指指伯父的蒙古包後方：「最好是用石頭在那裡圍出一塊地方，這樣丹增來拿伯父的茶就不用走那麼遠，也不會沒聽到上課內容。」我抬頭看哥哥，他看起來有點猶豫，其實大家都是，因爲茶對西藏人來說很神聖，馬虎不得。但我早就料到他們的反應，正耐心等著大人踏進第二階段的圈套。

「最後那部分我不清楚。」伯父說，有點不確定。他抬頭看阿瑪拉，想確認她的意思。

「對啊。」丹增脫口而出：「那可能是個問題……」

「可是你只是個孩子……」阿瑪拉難過地說：「唉，你甚至還碰不到大茶桶的蓋子。」

大家都表達完意見之後，我雙手插腰，用最有奶奶架勢的樣子對著他們，篤定地說：

「只有一個方法可以確認，不是嗎？」

「今天我來煮下午的茶。如果那不是你們三個在這個家喝過最好喝的茶，那我就負責紡紗跟乳牛就好。這樣可以？」

他們呆呆看著我，嘴巴微張，我堅定地點點頭。「那就這麼決定了。」我轉頭看我們家的蒙古包，又說：「丹增，吃完午餐大概一個小時後，我需要你幫我在伯父的蒙古包後面至少生個小火。」我沒等著看他的反應。最好一開始就讓他們習慣我會常在伯父的蒙古包附近打轉。我邊想邊走向門口，背後安靜無聲，看來我至少得到了機會。

我快煮好茶時，太陽還掛在板岩山脊上方，至少還要三個小時才會下山。丹增不斷找藉口在伯父和我們家的蒙古包之間走來走去。阿瑪拉探頭偷看了幾次，但我都假裝沒看到。連伯父都比平常多上了很多次廁所。

我只要假裝自己是伙房長就行了，而我已經滿身煤灰，要假裝成他更是簡單。我熱了剛剛好份量的牛奶，然後捏起一小撮各式香料，按照一定順序灑進去。最後的活塞是個小挑戰，但我已經準備好一把阿瑪拉編織時坐的凳子。我站上凳子，堅定果決地抓起長桿活塞一抽一壓，在心裡告訴自己，奶奶離我不遠，就在我們家的蒙古包毛氈牆的另一邊。

我學伙房長把最後的成品倒進茶壺然後嘗一口。接著，純粹是爲了秀一手（感覺背後好多雙眼睛在看我），我隨便打開一包香料，額外丟了一撮香料進去。然後我繞過空地，學奶奶邁著高貴的步伐，把那三個倒楣的小夥伴帶到我在伯父蒙古包後方的新據點，爲每個人倒一小杯熱騰騰的茶。他們看起來有點緊張。三人啜了一口，然後又啜一口。沉默。然後丹增把剩下的茶一口喝光並大叫一聲「哇」。

「完全沒問題。」他咂著嘴說，用「我不敢相信你辦到了」的眼神看我。「是我在這裡喝過最好喝的茶。」

伯父也把他那杯咕嚕嚕喝完，然後劈哩啪啦說了些話，但覺得不妥又閉上嘴，難爲情地瞄了眼阿瑪拉。西藏女人對自己煮的茶很自豪。

「確實是蠻好喝的。」他坦承，並含蓄婉轉地追加一句：「我想可以說是這一類茶中我喝過最好喝的。」

「跟我們平常喝的酥油茶很不一樣。」他繼續自圓其說，像在院子裡跟人辯經一樣。

「事實上，喝起來像我最近在僧院的長老會開會時喝的茶。」他沉吟，疑惑地覷我一眼。

我不理會他的目光，轉向媽媽問：「阿瑪拉，你覺得呢？」這件事得在有人質疑之前趕緊敲定。

「我覺得……」她難得對我滿臉堆笑，溫暖地摟住我的肩膀。「我覺得我們家不只有個新的擠奶女工，還有個新的煮茶高手。」

我也抱住她，大喊：「太棒了！」就在這個時候——彷彿套好的一樣——有個高亢雀躍的聲音說：「我自己都找不到更好的替代人選！」

說話的人是布卡拉，她正繞過伯父的蒙古包走過來，身旁跟著她丈夫諾布。諾布來自東部地區，長得又高又帥，是個專業的木工和皮革工人，經常跟著爸爸的商隊到處跑。一雙笑咪咪的眼睛很亮，黑色長髮盤在頭上，耳朵戴著小巧的綠松石耳環，都是當時剽悍的遊牧民族流行的打扮。他身後跟著一匹黑色駿馬，馬身繫著犛牛毛編成的閃亮轡繩和大大的皮革馬鞍。

我大聲對他們喊：「來喝點茶，還有很多。」於是下午大家圍著火坐在一起，分享彼此的喜悅。布卡拉滔滔不絕說著她在僧院山坡牧場的新工作，還跟我們說了僧人的最新消息，一步步把眼前的一家人帶往計畫的第三階段。

「你們知道資深喇嘛最近做了些決策，看來是要所有僧人在房間加裝窗戶，尤其是老師，這樣在附近飄蕩的遊魂就會聽到上課和誦經的美妙聲音，那麼僧院明年開始擴建的時候，它們就不會太介意，因爲喇嘛正在規劃要蓋新僧舍的樣子。」她說。

伯父捧著茶，神情恍惚地看著火焰。可憐的人，他感覺得到即將要發生的事嗎？他有的選嗎？「是啊。」他點點頭。「長老會的會議上也提到同一件事，就在幾天前……」

「……對，所以諾布才會跟我一起來。」布卡拉抓緊時機接著說：「最近他都在僧院忙著把一間又一間房舍的牆壁打洞，裝上窗框和禦寒的厚窗板。你說是嗎，諾布？」我看見她用手肘去戳身旁沉默寡言的年輕人。

「對對。」他附和道。手肘又一戳。「確實是這樣沒錯，我的好老婆。你們的新窗戶裝在這裡正合適。」他朝著伯父的蒙古包後方點點頭，對不疑有他的學者笑了笑。

「新……窗戶？在蒙古包裝窗戶？」伯父結結巴巴。

「是啊。」布卡拉愈說愈順口：「來的路上諾布才剛裝好一個，就是住在路邊小茶館附近的那個老隱士，你說是……」

這次不需要再用手肘提醒，諾布一回生二回熟。「對對。」他再度附和：「成品相當好，還加上一個能擋風遮雨的窗板。難以相信以前怎麼沒人想到……」

布卡拉又對他飛快使了個眼色。

「其實眞的很快！」他又說：「不用一個小時就好了！剛好我所有工具和材料都在馬鞍上！」

謝天謝地，阿瑪拉因爲如釋重負而當場接管了所有事，伯父則是搔頭抓耳走來走去，窗戶就這樣完成了（其實還是拖到太陽下山）。因爲要敲敲打打，丹增也沒別的事可做，所以阿瑪拉甚至指揮「我的小格西」把石塊搬過來搬過去。

如此這般，隔天早上我就坐在我的新領地，水罐、漂亮的大桌子、厲害的新火爐、大茶桶和各式水壺應有盡有，最重要的是——通向伯父課堂的神奇窗戶就在我腦後，我邊打茶就能聽到從窗戶傳來的聲音。

18 諦聽者

所以現在丹增他們上課的時候，就是我擠牛奶的時間，上課內容透過窗戶一字一句傳進我耳中。我的學習之路長出了自己的生命。一開始是爲了想辦法幫助奶奶，但很快我就發現，實際上不只如此而已：那也是我在我的小小世界裡能幫助每個人的方法。我在課程和經書中悟出一件事。那很像阿瑪拉織的大地毯，不同圖案散落在各個角落，但每個圖案都編織成一幅龐大的整體，誰都可能看上它，買下來當作禮物送給別人。但我同時也黯然發現，要織完這張地毯一定要花時間，而且可能要很久。說不定比奶奶剩下的時間還久。

度母奶奶的狀況慢慢惡化。餵她吃任何食物都變得很難，連湯也是，所以她一天比一天瘦。但那還不是最糟的，我知道最糟的是什麼。那就是她爲了我們，爲了所有眞心愛她的人一點一點改變自己。慢慢地，不知不覺間，我們每個人以她離開我們的方式離開了她。坦白說，我覺得那是因爲她漸漸離我們而去。

大家對她的關注愈來愈少，終於有一天，所有人達成共識（我不認爲是誰決定的，而是大家共同的決定）：把她移到另一個蒙古包。商隊的人用兩匹馬載來材料。蒙古包其實就只是一堆柱子和一片毛氈，所以才那麼好用，攜帶和拆建都很方便，可以收了就走。他們很快就在空地邊搭好蒙古包，那裡正好是小徑通往馬路的起點，速度甚至比幫伯父開窗戶還快。所以現在我們有了三頂蒙古包，像三角形一樣各據一角。

我跟阿瑪拉輪流去察看奶奶的狀況，盡可能餵她吃東西，幫她擦洗，添加柴火。沒人親口承認，但當滲入她的衣服和床墊的味道移到另一個蒙古包之後，大家都鬆了口氣。阿瑪拉指揮大家把奶奶的東西全搬過去，我們對那些小東西（奶奶心愛的寶貝）充滿敬意也很小心翼翼。但奶奶全都渾然不覺，照樣躺在她的寶貝中間或醒或睡，從新天窗怔怔盯著同一片藍天。所有人都因為把她移走而愧疚不已，我想世界各地的家庭都是如此，也難怪會如此。家裡蒙古包的一邊因此空出一大塊，一再提醒我們生命如此殘酷，尤其當黑夜到來，午夜夢迴，懷疑浮上心頭之際。

最後阿瑪拉在奶奶空出的地方架起一台大織布機，掛上一張結合不同美景的半完成品。雖然有些幫助，但那個地方還是給人破碎空虛的感覺——我們對家的感覺也是。少了奶奶在蒙古包的一邊，跟另一邊的爸爸媽媽一起保護我們，晚上睡覺時我總覺得格外脆弱。但我還

有哥哥，他一天比一天強壯、英俊、聰明、開朗。我有世界上最好的哥哥和老師，誰都比不上。

有天我早早就煮好茶，在課堂間的休息時間前多出了幾分鐘。這時我應該把裝滿熱茶的小茶桶放在伯父窗戶底下的小架子上，那是布卡拉的丈夫幫忙釘的。我獨自坐在火爐旁，拿著一根樹枝在地上練習繕寫長教我的字母。把茶桶放上架子時，我心血來潮，在蒙上灰塵的木板寫下那個字母，也就是代表「茶」的字，而且還刻意寫反，好讓窗裡的人看得更清楚。

之後我照常去做事，因爲現在我的一天比之前忙碌很多。另外兩班學生離開之後我才回去拿茶桶添茶，甚至沒想到字母的事。我抓起茶桶，幾乎沒發現架子上的灰塵多了新字。這次字反過來面向我：

ཇ་དོང་།

我站在原地盯著字母看了好久，雙手還抓著架上的茶桶，腦袋飛轉。我覺得最後那條長長的線只是表示聲音或字到此結束的符號，所以沒有太難。又過了三、四分鐘我才終於抬頭看手中的茶桶，意識到那一定就是代表茶桶的字：ja-dong。但我不確定小黑點是幹嘛的，或許有什麼意義，或許只是不小心弄髒了。我決定那天晚上睡覺時間再來逼問丹增。

等阿瑪拉的呼吸聲慢下來、漸漸睡著之後，我問：「丹增，我親愛的哥哥？」我們躺在火爐前的地板上，頭靠著頭說悄悄話。

「什麼事，星期五，我的小天才妹妹。」他應道。我很確定他知道我要問什麼。

「如果有人想寫一個字，比方『茶桶』好了，上面有很多點點什麼的，你要怎麼知道哪個是哪個？」

「女生不做那種事，女生不學寫字的。」他直接了當地說，不是要打擊我，應該是故意激我，好讓我的心意更加堅定，認眞看待他要教我的東西。

我在被子底下狠狠踢他小腿，他痛得叫一聲，但這時阿瑪拉的呼吸已經變得輕柔。他在黑暗中抓著我的手掌，在上面寫下神奇又神祕的新字母，跟我解釋爲什麼有的字母不發音卻還是得放進一個字裡，爲什麼有些字要跟黑點點當朋友，諸如此類。我生命之流的另一座大壩在那一刻瓦解，那些激盪翻騰的意念——神聖的意念，能幫助像奶奶這樣的人的意念——可以流向新的地方，橫越紙張，並從那裡抵達我的心。

字很快愈變愈多，架上的空間不夠用了。德龍、鐵鎚和棍子看到我跟丹增常靠在窗邊也漸漸起疑，我們可不需要他們來添麻煩。奶奶生病之後，我就幾乎沒再去院子那裡看過辯經；阿瑪拉也不可能答應帶我去，除非爸爸在城裡，而且也要他心情好。但從丹增跟他朋友諦諦拉之間的對話看來，他們跟三人幫之間的辯論愈來愈激烈。我可不能再給他們更多理由在大家面前取笑我哥哥。

18 諦聽者

ངས་ཉན།

因此有一天，我拿出繕寫長好心送給我的碎紙。度母奶奶總是說，最適合藏東西的地方就是大家都看得到的地方。所以我把滿滿一袋碎紙塞進我用來當枕頭的墊子，然後丟在蒙古包中間的地板上。阿瑪拉對著牆在編織，我一邊跟她閒聊，一邊拿出一張紙，還有筆跟墨粉。之後我把這些東西拿到我的小火爐前，靠著伯父的蒙古包牆邊坐下來，這樣就沒人看得見。用小陶土碟子調了些墨水之後，我吃力地寫下：

意思是「我在聽」，下一次送茶時，我把紙條偷偷壓在茶桶底下。

下午回去拿茶桶時，我急著看丹增有沒有回我，興奮得全身發抖。我發現同一張紙在等著我，但把我寫的字母改了位置，變成這樣：

~~ངས~~་ཉན་ཐོས་ཞི་བ་འཚོལ་རྣམས།

我迅速地把紙塞進手心，繼續走去裝茶，一顆心怦怦狂跳。裝好茶後我悄悄走進奶奶的蒙古包，在她旁邊坐下來，面對著每個西藏家庭都有的小佛龕。我望著她，心中充滿對她的愛，這次她閉著眼睛平靜地睡著了，那一刻我好希望自己已經學得夠多，能夠眞正做些什麼讓她好起來。但我也相信，要是她知道我在她身旁耳濡目染，也養成了不服輸的個性，所以已經學了那麼多東西，她一定會以我爲榮。

我俯身看著那張紙，慢慢地拼讀出上面的發音。然後，我內心某個部分突然崩潰——我知道自己已經漸漸進步，但離要能幫助身旁我最親愛的奶奶大概還很遠——我的淚水滴在紙上，繕寫長的上等黑墨整個暈開。但即使多年之後，我仍然記得上面的字，那就是我學習的第一本經書的開頭第一句：

諦聽求心靜……

19 死神的魔爪

從那一天起，每天上課，茶桶下都有一張給丹增的紙條。我在上面憑著記憶寫下前一天他寫給我的句子，下午他再把同一張紙傳給我，在背後幫我把句子全部修改訂正過。那些句子都是他們爲了當天上課而背下來的，通常是丹增（跟我）晚上念誦的經文的其中一、兩句。

有天晚上我忍不住問：「丹增，我親愛的哥哥，你一開始怎麼會想要寫那句話給我？就是關於傾聽的那一句。」

「你不只白天嘰哩呱啦，連晚上睡覺也說個不停。」他咕噥，翻了個身。

我朝他背部打了一下，但他接著回答我：「別擔心，我的格西妹妹。」他咯咯笑。「你說夢話很小聲啦。再說這裡除了我，也沒人聽得懂你在說什麼。快睡吧！」

我不知道我的好哥哥是怎麼偷偷寫紙條給我而不被伯父和班上那些小惡霸發現，但他眞的辦到了。因此，晚上我待在奶奶蒙古包的時間愈來愈長，就著佛龕上的小酥油燈練習寫字，也在那裡念誦羅塔格西教我的祈禱，祈求代表智慧的文殊菩薩保佑我的腦袋和心靈更強韌。我覺得奶奶也聽得到我的聲音。她大多時候的呼吸愈來愈紊亂，發出的聲音粗啞刺耳，但每次我開始輕輕念誦文殊菩薩心咒時，她的呼吸就會平緩下來，幾乎跟我的誦經聲節奏一致。

丹增傍晚都會邊踱步邊背書，現在開始繞更大圈，把三個蒙古包都納入範圍。他們在奶奶的蒙古包也開了一扇窗，在通往馬路的小徑那一邊，因此當哥哥念念有詞經過時，我也會跟著輕聲念誦。我把這當作送給奶奶的禮物，是她教我勇敢嘗試我正在做的事，聽見她的呼吸平緩下來，我就覺得她接受了這份禮物。

有一天，阿瑪拉餵完奶奶回來之後格外安靜，眼淚直流。那天爸爸在家。他走了出去，後來伯父跟丹增走進來。伯父要大家在火爐邊坐一會兒，我莫名有種不好的預感，阿瑪拉奮力止住淚水，但還是淚流不止，有時還伴隨著細微的嗚咽聲，聽起來像小動物受傷發出的哀鳴。

我不知道我們這樣坐了多久，但伯父堅持不讓我跟丹增離開蒙古包。後來爸爸走進來從他的一個箱子拿東西，他開門走出去時，我看見外面來了兩個人。一個高大壯碩，兩眼無

神，像頭公牛，手中抓著繩子和一大塊布。

但讓我害怕的是另一個人。他又矮又瘦，一頭油膩的黑髮遮住臉，臉黝黑枯瘦。爸爸數了數不知什麼東西，然後塞給那個瘦子。瘦子伸出骨瘦如柴的手，抓住爸爸給他的東西。我嚇得倒抽一口氣。

「怎麼了，星期五？」伯父轉頭問我。我指著門，但門簾剛好落下來。

「那個人，那個瘦子，他是死神。」我說，聲音在顫抖。「他有一樣的爪子，跟死神一樣又長又利的爪子。我在生命之輪的圖片上看過。」

伯父正要開口又改變心意，最後轉過身，神色陰鬱地看著爐火。阿瑪拉的啜泣聲逐漸減弱，彷彿慢慢躲進內心深處默默哭泣。

最後爸爸終於走進來，在阿瑪拉旁邊坐下，伸手摟住她的肩膀。他轉頭對著丹增跟我，一臉眞誠；有一次他試著把一匹老馬賣給村裡的人，我在他臉上也看過一樣的表情。接著他開始叨叨絮絮說起奶奶想必決定離開這裡，去跟朋友相聚，或許是她老家的天神信徒，到那裡之後她一定會很開心，我跟丹增完全用不著擔心也沒必要傷心。最後丹增說「是的，爸爸」，跟平常一樣善良貼心。但我說不出話，只是抬頭瞥了爸爸一眼，有點憤怒，因爲我才不相信奶奶去了她想去的地方。我不相信如果她能爬起來，隨心所欲前往其他地方，這麼一個漂亮、優雅又聰明的女人會躺在床上那麼多禮拜，大小便都要靠人清理。我更不相信她會這樣不告而別，沒有事先跟我解釋清楚，可能還會留下滿滿一袋乾酪給我，要我等她回來。

但我相信發生了很不好的事，沒人希望發生那種事，但也沒有人可以掌控它或阻止它發生，即使是大人也一樣，爸爸不行，甚至伯父也不行。我相信那跟死神有關，因爲就算那個眼神邪惡的瘦子不是死神本人，他一定也離死神很近。所以那天我什麼話都沒對爸爸說，而是直接起身走出去，獨自坐在石頭小廟前。

後來他們在僧院的大殿爲奶奶誦經，所有僧人都來爲她助念，場面盛大。我猜爸爸一定花了很多錢，因爲每個僧人都在那裡享用了一頓豐盛大餐，還拿到鞋子布料之類的贈禮。典禮從下午開始，大人還爲我和丹增盛裝打扮，但到了要出發的那一刻，我跑去奶奶的蒙古包，坐在佛龕和空床墊前的地上，爸爸和伯父來勸我一起去，但我不肯，我沒辦法——我不相信那樣可以幫到奶奶。或許其他人可以，但我知道什麼才是我必須做的事。大家勸了我很久，但我連看都不看他們。爸爸彎下身，一副要把我一路扛去僧院的模樣，但伯父伸手按住他的肩膀，兄弟倆相對而視好一會兒，最後爸爸點了點頭。

所有人都走了之後，我跑去拿裝碎紙的袋子再跑回來。我走去奶奶的遺物前，點了幾盞小酥油燈，免得她找不到路。然後我坐下來拿出那隻受過加持的筆，開始寫下所有我認得的偈言、所有丹增教我寫過的字句，一行接著一行寫在小小的紙片上，從頭到尾淚水不停流，每寫完一行，紙張就會沾滿淚水，整個濕透。接著我小心翼翼把紙放在佛龕上獻給奶奶——告訴她我很抱歉學得不夠多、不夠快，沒能眞正幫上她。

我一直哭一直寫，寫到不能寫爲止，直到深夜。最後家裡的人回到家時，爸爸進來發現我滿臉淚痕地趴在紙堆裡睡著了，他把我抱去床上，之後再也沒提過這件事。隔天早上我醒來時已經很晚，陽光和耀眼的藍天從天窗灑進來，我肩膀下面的地上有個奇怪的凸起。我翻了個身，發現是奶奶的紅色小袋子，裡頭塞了好多乾酪，多到幾乎要滿出來。

20 不會有事才怪

之後我埋頭苦幹，三年很快過去。一切的努力不再只是為了奶奶。我沒有忘記羅塔格西的建議，我知道我必須繼續前進，而且不只要前進，還要飛速前進，盡我所能加快腳步，變得更強大，幫助跟奶奶一樣的其他人，也許就是我所認識的每個人。

每天我都會盡量延長擠奶的時間，偷聽伯父上課。半夜跟丹增靠著爐火說悄悄話時，他再幫我補充其他我沒聽到的課。我聽懂了很多辯經的特殊用語，都是隔著窗戶聽伯父逼問學生時學來的。但我能去院子看他們辯經的機會少之又少，因為我這個年紀的女孩晚上只能在大人的陪同下在路上行走，要是德龍那群惡霸看到我一個人站在牆邊，一定會跑去跟伯父告狀。

沒人忍心碰奶奶的東西，畢竟傳言說她去找天神信徒了，因此大家一致認為她的蒙古包成了一個美麗的小聖堂，全家人都能使用。爸爸給了我很多漂亮的布料布置佛龕，我也很用心維護它。我把羅塔格西給我的文殊菩薩小泥板用類似聖袍的金色絲綢包起來，放在佛龕上。每天我都會呈上小碗裝的乾淨溪水，因爲我們認爲最好的禮物就是取之於自然的小東西，例如溪水、野花，甚至你對昨晚夕陽的回憶。

我也把奶奶的紅色小袋子放在佛龕上，以防有天她回來我剛好不在，我總覺得她知道我還在等她回來。每隔一、兩個禮拜我會做新的乳酪，再拿去曬成一塊塊乾酪，把袋子裡的乾酪換新，這樣她就能永遠吃到最新鮮的。

德龍三人幫還是一樣討人厭。他們知道我常待在奶奶的聖堂裡，三人每天都會從馬路走上小徑，經過蒙古包的小窗戶。我猜他們知道我聽得到他們的聲音，也大概猜到我正在嘗試做女生從沒做過的事，所以每次下課就會有些酸言酸語飄進奶奶的窗戶。

「不知道諦諦拉能不能教會她記住一整句文殊菩薩智慧咒？」

「怎麼背去了？哎呀，我忘了！」

「我來給你個提示！」（說到這裡，他們讓我自己想像其中一個人模仿諦諦拉的暴牙和驚恐大張的眼睛）

「有了！諦諦諦諦諦諦諦！」三個人哄堂大笑。

十歲那年的某天晚上——老實說那幾年的事我忘得差不多了，但這天卻仍記憶猶新——

我跟哥哥在火爐前的地毯上複習完白天上的課。爸爸和阿瑪拉都沉沉睡著，佛龕上的小油燈在蒙古包裡發出小束小束的金光，我自己也快要沉入夢鄉，心裡溫暖又滿足，因爲一整天都在做有益他人的好事。接著丹增轉向我。

「星期五，你睡著了嗎？」他小小聲問，口氣有點緊張。

「還沒。」我昏昏欲睡地說。

「星期五，我想給你看個東西。有個東西你得看一看。」

「好，丹增。」我張開眼睛。

只見他伸手掀開被子，拉起內衣；僧侶都把內衣穿在袍子底下，晚上就當成睡衣。他修長又結實的美麗身體坦露在油燈和爐火的光線下。我有點臉紅，因爲我從沒看過他這樣，只有他有時在蒙古包換衣服時匆匆一瞥，而且他都會轉身背對我們。但此刻他的美麗身相就在我眼前。

「你看這裡。」他輕聲說，指著自己平坦結實的腹部。我用手肘撐起身體，低頭一看，但燈光昏暗又陰影幢幢，看不清楚。過了一會我才看到一個小小的凸起，跟一顆堅果差不多大。看起來沒什麼，但總覺得很不對勁。它不該在那裡，不該在我哥哥身上出現。

「來，我想要你摸摸看。」他說。內心深處，我臉紅得更厲害了，因爲我從來沒有那樣摸過丹增。

但他把我的小手往下拉，要我用手指摸摸看。我把手抽走時，他說：「我只是想要你知道，想要你看一看，自己摸摸看，這樣你就不會怕了。」

「是不好的東西。」我說，不是問句。

丹增一頓，然後語氣堅定地說：「對，但也沒那麼不好，我覺得。伯父很擔心，有點小題大作，但我不擔心。我不會讓它傷害我，不會有事的，以後你就知道了。」

我點點頭，抬頭看他的臉籠罩在火爐餘燼的微光下，知道有些話他沒說出口，心裡突然有點害怕。我躺下來閉上眼睛卻睡不著，因爲不斷想著，既然不會有事也沒什麼好擔心的，丹增爲什麼堅持要我看一看、摸一摸那個凸起，還叫我不要害怕。

時間飛逝而過，大家各自忙碌，生活開心而滿足。從伯父的蒙古包窗戶流洩而出的課程無與倫比。每個新概念就像蓋房子的一塊磚，我可以把它加在已有的基礎上，不多久我就開始看見更大的圖像——磚跟磚如何互相嵌成堅固又美麗的牆，一天高過一天。因此，幾乎是從絕望中展開的計畫，就這樣滿足、喜悅地持續了一陣子。

丹增沒再讓我看那個腫塊，它就在那裡，藏在他的衣服底下。我心裡有部分有時會好奇也會擔心——它還在那裡嗎？有沒有變更大？會不會痛？但丹增什麼都沒說。

大約六個月後，有天晚上我們躺在地毯上說悄悄話。天氣很熱，我們把被子掀開，丹增仰躺著，月光從天窗灑進來。不知怎的我往下一看，瞬間驚駭得屏住呼吸，因爲我看得出那個腫塊變大了，而且大了很多，緊緊頂住丹增的內衣。

幾天後，幾個嘴巴很毒的男生從奶奶的窗前走過去，其中一個說：「你們聽說了嗎？媽媽的小格西最近有個新綽號！」

「太可惜了！」

「對啊！我很喜歡本來的綽號！」

「沒辦法，原來的不適合他了！他已經不小了！現在他叫嘟嚕嚕——大肚男！」

他們哈哈大笑走遠，絲毫沒意識到——我想他們怎麼可能察覺呢？——那些話深深刺傷了我。那天晚上我走到空地上，看著丹增步向我們家的蒙古包。沒錯，看得出來他的肚子鼓了起來，即使他穿著長袍也看得出來。

但他從不抱怨，每天晚上照樣幫我補課，甚至比平常更認眞投入。每次舉辦辯經，他就

會拖著沉重的身體走去參加，即使後來肚子大得有如一顆小甜瓜，膚色變得黯沉無光，甚至無法說完一個完整的句子，因爲常常嗆到。

阿瑪拉一開始心急如焚，有時我會聽伯父的蒙古包附近傳來她問問題的聲音，幾乎要歇斯底里，還有伯父低沉而悲傷的回應。然後有天她突然安靜下來，繼續拚命地默默織著地毯，跟以前一樣寵愛她的小格西，彷彿一切都會沒事，彷彿已經都沒事了。

後來有天晚上睡覺時，我夢到自己到了全然陌生的國家。我們在一條寬大洶湧但無聲的河邊，因爲河面太寬，幾乎看不到對岸。我跟一群人在一起，所有人身上都裹著美麗柔軟的白色棉質長袍，有如菩薩一般。

而我在哭，哭個不停，然後發出痛苦的哀號。只見小山坡上有個漆成白色的石頭平台。台上是樹枝和圓木堆成的大床。床燒了起來，金色火焰高高竄上天空，此時太陽正要下山。

空氣中有股強烈的氣味，是肉燒焦的味道，一團刺鼻的巨大煙霧瀰漫到夜空中。我奮力要擺脫周圍的女人，但她們抓住我的手臂攔住我，我使出全力往前衝，終於看到熊熊燃燒的床上躺著我親愛的哥哥丹增。他已經死了，裹在長袍裡，但不是平常穿的僧袍，而是橘黃中透著粉紅的長袍，長袍燒了起來，他也燒了起來。

我猛然驚醒，直直坐起來。蒙古包裡黑漆漆，空氣中同樣有肉燒焦的可怕味道，周圍煙霧瀰漫，我放聲大喊：「爸爸！」他醒過來走去佛龕點了一盞小燈，在微弱的燈光下，只見我俊美的哥哥側身躺在石頭地板上，頭往後仰，歪成奇怪的角度。他體內不知什麼東西破裂了，他嘴巴大張，血泉湧而出，滲入冰冷的石頭縫隙，流進火爐裡。他的生命之血熄滅了爐火——照亮我們一家人的爐火。

21 長壽

從此以後，阿瑪拉變了個人。她不哭不鬧，只是變了，早上起床就像行屍走肉，但還是會勉強自己做事煮飯。梳洗完後她就走到織布機前開始工作，但再也沒完成一張地毯，只是直挺挺坐在那裡好幾個小時，呆呆看著地毯，然後開始看地毯不順眼，神經質地扯下這裡或那裡的棉絮，直接丟在石頭地板上。

那些石頭就是我無法待在蒙古包的原因。雖然擦了又擦，而且我想我們每個人都在某個時候都這麼做過，但哥哥的血跡還是在，至少我覺得還在，所以我再也無法睡在那裡。因此，連續三晚沒睡之後，我私下跑去問爸爸能不能讓我去奶奶的蒙古包睡。他看了我一眼，然後難過地點點頭。我在佛龕前鋪了塊地毯就睡在那裡。

有天傍晚我走進家裡，看見爸爸和伯父在裡面談重要的事。我走過去坐下來。很多事情都改變了。

「蔣巴，那樣行不通的。我手上的地毯訂單愈積愈多，可是自從……自從……阿瑪拉一塊地毯都沒完成。」說著說著他不由哽咽。

伯父搭住爸爸的肩，就這樣默默安慰他一會兒。

「我們會想出辦法的。」他雖然悲傷，仍然保持一貫的冷靜。「或許可以找商隊成員的妻子來幫忙。」

「沒用的。」爸爸嘆道：「沒用的。沒人會織阿瑪拉織的圖案。沒人知道她的織法。」

就在那一刻，我內心的那個聲音醒過來，促使我脫口而出：「我知道。我……全部都知道。」這是眞的，因爲在一旁觀察了很多年。

伯父拱起眉尖，爸爸頓了頓，但後來轉過頭看我。我想他們都知道，要是我沒有把握就不會說出口。

「詳細的技巧我需要一點幫忙，這方面商隊每個女人都能教我。」我堅定地說，感激地瞥了一眼奶奶的床，幾乎可以看見她坐在那裡，漂亮的灰色長髮披在肩上，用一雙堅毅的眼睛驕傲地看著我施展她的神奇力量。

「另外，我們得在我煮茶和擠牛奶的地方搭個小棚子。」我接著說。「至少要能容納一台小的、一台大的織布機，天氣冷或下雨天也要夠暖和。」

這次伯父完全不反對。爸爸看了看他，他點點頭。於是爸爸說：「那好吧……就這麼辦。」於是我展開了全天候的格西學習生涯。

有兩個念頭在我心中揮之不去。現在我把死神當作我的頭號敵人，只要能阻止他，什麼我都願意做，而且絕不會手下留情，就像他對待奶奶和我最親愛的哥哥和小老師的方式一樣。另外，我有個新想法。我要讓阿瑪拉找回她的小格西，即使那跟她原來的期望不同。或許這個小禮物能幫助她重新振作起來。那顯然是不可能的，但當時我才十歲，還不懂。再加上我已經接觸很多經書，不再相信那樣的事完全不可能。

我的第一張地毯以中國某些城市周圍環繞的宏偉城牆爲邊框。本來應該呈直角把地毯框起來，邊角的精巧方形一個疊著一個。但最後的成品卻比較像一條龍，拖著捲得像八字形的奇怪長尾。此外，地毯本身也不像長方形，反而像一眉彎月。我拿刀子把彎月修到至少兩邊對稱，奶奶應該也會這麼做，然後告訴爸爸這是我希望他拿到加德滿都試賣看看的新樣式。他有點狐疑，說他會試試，但後來又問我難道不能先織他交給我的訂單。

我跟他說我有個構想，想跟在馬路另一頭紮營的商隊婦女嘗試看看。爸爸已經束手無策，只好點頭答應。每天下午我會去找她們，拚了命學習怎麼編一塊像樣的地毯，也把我會的圖案教給她們，雙方合作無間。又過了幾個月，我們開始合作替爸爸製作地毯。他毫無疑問是議價高手，能在三個國家的攤販市集爭取到最好的價格，家裡的人都很慶幸這件事有他扛著。我常拖著疲憊的身體回家，有時甚至天都黑了，但我織的地毯愈來愈好。雖然永遠不像阿瑪拉的那麼細膩，但圖案愈來愈有異國氣息。而且兩者都有很好的原因。

窗邊的課程像一朵巨大的美麗花朵日漸綻放，我全心投入其中，一來是為了阻止自己一直想丹增，二來是因為我一直想著他，希望能學會方法抵擋那個邪惡的小腫塊。擠奶、煮茶、整天在窗邊編織之餘，現在我迎頭趕上了哥哥的同學，甚至在更進階的課程裡聽到了一些他們還沒開始讀的經典。

我弄懂了辯經的特殊用語。基本上攻守兩方過招有四種標準方式，攻方提出概念上的情境，守方通常會簡短回答，肯定或否定都有可能，有如走到一條岔路，然後決定帶眾人走上這條或那條。

上課時，伯父講到激動處會自動切換成攻方模式，對學生大聲喊出一個概念。學生也大聲喊出四個標準回答的其中一個。為了跟上他們，我會帶著午餐到溪邊的大池子那裡吃——反正跟阿瑪拉一起靜靜坐在幽暗的蒙古包裡也很難受。我會找頭在池邊喝水、看起來比較溫馴的母牛，對著牠練習提問，看牠尾巴往哪甩來決定怎麼回答，而且擊掌跺步一樣不少。

在窗前邊織地毯邊聽課時，我也發明了一種遊戲。先把下一行線穿好，然後停下來，等待果斷回答伯父問題的時刻到來。如果答案是「是」，我就用固定棒把線往左敲一到兩次，發出叮或叮咚聲，如果答案是「否」就往右敲。等到地毯整張完成，「是」和「否」就會大概平均分配在兩邊。我在完成的地毯上看見辯經的美妙之處：只要沿著一連串合乎邏輯的問題，單純地向右或向左轉，這些勇士最終總能抵達——在場所有人都能明白的眞理。

浮現我腦海的新圖案最初來自悲傷，之後是寂寞，還有精疲力盡的夜晚。最可怕的那一晚我做了第一個奇怪的夢，後來從窗邊聽說更多經書之後，我的心智在睡夢中打開，來自另一個國家的記憶或影像湧入夢中。不多久我就發現，那個地方一定是印度，覺者之國度。那些夢美好又神聖，我很高興能同時活在兩個世界裡，一個晚上，一個白天。

但這樣活著太辛苦了，即使是爲了抵擋死亡，這對我造成的傷害想必也反應在我的臉上和工作上。因此根據我的印象，丹增走後不到一年，伯父把我從奶奶跟我的蒙古包叫出去，在門前跟我小聊了一下。還記得那天是禮拜二，因爲我記得他說的第一句話。

「星期五，孩子啊，我剛去了村裡的市集。」

我驚訝得下巴掉下來，突然想到這是多年來他第一次走進村子，即使如果腳程夠快，不到一小時就到了。基雄村不大，只有大概五十戶人家，幾間店開在中間的小十字路上。但村子東邊的一大片曠野有市集，每到禮拜二就會熱鬧滾滾，附近的人都會擔菜來賣，或來訂製新衣、買賣牛馬，或純粹走走逛逛，找人閒聊，聽人彈奏 dranen（我們當時的一種吉他）。

伯父動來動去，看不出是因爲興奮、尷尬還是其他原因。他抓著一個紅色布袋貼在胸前，像不安地抓著枕頭的小孩。最後他用一貫從容不迫的語氣對我說：

「是這樣的……你爸爸跟我，這陣子看你那麼努力工作，好像每天都沒睡飽，而且……沒人可以一起玩或晚上一起說話……」他突然哽咽，趕緊低下頭。那一刻我才意識到，伯父儘管堅強，儘管安靜，說不定是我們所有人之中對丹增期望最高的，受到的打擊也最大。但他鎮定下來抬頭看我，眼中泛淚，但臉上綻放笑顏。

「而且呢，跟牛辯論也就算了，但牠們實在不太適合當同伴。牛某方面是很可愛，但畢竟……你知道的……沒那麼有反應。」他沉吟道，咧了咧嘴。這次換我低頭了。我永遠無法知道我有多少祕密和計畫瞞得過這個人。

「所以我們……我們想出一個點子……但你先過來坐在草地上，這樣會看比較清楚。」

我們走去坐在通往馬路的小徑旁的柔軟草地上。伯父的舉止實在很怪，眞的像小孩一樣，我感覺到他很興奮也跟著興奮起來，這才發現我已經超過一年沒有這種感覺——覺得好玩的感覺。

「現在閉上眼睛。」他咯咯笑，我閉上眼睛，聽見伯父稍微挪動了一下，然後說：「好，張開！」

我張開眼睛，看見伯父坐在大約十呎外的草地上，腿上不知放了什麼淺棕色的東西。第一眼我以爲是腿又細又長的超大隻老鼠，全身長滿短短的細毛。

接著，那隻小狗抬頭看我，我直視牠的雙眼，那一刻我們同時愛上了對方。伯父放開牠，牠爬下他的膝蓋，眼睛盯著我，用最快的速度搖搖晃晃走向我。但牠畢竟還是幼犬，走到半路就跌倒，我跑上去把牠抱起來貼在胸前，開心得又哭又笑。

「伯父！」我哭著說。

「呃，牠不會有事的，你放心……還只是個寶寶，就……還在學走路。」他解釋道，傻傻地對我笑。

我的喜悅全寫在臉上，他一時不知該說什麼，只好說：「是小狗，你看。」然後是：

「男生喔。」接著又說：「眞的還只是小狗狗。」平常能言善辯的男人這下子竟然詞窮，只是坐在原地對我笑。

你要知道我們西藏人眞的很愛狗，而且各種狗都愛，從看門狗（大到能一次撞倒三、四個壯漢的獒犬）、梗犬（只想四腳朝天讓人搔肚皮的戀家犬），到拉薩犬或稱長毛狗（有一頭極其美麗的長髮，尤其會從男人留八字鬍的地方披散而下），無狗不愛。長毛狗甚至比梗犬還小隻，大小剛剛好適合抱在懷裡。這種狗對主人來說跟梗犬一樣可愛，對壞人來說卻跟獒犬一樣凶猛。

「還沒長出頭髮，只有細毛。」伯父說：「但之後會長出來的，跟你的差不多長！」他哈哈笑。「就跟長毛狗一樣，但眞要說的話，甚至比長毛狗更好。百分之百純種狗，爸媽來自遙遠的中國，是全新的品種，他們稱之爲西施犬。跟長毛狗一樣漂亮一樣強悍，但鼻子扁扁圓圓的，沒有長毛狗那麼長，脾氣也比較好。」他一口氣說完。

「那牠叫什麼名字？」我問。

「終於有個名字用不著我來選。」伯父開玩笑地說，調皮地看著我。「我們希望你來幫牠取名字。」

我低頭看著懷中的小可愛，牠已經開始吸我的指頭。我想了想，立刻有了答案。

「牠就叫薩里。」我宣布。

「薩里？長壽？爲什麼取這個名字呢？」伯父問。

我抬頭看教我如何阻止死神卻不自知的男人，說：「因爲我受夠死亡了。我希望你跟爸爸、阿瑪拉和世界上所有人都長命百歲，永遠不會離開。」

伯父凝眸注視我片刻，彷彿看見了這種想法將會帶我走上的漫漫長路。然後他說：「那就這麼決定了——歡迎加入我們家，長壽先生！」

我們開心地坐在那裡好一會兒，逗著愛睏的小狗玩，但牠很快就在我腿上睡著。伯父對我耳提面命，要我知道餵牛跟餵幼犬的不同，還有怎麼訓練牠們不在室內大小便，他甚至找到一段經文，說幼犬在特殊情況下可以待在當作聖堂的蒙古包裡，最後不忘提醒我其實要感謝的是爸爸，因爲他用好幾袋青稞（沒人說到底幾袋）才換來這麼特別的小狗，而伯父只不過是……呃……負責把牠送到我手中。

於是我在我的位置旁邊幫長壽布置了溫暖的小窩，晚上用伯父帶牠來時用的又新又乾淨的紅色羊毛袋當牠的被子——結果那其實是西藏婦女用來背嬰兒的布製背帶。看來，伯父在市集上挑這個袋子，對他要幫助我的決心真的是一大考驗。每天晚上睡前，長壽都要聽我滔滔不絕說我今天學了什麼，就像以前丹增在火爐前聽我說個不停。狗狗似乎也很認真聽我說。

過不久我替牠做個小娃娃當玩具，而且還真的在裡面塞了繕寫長給我的碎紙（每次我去找羅塔格西都會重新把袋子塞滿）。長壽得到娃娃的第一晚就抱著娃娃睡著了，這個習慣一直維持到牠長大——直到真正的麻煩到來，不過那是後來的事了。白天我走到哪，長壽就跟到哪，還幫我很多忙。我沒有一刻忘記我對疾病和死神宣戰的事，但有了長壽作伴，這場戰爭變得更有樂趣。

長壽也幫助了我們全家人。伯父說牠年紀還小，幾乎什麼都教得會，我使出激將法，說他不可能教會牠我們西藏人最喜歡的一句咒語吧。那就是嗡嘛呢唄美吽，意指「蓮花上的珍寶」，是請觀世音菩薩加持的咒語，祈求我們能愛人如己，願人喜樂之心如願一己之喜樂同樣熱切。不到一年伯父果真教會了牠，除了唄美的部分，畢竟長壽的牙齒就像一般狗狗，嘴巴發不出ㄅ音。

伯父都在外面的空地替長壽上課。有天晚上大家把晚餐端出來邊吃邊看，不知不覺所有人都走出來圍著火焰一起吃飯，看著長壽表演伯父教他的咒語，大家再輪流丟幾口晚餐獎勵

牠。伯父是僧侶，不吃晚飯，但會跟我們坐在一起喝茶，大家都看得笑呵呵。連阿瑪拉都露出微笑，神情恍惚地輕撫著長壽，雖然還是不願意開口。

爸爸決定要超越伯父，從小到大做弟弟的他常這樣爭強好勝。他利用特別的零食訓練長壽念咒語時用後腳站起來、前爪合攏，就像西藏人打招呼時雙手合十一樣。再來爸爸大喊一聲「砰」（特殊咒語的一部分），長壽便騰空跳起，一口咬住爸爸從手中丟出去的好料，然後跑來跑去，繞著我們轉圈，開心叫個不停。

過了幾個月，吃午餐時我帶長壽走去大池子那邊，然後讓牠坐在草地上陪我練習辯經。最初幾天，我大聲喊出問題時，牠都會嚇得躲進一捆捆麥草裡。要找到牠很不容易，因爲牠的毛已經長長，變成跟麥粒一樣的淡金色。

後來我終於教會牠在我面前坐定，聽我拋出第一個問題。但當我跳起來，把一串想像的念珠往上甩再低身撲向他時，牠又溜之大吉。這次甚至嚇得摔進池子，我還得去把牠撈出來，花好多時間清牠身上的泥巴，幫牠梳理打結的毛。但時間加上耐心，還有大方跟牠分享午餐，牠總算學會像辯經時的守方一樣靜坐不動。牠知道「是」就吠一聲，「否」就吠兩聲，然後我們再順著答案深入問題本身。我必須承認，牠隨性的答案常常讓我卡住，不知如何回應。

生活又慢慢恢復常態。阿瑪拉沒變好也沒變壞，爸爸又開始固定出外經商。回到家時，他更常往伯父的蒙古包跑，跟他談異域冒險和各種話題。我總覺得他擔心伯父少了丹增的陪伴會很寂寞。有天僧院傳來消息，說住持指派了個新侍從給伯父，沒想到那個人就是諦諦拉。我們都很高興能常看見那個和善的小僧人。現在諦諦拉都從窗邊端茶，也會去跟阿瑪拉拿伯父的午餐，還把伯父的蒙古包和佛龕掃得乾乾淨淨——都是侍從平常的工作。接近傍晚時他再走回僧院參加辯經。

我的學習突飛猛進。現在有時候班上男生還沒反應過來，我就能猜到伯父提出的一連串概念要傳達的意思。只不過他們已經不再是小孩。有天快傍晚時，看見德龍從伯父的蒙古包走出來（他還是一樣愛搗蛋，伯父常留他下來做些額外的工作），我才發現他幾乎把整扇門填滿。他一如往常對我冷笑，好像我還是那個怯弱的小女孩。看見他臉上的稚氣已脫，我不由一愣，登時意識到丹增的同學已經二十幾歲，再過幾年就有資格參加格西考試。接著我又有種白忙一場的感覺，因爲即使能在窗邊偷聽上課，但少了辯經的實戰經驗，我永遠不可能眞正成爲格西，而且時間快來不及了。

有一天，我走上馬路去找商隊婦女拿要給爸爸的新地毯。一個禮拜我會來好幾次，而且常留下來喝茶聊天，跟她們討論圖案或織法的新構想。長壽跟平常一樣跟在我旁邊，又長又蓬的尾巴掃著地面，但突然間不知跑去追什麼，轉眼消失在樹籬裡。

路上也跟平常一樣不斷有村人從反方向走來，傍晚出來散散步，呼吸新鮮空氣，順便走去僧院大殿或去看辯經湊熱鬧。一名少婦迎面而來，從頭肩到腰部都包在披肩裡，但遮不住她燦爛的笑臉。

她對我開心地點點頭，然後擦身而過，但長壽停下來，邊開心地叫邊追上去，她對牠笑了笑。我喊牠回來，但牠完全不理我，反而跟著她走，不斷抬頭看她，開心地汪汪叫。最後我不得不回頭去追他們。少婦也轉向我，那一刻她身上的披肩鬆了開，我看見她胸前有條紅色的羊毛嬰兒背帶，跟伯父那天把長壽帶來用的那條一樣。一顆長著細毛的小頭伸出來，我忍不住笑了，想到這個孩子跟剛來幾個禮拜的長壽怎麼那麼像。我深情地低頭看著我的小忠狗，牠抬頭看我，然後又瞄了一眼背帶。我溫柔地摸摸孩子的臉跟他說嗨，那一刻，我突然想到要怎麼加入辯經的行列了！

22 意想不到的幫助

我甚至還沒將新計畫付諸實行，就從兩個意想不到的地方得到幫助。丹增走了之後，我再也沒學寫新字，所以有時要聽懂上課內容很難，因爲我知道的經書內容全都是透過聲音。問題是我們的語言有很多字的發音都一樣，除非看到字，不然很難清楚辨別，因爲不同字的寫法不同，比方「元」「原」跟「圓」。

後來有一天我拿起架上的茶桶，準備重新斟滿茶時，心卻猛然一震。茶桶底下有張紙條，那如夢似幻的一瞬間，我以爲我親愛的哥哥回來了，而且安然無恙，之前發生的一切不過是個誤會。

但當我坐下來打開紙條，看見的卻不是丹增那細心娟秀的筆觸，而是竹子筆一揮而就的豪邁字跡。上面寫著伯父今天在課堂上教的古書經文。我跑去我跟奶奶的蒙古包讀了一遍又一遍，像餓了好多天終於吃到飯的人。

傍晚我回到蒙古包，靜靜等到聽見諦諦拉跟伯父告別才走出門，試著在他走過去並踏上

通往馬路的小徑時引起他的注意。但他一看到我就慌慌張張低下頭，加快腳步。

眼看他愈走愈遠，我終於鼓起勇氣喊住他：「諦諦拉！」

他煞住腳，慢慢走回來，離我少說有十五呎遠，頭低到快碰到胸口。我說：「謝謝你……那對我意義重大……你是怎麼知道的？」

他終於抬起頭，我看見他悲傷的雙眼在夕照下閃閃發光。他低聲說：「我……我常看到他這麼做，你你你知道。感覺這件事對他他他來說真的很重要，所以我想，如果我可可以幫他延續下去，他應該會會會很開心。」他聲音哽咽，立刻轉身跑走。我們之間的合作關係就此展開。

幾天後，遠行歸來的爸爸回到家後又去找伯父長談。之後我們一家人一起在外面圍著火吃晚餐，長壽在一旁表演拿手絕活，逗得大家哈哈笑。吃完飯後，爸爸要我進去家裡的蒙古包一下。每次要走進去，我內心都會掙扎一番。我想要幫忙阿瑪拉順便陪陪她，即使有時我就算在裡面她也渾然不覺。但光是靠近火爐，看到地上顏色較深的石頭，感覺到奶奶之前睡覺的地方空蕩蕩，我都會傷心不已。儘管如此，我還是跟著爸爸走了進去。

阿瑪拉在地毯鋪成的床邊坐下來，凝視著爐火。爸爸走去佛龕拿起一個小布袋走過來，我們一家人坐在一起。接著他打開袋子拿出一條念珠。那是丹增的念珠，就是串了漂亮的綠松石母珠、我還是小寶寶時他用來逗我玩、辯經時變成他手中利器的那條念珠。

爸爸雙手捧著念珠片刻，凝視著黝黑木頭磨成的珠子，彷彿那是丹增的臉，在閃爍的火光下，我發現他的悲傷其實不亞於其他人。接著他抽離情緒，抬頭看著我說：「我……」他看了阿瑪拉一眼。「我們……想要把這個給你。看起來……你說不定能用上，而且……我們知道你哥哥也會想要這麼做。」他把念珠放到我手中，但我覺得爸爸——還有阿瑪拉——其實是在給我祝福，希望我能完成已經開始的事，爲了丹增，也爲了奶奶。

我凝視著手中的念珠，慢慢感受它的力量，想都沒想就按照辯經的傳統把它繞在左手腕上。我看著爸爸的眼睛，他也看著我並點點頭，但幾乎微不可察。我一手抱住他，一手抱住阿瑪拉，三個人在火光下擁抱著彼此，那一刻勝過千言萬語。

回到奶奶的蒙古包之後我很晚才睡，因爲我知道該先把一些東西準備好。我翻了翻奶奶的箱子——心裡知道她會希望我這麼做，甚至會替我加油打氣——找到一些工具，拿出幾件我的上衣，在袖子上加縫袖口。然後又找到一塊磨舊的厚羊毛。我蹲下來把長壽身上蓋的嬰兒背帶拿開，換蓋羊毛毯。牠早就睡了，但我知道牠也不會介意。

再來，我又去翻箱子，找到一條樸素而美麗的深紅色長披肩，並塞進嬰兒背帶裡。最後我走去佛龕前點了幾盞酥油燈，把丹增的念珠放在文殊菩薩泥板旁。接著，我開始第一次守夜祈禱，之後三年從未間斷。我輕聲念誦文殊菩薩心咒（諦諦拉的綽號就是這麼來的），祈求菩薩幫助我成爲眞正的勇士，擁有足夠的仁慈和智慧打敗死神，拯救所有人脫離死神的魔爪。

23 背寶寶的女士

如此這般，往後三年你若是在馬路邊樹籬旁、離最後一間小茶館不遠的那棵巨大杜松下，一個禮拜總有三、四天會看到一幅奇怪的景象。有個才十三、四歲但長得很高的少女，身材纖細，一頭黑色長髮幾乎及腰，說漂亮也眞漂亮，只不過一雙眼睛帶有幾分嚴肅。

天色漸暗之際，只見她從商隊帳篷那頭走來，兩隻胳臂下各夾一卷手工地毯。有隻滑稽的小狗跟在她旁邊，差不多只到她的腳踝，走起路來卻虎虎生風，又長又飄逸的鬃毛更增氣勢。一人一狗在樹下停住，女孩小心地四下張望，然後閃進樹叢再躲進樹幹後方。

幾分鐘後卻走出來一個不一樣的女人。年紀較大，披肩蓋住頭，幾乎遮住她整張臉，除了那雙熾烈的眼睛。披肩垂落在她的兩側，直到腰際，中間敞開，誰都看得出來這名驕傲的年輕母親用背帶把寶寶背在胸前。從四面走來的村人都對她微笑點頭，如同大家看到年輕母親的反應，分享她身爲人母的喜悅。她每次都會含蓄點頭致意，意思是說感謝你，但我很害羞，請不要過來跟我攀談，因爲我眞的不知該說什麼。這位嫻靜的年輕母親在三三兩兩前往僧院看辯經的村人之間緩緩邁步。

每次走在暮色中，我都會愈來愈興奮。我學辯經的僧人把丹增的念珠繞在手腕上，但用長袖蓋住免得被人看見。只要戴上念珠，我就會感覺到丹增的力量從手臂注入我的內心，彷彿手中抓著一把大弓，正要趕赴戰場。

這個時間來到院子的人，心裡幾乎都會湧上這樣的感覺。此時最後一道紅霞漸漸從西邊天際消逝，有人敲下大殿屋頂上的大銅鑼，召喚勇士上場作戰。敲鑼人會先敲一下，如雷貫耳的轟隆隆聲便會穿透僧院所有牆壁。之後整整一分鐘安靜無聲，然後再敲一下，又再度安靜，但這次較短。頻率愈來愈快，最後變成急急如律令的敲擊，並戲劇化地戛然而止，緊接著再轟然敲下一聲，與第一聲遙相呼應。此時眾勇士就要到院子裡集合，在指定位置坐定，因爲哪怕只遲到一點點，不管是誰很快就會嘗到辯經長的念珠甩在你赤裸的手臂上有多痛。

我下定決心要遵守辯經的所有規定，所以銅鑼響最後一聲之前一定趕到牆邊。我看著勇士們湧入大門，低著頭，沒人交頭接耳，皺著眉在腦中複習今天上的課，準備待會的辯論。我也準備好了我的問題，雖然永遠無法大聲說出來，但這樣反而讓我的問題顯得更致命。

我的小寶寶很有君子風度。我想牠感覺得到外面在幹嘛，其實動物一向如此，只是人類太忙沒發現。牠靜靜躺在我懷中，散發孩子般的溫暖氣息。唯一的問題是，牠飄逸的金色長毛有時會從背帶上方露出來，旁邊的某個老婦人就會投來狐疑的眼光。這時我會轉身走開，拉緊披肩，把一身裝束重新整理好。不然就是把披肩兩邊拉起來，這樣走到牆邊時長壽就可以伸出頭，跟我一起看。後來我乾脆剪了幾個小洞方便牠偷看。

多年來我都以丹增那班為觀摩重點，因為現在我覺得自己也是那一班。他們的年紀愈來愈大，程度也愈來愈好，辯經長在不同階段把他們移到院子的不同區域，一步步靠近有寶座、長椅和生命之輪的大看臺。所以我也跟著移動到圍牆的不同位置，避開其他圍觀者，但每次都盡量站到攻方後面。這樣就能清楚看見守方，同時聽到問題和答案，也能假裝自己在問問題。所以我彷彿同時是棋盤上的兩方玩家，思考走法的同時還要在對手（或我自己）出奇招時立刻改變策略。

我全神貫注，時間一眨眼流逝。每次我都會拿出丹增的念珠，把手肘靠在牆上擺脫披肩的束縛，雙手拉扯著念珠。這樣感覺比較自由，就好像真的在擊掌、呼喝、跺步，就好像我親口用一、兩個字使出強而有力的反擊。多年來在窗邊織地毯、多年來跟著伯父的問題敲打織布機上的固定棒，終於有了回報。我甚至發現自己還留著以前的習慣，會根據答案是否定

還肯定用左手或右手一劈，同時不忘跟牆邊其他圍觀者一樣，邊撥弄念珠邊假裝念經。

我也跟哥哥的朋友和對手一樣逐漸長大。沒人能否認德龍很強，是班上的第一名。他比其他人幾乎都高一個頭，在兩排僧人之間飛步穿梭、步步進逼時，胸膛簡直要把長袍撐破。棍子甚至更高，思考敏捷剽悍，很受大家敬重。鐵鎚不只往上也往旁邊長，強壯有力得跟石頭一樣；他步調從容，條理分明，只要當著守方的面大力擊掌，很少人還能冷靜應變。

這三個人跟以前一樣對彼此忠心耿耿，對其他人尖酸刻薄。辯論時無論是誰碰到他們都很難招架，尤其是瘦小的諦諦拉，少了丹增在旁邊，當辯論愈是深入，他常常看起來像快要溺水一樣。但即使是他都在我眼前逐漸進步。熟悉丹增這一班的人都看得出來，最後當這些年輕勇士站在其他僧人面前進行最後一次比賽時，想必會有一場激戰。

到了那一天，只有少數幾人能贏得格西的金帽，這幾個人還得繼續再戰，才能決定誰是強中強。我們稱之爲「安吉」，類似第一、第二、第三等，而且大家一輩子都不會忘記有個僧人在學生時代的最終回辯論拿下等第。我們都感覺到那天正逐漸逼近，焦慮不安的心情徐徐燃燒，逐年加溫。就算隔著牆壁又怎樣，我感受到的不會比其他同學少。但之後來了一個人，我們所有人的人生路途都因他而改變。

24 手上有火的人

每次辯經我幾乎都會去聽。晚上回家途中，我先在杜松樹下停留片刻，然後抱著地毯吃力地走回家，後面跟著昏昏欲睡的長壽。聽著聽著，我對上課內容的理解一下子突飛猛進。用一個小時閃躲和回應有如一群憤怒公牛衝向你的概念，有如在窗前聽了伯父一個禮拜的課，儘管聽伯父上課眞的很享受。我總覺得自己就快理解人之所以生病、衰老或死去的眞正原因，突然間掌握了生死的祕密，窺見一個超越死亡和痛苦——還有人生的重擔和不幸——的地方。一切都藏在古代智者撰寫的經典裡，留待我們還有所有人去發掘。

一方面我覺得自己像個走在人群中的女人，低頭一看就發現石縫中躺著一顆價值連城的大鑽石，是這世界送給第一個看見它的人的禮物。想當然她停下來拾起禮物，但同時又看看四周，納悶其他人爲什麼都沒看見這顆鑽石，因此沒得到這份禮物，心中又同情又驚訝。看僧人辯經我常有這種感覺。他們熟讀經典，擁有知識，也聽過那些知識，但我不確定他們是否眞的理解，不確定他們知不知道如何運用這些知識。

另一方面，我總覺得我還需要別的，光是知道還不夠，如果要眞正運用所學，眞正幫助像丹增和奶奶那樣的人，我不能只是理解，還要更深入才行。就在我快滿十六歲的某天下午接近傍晚時，答案出現在空地邊緣。

聽見奇怪的敲打聲，我隨即走出奶奶的蒙古包，伯父也在同時間踏出門並把門簾往旁邊一甩，難得地神色急切。伯父眼神熾烈地瞪著眼前孑然一身的聖線智者，對方停止用枴杖敲打地面，坦然而平靜地迎上伯父的目光。

「旅人叨擾。」他說，聲音輕柔而堅定。「府上是否方便借住一、兩宿，在下感激不盡。」

伯父看看對方又看看地上，目光灼熱。你要知道，在我們國家很少有旅店或供旅人留宿的地方，尤其在那個時代。眞要說來，連眞正的道路都很少，更何況是在路邊蓋個旅店，即使是類似我們這裡的「大馬路」也路面粗糙，一碰到下雨，不到一小時就會泥濘一片。因爲如此，西藏上下有個大家謹遵的不成文規定：若有旅人出現在你家門前說要借住一、兩宿，務必要盛情款待，不求任何回報，盡可能滿足他們的要求。既然對方按照傳統對伯父提出正當的要求，他就不能將對方拒之門外。

「是，當然……」伯父明顯有點爲難，莫名其妙紅了臉。「歡迎之至。」他恭敬回答。停頓片刻之後他轉向我，說：「進來，星期五。」然後又對陌生人說：「不嫌棄的話請進。」他走向自己的蒙古包並掀起門簾。我對陌生人比比手勢，請他先走。他舉起腳步，但我踏上木頭門階時，他轉過身，伸手要扶我。碰到他的那一刻，一股幾乎像火焰的強大暖流從他的手傳至我的手，伯父的手也是如此，但沒那麼熱。接著，我腹部底下不知有什麼裂開或一震，彷彿有雙大手在那裡彈手指。我的臉紅到耳根，我差點死掉那天的記憶莫名地浮上腦海。

那是幾年前發生的事。記得當時我夢到了印度，而且應該是幾千年前的印度。夢中的我蹲在火焰前，手中握著一支漂亮的長柄杓，青銅材質，杓子刻得像打開的手掌，手柄是年代久遠的古舊硬木。我把杓子伸進裝滿無水奶油（慢火加熱萃取出的純奶油）的陶土鍋，舀起奶油放在火焰上方念誦數語，再慢慢轉動手掌形杓子，將純奶油倒入火中。美麗的金黃火焰飛躍而起，只不過火焰在我體內，我的體內深處，溫熱的奶油也滲了進去。那股暖意讓我醒過來，我還能感覺到肚子上的油，於是伸手去摸，卻發現那裡濕得很不對勁。我走去佛龕點了幾盞燈，回來才看見床上都是我自己流的血。那一刻我就知道自己得了跟哥哥一樣的病，

即使我身上沒有腫塊，我也快死了。

我躺下來等死，但兩眼盯著佛龕和文殊菩薩泥板，不斷求他快來接我。但早上醒來時我卻還活著，血都乾了，我不知道該怎麼想才好。跟阿瑪拉我說不出口，爸爸帶商隊遠行了，去找伯父我又會怕，因爲總覺得大人如果傷心過頭就會變得跟阿瑪拉一樣，而整天眞正在這裡跟我作伴的大人只剩下伯父而已。

最後我決定帶些牛奶去找羅塔格西。這些年來，他已經變成我信賴的知心好友，而且他具備的日常生活常識比我認識的任何人都豐富得多。一開始我吞吞吐吐，最後終於透露了一些我的煩惱。他聽了只是像個慈父微微一笑，然後開始長篇大論，部分是古老經文提到關於女性的實用知識，部分是我後來漸漸發現錯得離譜的民間傳說，部分是一個七歲就出家、毫無實際經驗的男人半世紀以來自己摸索而來的模糊概念。但最後我明白了他希望我明白的事：那些血是女生長大成熟的正常表現，跟生寶寶有關，而且偶爾就會發生，我用不著擔心是死神要來抓我，至少那部分不需要擔心。

「怎麼了嗎？」聖線智者問。

「噢，沒事。」我想不到還能說什麼。我們走進去，一起坐在伯父床邊——其實就是他上課坐的椅子——底下的地毯上。

「我說星期五，你也知道要阿瑪拉搬去你的蒙古包睡幾晚很難……」伯父說，好像什麼事都想好了。我大概猜到他想說什麼，所以氣呼呼瞪著地板，好讓他知道我的立場。他接收到了。

「我也知道，呃……要你回去家裡的蒙古包睡大概也不可能……」我狠狠點頭。

「對。」他停頓片刻。「而我當然不能跟女性單獨共處一室。」他接著又說。

「而且呢，你知道……學生會來上課，所以也不能委屈我們的朋友白天待在這裡。」我覷了一眼陌生人，他面無表情聽我們討論。

「所以星期五，我有個提議。」伯父就像在辯經，沿著邏輯思維穿過所有岔路，抵達不可避免的結論。「何不讓我們的客人白天待在你的蒙古包裡面……」他看看我，確認我聽到他的加重語氣，我微微點頭。「到了晚上，等到諦諦拉要回僧院，我們的朋友就能過來我這裡一起好好吃飯喝茶，晚上他就睡我這裡。」

「這就表示你整天都得待在後面織布煮茶，但我想那應該不是問題，你說是嗎？」一家之主說話了，我當然只能點頭。

那天晚上我照樣去看辯經，但很難專心，那個聖線智者的身影不斷在我腦海浮現。我猜他比我大幾歲而已，大概三、四歲吧。一頭亂蓬蓬的黑色長髮從兩邊臉頰垂到肩膀，身上包著簡單的白色棉布和智者的披肩，胸口坦露在外，精瘦結實，跟丹增之前一樣。但在我腦中揮之不去的是那張臉，那跟我之前看過的臉都不一樣。他的鼻子像外國人，但不像尼泊爾甚至印度人，細長挺拔，略有角度，像鷹鉤鼻；我猜他一定來自很遠的地方。他的膚色算白，但眼睛跟我們一樣是深褐色，輪廓分明的臉留著稀疏但好看的鬍子——以前我只看過一、兩次，因爲呢，西藏男人幾乎不長鬍子，就算刮鬍子也只是用隨身攜帶的特殊小鑷子拔一拔偶爾冒出的幾根細毛。

我回到家已經晚了，但伯父的蒙古包還亮著燈，我聽見他們說話的聲音。過了一會兒，長壽得出去上廁所，到了外面我看見伯父的燈還沒熄。我站在那裡觀望，好希望能進去聽那兩個高人談天說地，卻只是嘆了口氣，想到所有那些女生不做而我想做卻還沒完成的事，最後無奈地走回去睡覺。

隔天早上，阿瑪拉烤了些熱騰騰的美味麵餅，我使出絕活煮了好喝的茶，然後放上木頭托盤送過去。走到伯父的蒙古包外面時，我大聲清喉嚨（我們西藏人敲門的方式），伯父大聲說「呃哈」（我們說「請進」的方式）。

年輕智者坐在我們昨晚坐的地毯上，跟伯父像老朋友一樣閒話家常。

「所以你們有一間僧院、很多經書，甚至還有抄寫、複製更多這些經書的地方。太棒了！」智者興奮說道。

我放下杯盤，退到一邊，跪坐在智者附近聽他們說話。伯父太過投入，忘了要趕我。

「是啊！」伯父點點頭。當下我發現，跟我們住在一起，伯父有時一定很寂寞。周圍沒人跟他分享讀書冥想的所思所得，沒人眞正明白西藏人的心靈生活正在發生何等的巨變，而這一切都是因爲少數人的勇氣、遠見和努力，其中一個就是孤軍奮戰的伯父。

「還有辯經的古老傳統，思想的辯論交鋒，這個地方已經有人學會這套本領嗎？」智者問。

我紅了臉，趕緊低下頭，但這個問題聽在伯父耳裡卻像美妙無比的音樂。

伯父坐在床上抬頭挺胸地說：「我想我可以說，我們這裡有全西藏最傑出的辯士，他們幾乎每晚都到僧院的院子練習辯經。」

「了不起！」智者讚嘆道。「那麼我一定得去開開眼界！你一定要帶我去看！我們可以

一起去，今天晚上就去！」

伯父臉上的親切燦笑剎時消失，彷彿挨了一拳。他低眉垂眼，緊張地交握雙手放在膝上，吞吞吐吐地說：「我……我……那是不可能的。恕難從命。完全不可能。」

陌生人臉一沉，雙方一陣尷尬的沉默。伯父莫可奈何地盯著雙手，腦袋轉個不停，我感覺到了。對西藏人來說，滿足客人所願才是待客之道，而我們這個殘缺的小家庭卻可能連這點也無法達成。我不禁同情起他來，於是小小聲地說：「諦諦拉？」

伯父的臉立刻一亮，說：「沒錯！我忠厚可靠的侍從！很優秀的年輕人，本身也是辯經好手！今晚由他帶你去院子那裡再適合不過！看完你可以回來……」伯父突然停住，又愣了一愣。他急忙轉向我，好像屋裡只有我們兩人。

「晚上那麼暗，他要怎麼回來？從馬路上他一定找不到小徑。」

「諦諦拉就算蒙著眼睛也會走。」我說。

「不行。」伯父說：「那樣他走回僧院時，大門早就關了。」

我靈光一閃，但我知道我必須方方面面都照顧到，就像奶奶會做的那樣。於是我慢慢起身，撥掉托盤上的碎屑。

「別擔心。」我淡淡地說：「我會跟諦諦拉陪他一起去，回程我再帶他回來。」

伯父張口結舌。

「那就這樣決定了。」我說，低頭對智者微微一笑，還沒等伯父反應過來就飛快轉身走出去。

25 幽靈現身

諦諦拉、智者跟我在暮色四合時出發。伯父走出來祝我們好運，神色憂慮，一副想叮嚀我一百件事卻有口難言的模樣。我向他行禮道別並瞥他一眼，用眼神告訴他我會小心的，他的眉頭才稍微放鬆。

走上馬路之後情況又完全不同。長壽落後我們愈離愈遠，顯然對於不像平常那樣被人抱著感到困惑又不悅。但我不能冒險用背帶背牠，甚至把牠抱在懷裡，這樣可能會被認出來。後來智者乾脆回頭去把小獅子抓起來抱在懷裡。「像牠這樣的誦經高手，理應得到特別禮遇！」他笑著說。看來伯父一定跟他炫耀過我們的模範生了。

但改變最大的是路上行人的反應。暮色下，村人從反方向迎面走來，平常他們看見年輕可愛的母親都會點頭致意，我也抬起眼睛回禮，但今天他們卻突然張大眼睛，然後停下腳步，口瞪口呆，有的甚至快速閃到路邊，指著年輕的智者交頭接耳。我對他們這種對待和善旅人的方式感到氣憤又受傷，故意抬頭挺胸走得離他更近。

智者對這種反應顯然已經司空見慣，似乎根本毫無所覺。沿途他都低聲而熱烈地跟諦諦拉交談，問他辯經、僧院、他們讀的五部大論、其他老師，還有許許多多有關伯父的事。有一度他甚至停下來，無視於無知的路人，抓著諦諦拉的雙手輕聲說：「你們有很棒的老師！你們不知道自己有多幸運！打著燈籠都找不到！你們一定要一輩子全心全意侍奉他！」

諦諦拉跟我們所有人一樣，都把伯父的存在視為理所當然，聽了他的話有點震驚，結結巴巴地說：「嗯嗯嗯好！是的！我我我們一定會！」

之後我們走到了僧院大門，智者滿懷渴望地望著我們傳承神聖知識的小綠洲，跟我們沿著高牆走向辯經的院子。在這裡我們引來更多側目，但我直視前方，學奶奶的方式跟著智者勇敢邁步，直接穿過一群群神奇地自動分開、讓我們通過的村人。我們一直走到矮牆那裡，靠近我平常偷偷跟丹增的班級較勁的地方。

「你知道場上發生什麼事嗎？」智者低聲問我。看見辯經隊伍靜靜集合，他一臉讚嘆。

「一點點。」我說，內心在偷笑。「我奶奶跟我解釋過一些。以前我們常一起來看。」

「以前？」智者看著我問。我總覺得他可以清楚看見奶奶和丹增站在眼前，彷彿我已經告訴他一切。

我還沒回答他就說：「我懂了。」我們轉過頭，看著雙方開戰。

那是很精彩的一役。我們班變強也變聰明了。跟所有修習格西課程的班級一樣，班上人數少了很多。有些同學敗給了疾病甚至死神，有些決定還俗，徹底脫離僧院生活。也有些人單純負荷不了繁重的課業、大量的背誦，和辯經需要長時間投入的心力。僧院會欣然接納最後一種人，絕不苛責，因爲大家都知道那是一條多麼艱辛的路。這些人會擔任其他工作，或許到寺裡，或許到繕寫室，並以這些方式繼續修行。

德龍跟往常一樣，一有機會就衝上前。諦諦拉好死不死抽到守方，我迫不及待要讓智者看看他的本領，即使他當然不是德龍的對手。奇怪的是，我們的小個子朋友今天表現失常，跟他這幾個月來的表現差很多，有時甚至忘了自己說到哪兒，眼神直往我們的方向飄。只見德龍射出一個問題，諦諦拉卻只是苦著臉盯著他，大眼圓睜，目露驚恐，手指緊張地撥著念珠，口吃得比平常還要厲害。

到了某個節骨眼，德龍當著諦諦拉的面不屑地丟出一個問題，完全不把他放在眼裡。人高馬大的他站在兩排僧人之間瞪著我們的小兔子，沒有頓足，沒有擊掌，沒有大喊。後排開始爆出細小的噓聲，諦諦拉的危機轉眼間解除。

辯經長，也就是我親愛的羅塔格西從大看臺下的老位子走下來，踱向我們班所在的角落。走到諦諦拉身旁時，他變了一個人。笑咪咪的高大僧人不見了。眼前是某種幽靈，強大懾人，矗立在院子裡的眾僧人面前。斗篷像裹屍布團團將他包住，他一臉肅穆地睥睨全班，一張臉有如堅石。沉默籠罩全場。

「那個人是誰？」智者急忙問我。

「辯經長，這裡的老大，負責訓練這裡的所有辯士。」我露出耐人尋味的微笑。

他欣然接受我的答案，繼續小聲問我：「他在做什麼呢？」

「我也不知道。」我坦承，站在原地看著我心目中的大好人化身而成的巨大幽靈。

接著，羅塔格西默默舉起一隻手，斗篷隨之提起張開，像神話中的巨鳥展翅。他指著看臺。

院子響起細微但仍聽得見的屛息聲，每個辯士都立刻站起來，沉默地低頭看地上，因爲按照傳統不可直視羅塔格西化身而成的幽靈——反正他們也不想。

丹增那班的班長——我第一天看到的那個眞誠男孩，身上已經散發出未來住持的大將之風——默默走向看臺。後面跟著德龍，再來是棍子、鐵鎚和班上其他人，最後才是諦諦拉。

他落在大家後面，像走在馬路上的長壽。一行人在看臺階梯前按照原隊形排好，諦諦拉站定守方位置，但背對著階梯，正後方就是宏偉的看臺。

接著，披著斗篷的幽靈舉起另一隻手，因此他現在看起來彷彿要展翅飛向夜空。另一個角落的一群辯士靜靜移到我們班本來的位置就座。然後每個班都往前移到上一個班空出的位置。我恍然大悟。

我立刻轉身抓住智者的手臂。「跟我來，快，我一定要聽他們說什麼。」我們衝去火把最亮的地方，穿過圍在牆邊的人群，擠到院子的柵門邊，引來很多白眼和不滿。

斗篷幽靈緩緩繞去德龍站的地方——兩排僧人之間，準備好重新發動攻擊。一隻手從斗篷底下伸出來，輕觸德龍的手臂後側，身強力壯的年輕僧人隨即倒地，像葉子緩緩飄落，先屈膝跪倒，然後像個小孩在最近一排同學旁邊坐下來。接著，斗篷幽靈無聲地穿越隊伍，停在諦諦拉面前。男孩甚至連眼睛都不敢抬。

冷硬如石的臉上，嘴巴咧開，發出奇特而強大的美妙聲音。那個聲音說：「我的問題。」

諦諦拉倏地往旁邊一晃，好像被蛇掃了一下，然後盯著石板地面，輕聲說：「如能回答深感榮幸。」

幽靈感覺一動不動站了好久。院子的所有人事物都在寂靜中凍結，我們這些在牆邊圍觀的人也是。

那張嘴再度打開，發出的聲音有如海洋本身，彷彿整片海洋在轟轟低鳴。那個聲音說：「他有沒有說過，他離開我們之後，另一個會留下來，彷彿他仍舊在我們左右？」

諦諦拉似乎立刻就知道答案，但出於尊重先頓了頓才低聲答：「我無法回答，因爲尚未有幸拜讀這些文字。」

「而另一個難道不是常在我們左右，即使到今天，即使在這片土地上？」

「恕我無法回答，聖者。」

「而另一個不就是我們誓言恪守的準則？」幽靈又問。

「我無無無法回答。」我彷彿眼睜睜看著那美麗又強大的幽靈將我的朋友壓垮。

「而難道不能說，我們恪守的這個準則，其根本核心具有某種本質、某種眞理？」

諦諦拉突然仰頭對著夜空，眼睛往上一翻，刻意掠過眼前的幽靈。他能做的只有舉起一隻手，掌心朝外對著質問者。

高大熱情又笑咪咪的羅塔格西說：「而我們絕對不能傷害世上其他生靈，這是不是眞理，而非僅只是規定？」他仰天大笑，僧人突然齊聲歡呼。

「恭喜各位！」我心目中的大好人羅塔格西喝道，穿過隊伍之後一個轉身走向柵門。

智者鬆了一大口氣，興奮地對我開懷一笑。

「什麼？發生了什麼事？」他問。

「辯經長剛剛給了諦諦拉那班第五部、也就是最後一部大論的開頭幾句話。」我又敬又畏地說。「也就是說，他們進入了最後的課程。」我愈說愈小聲。「而且……」我不由停住。

「而且什麼？」智者著急地問。

「六個月以後，他們將展開最後一次辯論。」我的聲音有點顫抖。「看誰能贏得……格西的……金帽。」

26 我第一次聽到卡特琳（Katrin）的名字

我的思緒被一聲響亮的「啊，星期五！」打斷。是羅塔格西，手扶著柵門站在圍牆的另一邊。我紅了臉，對他燦爛一笑。他眨眨眼，看看我旁邊的智者，用低沉有力的聲音說：「看來今天晚上大家都晉級囉！」我還來不及問他什麼意思，他就走出柵門，沒入人群中。

我們站在原地等諦諦拉穿過隊伍走出來。突然間，門邊一個響亮的聲音嚇了我一跳。

「說怪也不怪！」我轉過身就看見鐵鎚站在面前。

「怎麼說？」棍子用同樣響亮的討人厭聲音問。

「很合理啊。她就是特別喜歡毛又長又亂的野狗！」鐵鎚哈哈大笑。兩人轉頭跟德龍分享，但他不知怎麼回事（我想是因爲被幽靈碰了一下），卻只是板著臉看著我們，眼神彷彿穿透我們，看見背後更巨大的東西。之後三個人就走了。

「他們是誰？」智者低聲問。「他是誰？」

「幾個怪咖。」我忿忿地說。「是驢子加猴子生出的後代，冒充成伯父課堂上的學生。

我替他們跟你道歉。」

智者笑了笑，打量我一眼，之後我們又轉頭對著圍牆。只見諦諦拉衝過來，還是一副看到鬼的樣子——我猜對他來說確實是。他要我們等他一下，接著跑進僧院主牆的一扇厚重木門，不久又抱著一個小包裹跑回來。他恭敬地把包裹拿給智者，說：「一一一些水果，有杏桃、杏桃桃桃乾，在路上吃很很很好。」兩人慢慢向前傾身，輕碰彼此的額尖，這是我們國家向特別的人請求祝福的方式。接著諦諦拉對我們倆親切有禮地一笑，便轉身趕在晚上關門之前跑了進去。

回家途中，智者一路無話。這是個寧靜怡人的夜晚，才剛剛感受到秋涼，我們經過路邊樹籬時，盛開的花朵陣陣飄香。除此之外還有別的味道，類似檀香，混合了空氣中的茉莉花香。後來我才知道那個味道來自智者，是他的體溫發出的味道。

感覺才過了幾分鐘，我們就走到小徑的盡頭，站在我和奶奶的蒙古包前。智者溫柔地把已經睡著的小狗放在我懷裡，然後優雅地往後一退，抬頭仰望星月片刻，然後說：「謝謝你帶路。」

我害羞地點點頭，周圍又靜下來，然後他說：「你會回來的。」說完便踏進伯父還亮著燈的蒙古包，留下一頭霧水的我。

隔天我只在他進來跟伯父一起用餐時看到他，兩人渾然忘我地討論我沒聽過的一本古書。我捧著托盤在智者後面站了一下，仔細觀察從他的肩膀繞到胸前的細繩。近看我才發現那是漂亮的深紅色線跟白線交織編成的。但這天伯父很堅持要我先出去，我當然因此更不想聽話，時不時就煮些特別的茶端給他們，但還是連一句完整的話都聽不到。我愈想愈氣。

到了傍晚，幫阿瑪拉打掃完後我回到自己的蒙古包，但還不想睡，長壽也異常浮躁。最後牠站起來抓門，我把牠抱出去放在地上，然後坐在門口等牠。伯父的蒙古包仍一片明亮，裡頭的聲音聽起來更是熱烈，但我聽不清楚他們在說什麼。

接著，我發現長壽站在我把牠放下的地方，回頭盯著我看。

「去啊，你這個難伺候的小毛球！外面很冷耶！」我抱著雙肩。

長壽往錯誤的方向走了幾步，然後停下來看看我。

「樹叢在那一邊。」我笑牠，指著通往馬路的小徑。

牠又往另一個方向走了幾步，然後再度停下來。我這才意識到牠正往伯父的蒙古包走去。

「如果你嘴饞，別擔心，等下我拿一小塊奶奶的乾酪給你。」我取笑牠。「那比在伯父那裡能吃到的東西更好，而且我不會逼你表演無聊的特技才賞你好吃的。」

長壽聽了只是嗚嗚叫，再次看往伯父的方向，每次眞心想要什麼牠就會發出那種聲音。

「休想。」我說，這次更認眞。「偷看伯父？他一定會逮到我們，到時麻煩就大了。」

長壽對我使了最後一個眼神，那應該是狗最接近聳肩的動作，之後便往伯父的蒙古包走去。一抹毛茸茸的白影飄過月光下的空地。

「休想！」我又壓低聲音說，上去追牠。休想教我錯過機會！

我們像小老鼠悄悄繞過蒙古包後面。窗板有點卡在架子上，一片金黃色光線斜灑而下，延伸到牛欄邊。我們溜到底下，我探頭偷看。

伯父背對著我，離窗戶很近。他正在來回踱步，我絕不能冒險抬頭從縫隙偷看。但那也無所謂，這裡就可以清楚聽到聲音。聽得出來他們都很沮喪。

「不可能，完全不可能。」伯父說。

「可是你一定要……」智者說。

「一定？絕對不行！」伯父激動地說，完全不像他。

「但只要……」

「不行！我說過了！絕對不可能！這裡的人甚至不知道我是什麼人，包括我弟媳、我姪女。絕不能讓他們知道。」

「那有什麼錯嗎？」智者說，語氣痛苦。「像你這樣了解智者的生活方式、了解治療病痛的方法、了解如何帶領人超越病痛前往菩薩所在之處，到底有什麼錯？」

「沒有錯，當然沒有錯，這件事本身沒有問題。」伯父語氣激烈。

「但你不明白，你不知道這裡的人……發生過一些事……不好的事。如果有人發現我既是僧人也是聖線智者，不好的事可能再度發生，波及我的家人、我的學生。一直以來我都得守口如瓶，不能讓任何人知道。」

「你是說你甚至不再練習了？」年輕人高聲問，難以置信。

「當然有，也必須要。」伯父悲傷地說：「但只在晚上，夜深人靜的時候，才不會被發現……」這時伯父走到窗邊，似乎低頭看了看。我全身一僵，看見長壽的尾巴一角掃過那片光線，趕緊把牠拉向我。但伯父什麼都沒看到，再度轉身背對我們。

「所以你不肯教我。」智者說。我聽得出他的淚水湧上眼眶。

「不是我不肯。」伯父輕聲說：「而是我不能。」

接著是漫長的沉默，中間只被悲傷的啜泣聲打破一、兩次。那個聲音我很熟悉，因爲我在自己內心聽過好多次。心中的期盼和渴望一次次落空；儘管一心一意想學會能幫助丹增、奶奶和所有人的知識，卻因錯得離譜的理由而遭到阻止、壓抑和否決。在漫長的沉默中，我心中的一個聲音跟那個年輕人產生了共鳴。接著，伯父再度開口。

「但或許還是有方法，有另外的方法。」他柔聲說。我感覺到一線希望在智者心中燃起，我也是。

「什麼方法都好。」年輕人說：「什麼我都願意試。只要告訴我該怎麼做，我一定會試試看。」

屋裡又安靜了幾分鐘，我彷彿看見伯父那雙憂鬱的眼睛一如往常在地上游移，思考該怎麼說才好。

「我聽說有個智者，是個大師，他的療癒知識和能力遠遠比我高強。」伯父從頭說起。

「這我很懷疑。」智者淡淡地說，毫無奉承之意。但我聽得出來他的話語中夾雜著希望。

伯父同樣發自內心地說：「不要懷疑；我完全不懷疑，雖然我從未親眼見過這位大師。他的名字叫做……」伯父頓了頓，然後用充滿感情的聲音說：「……他名叫卡特琳。」

我要如何描述當下那一刻我的感覺？就像我心中有個東西瞬間迸裂開來，好比熟透的櫻桃，但又清清如水。那一刻我感覺到有個清澈而溫熱的東西滲透出來，蔓延到我的胸口，欣喜和痛苦同時將我填滿，那是一股永遠無法滿足的渴望。我坐在冷風中，背靠著伯父的蒙古包，長壽在我腳邊，而我就像個瘋女人，無法告訴你冷不冷，因爲我已經全身麻木。我不知道說話聲延續了多久，因爲我什麼也聽不到。我甚至無法告訴你我有沒有在呼吸，只是呆呆望著前方，視線穿透眼前的一片金光，投向漆黑的田野。過了好久好久，我終於回過神，疼痛的感覺在胸腔裡擴散開來，但最痛的是喉嚨底部。我知道自己必須努力聽清楚伯父要說的話。

「首先往正西方跟著太陽下山的方向走，直到松樹林變得濃密，然後往左轉，朝西南方前進，走大約一天半。走著走著就會來到當地人稱爲『外緣』的地方。你會看見幾百呎高的花崗岩懸崖，把這片高原跟南邊的低地分開。

「下去只有一條路：一個很大的V形缺口，是從那裡流下去的溪流在花崗岩上沖刷而成的。所以你從樹林的哪裡出來其實都無所謂，反正只要走一、兩個小時就一定會看到那個V形缺口。沿著溪流往V的尖端走，有些地方山壁收窄，可能得涉入水中往下滑。水冰得要命，但如果你平常有固定做氣脈練習，應該不是問題。」我聽見伯父對智者乾笑，年輕人臉上的表情堅定而欣喜。

「穿過山麓的濃密橡樹林，你就知道快接近低地了，下山這段路不會超過半天。一到平地就離開溪流，大膽穿過曠野，繼續往西南方走。沿途乾巴巴，不好走，大概再走個一天，但別擔心，一直走到邊緣你才會看到峽谷——垂直而下，彷彿通往另一個完全不同的世界。大概再走半天，你就會在懸崖邊找到一條崎嶇小路。

「往下走到底是一條美麗的小溪，愈走河道愈寬，匯聚了從上面山壁流下來的多條泉水，其實挺漂亮的。」我不由納悶，如果伯父從沒去過那裡，怎麼會知道的那麼清楚。但就算年輕智者腦中閃過同樣的疑問，他也沒說出口，只是聚精會神聽著，彷彿那攸關他的生死。

「雖然漂亮，但有些地方非常危險，一定要保持警覺。那片峽谷以翡翠蛇聞名——深綠色身體，長度相當於一個大人的身高，毒性很強，而且無藥可醫，即使是智者也是。被掃到一下，一小時內就會中毒身亡。唯有功力高深的智者才不怕，但你現在就去測試自己的功力還太年輕。所以務必小心，尤其是爬上開放岩架的時候。我說的夠清楚嗎？」伯父一下切換成上課模式。

「是的，智者前輩。」我不由自主露出微笑。雖然從沒聽人這樣叫過伯父，但感覺這才是眞正屬於他的稱號。

「很好。另外要注意路上殺人搶劫的盜匪，他們把那座峽谷和裡頭的許多岔路當作往南往北行遍西藏低地的通道。只有傻瓜才會追他們追去那裡，再說那些人可都是殺人不眨眼的。聖線智者又最惹他們討厭，因爲我們一無所有，什麼都沒得搶，我擔心他們一氣之下甚至會把你大卸八塊。所以到那裡也要小心，好嗎？」

「遵命。」年輕人再度誠誠懇懇地說。

「往下走個兩天，你就快接近卡特琳了。」我的心一陣劇痛。「這裡就比較棘手。我畫給你看可能比較清楚。」

我聽見伯父翻找羊皮紙和墨水的聲音，接著是漫長的沉默，他開始畫地圖，只聽見偶爾一句「這裡小心」或「懂了」之類的話。外面愈來愈冷，長壽漸漸坐不住，接著伯父突然

說：「我那個姪女！」我全身一僵。「她今天到底給我們喝了幾杯茶！失陪一下。我把靴子放哪去了？」

他起身走到門邊東摸西找。我抱起長壽，彎腰低身越過空地，一溜煙跑走。他的門霍地打開時，我的門正好悄悄關上。

27 療癒者之痛

那天晚上我完全沒睡，兩種情緒在心中拉扯。一方面我無法不去想那個遙遠的大師卡特琳，這個名字在我腦中像鐘聲響個不停，清脆嘹亮，不肯止息。那感覺就像在我血管裡奔騰的不是血液，而是風。風不斷呼嘯，使我的心跳加速，無論如何都不肯爲了睡覺如此單調乏味的事停下來，甚至慢下來。

但另一方面我又混亂又困惑。現在很多事都說得通了，眞不知道之前我爲什麼沒把它們拼湊起來。比方奶奶倒下那天，伯父一下就越過田野和大池子；那天我在他胸前匆匆瞥見的一抹白；晚上他常念經念到睡著；多年來他都住在整晚無一刻安靜的牛欄旁，掩蓋練習或什麼的可能發出的聲音。

接著我又想起那天在山脊上，伯父彎身查看奶奶狀況時觸碰她手腕的特別方式，像在聽她體內發出的聲音。我恍然大悟，原來他懂得智者的療癒之道，而且如果年輕智者沒說謊（感覺不像），他不但懂，還非常擅長。

我躺在黑暗中胡思亂想，愈想心裡愈難受。如果伯父具備僧人的智識（這是一定的），也熟悉智者的療癒之道（看來應該是）——如果他同時擁有這兩種流派的知識，而羅塔格西說過這麼一來連死神都能抵擋，那麼他爲什麼不治好奶奶？爲什麼他眼睜睜看著奶奶孤伶伶躺在床上日漸消瘦，便溺都無法自理？還有丹增又該怎麼說？如果眞有所謂的療癒之道，也有人精通此道，那麼移除一個人人疼愛的男孩身上的小小腫塊有那麼難嗎？

再說，精通此道的人除了治療身體，難道不能治療心靈嗎？那麼這個人爲什麼完全不顧阿瑪拉，任她一天又一天、一個月又一個月陷在憂鬱之中？最後，如果根本沒有誰能治好誰，如果那些書本、課程、辯論，還有誦經或練習什麼的，根本帶不走一丁點痛苦或悲傷，爲什麼還要給我這種希望？想到這裡我怨憤難平地哭了出來。他們怎能對我和所有人那麼殘酷，讓我們活在希望裡，鼓勵我們抓住希望，一年又一年要我們相信希望眞的存在、我們眞的可以做些什麼，但實際上根本毫無希望，而且他們自己心知肚明，所以實際上也絕望又無助？我的疑問化爲憤怒。天還沒亮我就起床，走到外面靠近伯父蒙古包的火爐前，怒火中燒。

那天是星期二，市集日，僧人休息一天，我知道伯父今天沒課。諦諦拉禮拜二也不會來，所以一週有一天由我端茶跟早餐給伯父。這天他通常一整天讀書誦經，獨自開心度過。所以我煮了好茶，還做了些熱騰騰的奶油麵餅，另外加上兩小杯新鮮優格，一起端給老少智者。

伯父一如往常坐在床上，研讀攤開放在雙腿布巾上的宣紙手稿。我端著托盤走進門時，他抬起憂鬱的眼睛，露出和善的笑容，看見我的眼睛掃了房間一圈。

「走了。」他說：「今天早上一大早就走了，看來真的非去某個地方不可。總之，我不介意放假日早餐多吃一點，況且，剩下的我相信我們四條腿的朋友可以搞定。」他哈哈笑。

我端著托盤站在原地直視他的雙眼，那雙眼睛如此和善，我不由開始懷疑自己，但心中的疑問卻反而更加強烈。接著我把食物放在他桌上，但雙手直抖，杯碗都喀喀作響，一些茶灑了出去。伯父擔心地問：「星期五，你還好嗎？」我卻只能盯著地板，旋即轉身跑出去。我想那種情況下他也不敢衝出來追問，所以就算了，我也一樣。我一頭栽進新地毯的編織工作，但心中的疑問還是難以平復。

轉眼到了午餐時間，我走去跟阿瑪拉拿伯父的飯菜。悲傷而沉默的阿瑪拉——我甚至還沒走進門，她就又躲回黑暗的角落。轉頭看見她弓著背坐在床邊，那一刻我心中的疑問轉為

貨眞價實的憤怒，再也忍無可忍，直接抱著憤怒去跟伯父對質。

一進門，我幾乎是把托盤往他桌上一摔。「你的午餐，智者前輩！」我想在話裡加進恨意，但那張和善的臉抬眼看我，眞心流露對我的擔憂，要我怎麼恨他。於是我往後退，站在原地雙手摀著臉，痛哭失聲。

伯父臉色發白，雙手伸向我，不知如何是好。「星期五，星期五，我……你……你一定聽到了什麼。」

「是全部！」我哭喊：「我全都聽到了！你會替人治病！你精通療癒之道！你知道怎麼治療病痛！」

那雙憂鬱的眼睛直視我的雙眼，然後點點頭，什麼都沒說。

「那麼拜託你告訴我實話！眞的可能把人治好嗎？眞的有這種事嗎？是眞的嗎？」我瞪著那雙憂鬱的眼睛。

「是。」他低聲說。「一點都不假。」

聽到答案我再也按捺不住，跪在他的床邊放聲大哭，抬頭看著他的臉大喊：「那怎麼會？爲什麼？度母奶奶……還有丹增……爲什麼？你怎麼能……」我嚎啕大哭。

知道我的想法之後，伯父臉上的表情變得柔和。他用溫暖的手握住我的手，靜靜坐了片刻，等我收起淚水。

「我怎麼能……拋下他們？爲什麼……不治好他們？」

我點點頭，淚眼汪汪地抬頭看他。

「度母奶奶……我無能爲力。」他輕聲說，悲傷地低下頭。

沉默片刻之後，我想到一件事。「是因爲……因爲她不相信覺者嗎？因爲……她拜的是其他神，他們國家的天神？」

伯父黯然一笑，輕輕緩緩地搖著頭。「不是的，跟這完全無關。大家都喝同樣的水，只是用不同顏色和形狀的杯碗喝而已。我們拜的就是我們父母拜的，就是從小到大看人拜的。而誰來當我們的父母、我們會出生在哪裡，都並非偶然。所以我們拜我們知道的，這跟那個沒有關係。療癒的方法對每個人、任何人都有效，對所有心智都有效，無論他們住在哪裡、拜什麼。」

我抬頭看他，一動也不動，用眼神問他：「那麼……爲什麼？」

「星期五，你要知道療癒發揮效用的方式。我們沒有治癒人，也沒辦法治癒人。人必須

要自己治癒自己。懂得這套方法的人必須教他們怎麼做，在旁邊按部就班帶領他們，看是要鼓勵、哄騙、督促，甚至強逼都行。但到最後，每個人終究得自己療癒自己。」他再度沉默。

「你奶奶是個非常非常聰明的女人。」他又說，語氣溫柔。「意志又堅定，只要下定決心，什麼事都難不倒她。

「我認識她將近二十年，知道她光是跟人聊天就學到很多事，很多甚至跟治療病痛有關。她頭腦很好，求知欲很強。

「但是有東西阻止她前進，我想她自己也知道。她從沒問過我療癒的事，雖然她知道我可能懂。到了中年，生活忙得團團轉，她沒空去想死亡或衰老的事；等到不知不覺老了，我想她乾脆就放棄了，覺得反正也無能爲力，因爲那時候她已經看過很多人——很多很多朋友和深愛的人——老去，然後過世。

「所以她就想，既然她看到、聽到的都是如此，那麼也就只能這樣。」

伯父停下來注視學生平常坐的地方，思考要如何幫助我理解。

「你知道世界上有人看不到顏色？他們看到的一切都是黑或白，或介於中間的某種灰。

你知道？有聽過嗎？」

我點點頭。爸爸告訴過我他遇過一個這樣的人。

伯父再度停下來整理思緒，希望把想法表達清楚。「如果你把這樣的人放進一個很大很大的房間裡，只有他自己一個，然後努力跟他描述紅色這種色彩、還有深紅，結果他不相信你……」

伯父的眼神更憂鬱了。「然後你帶另一個有同樣問題的人進去房間，跟這兩人一起談，但兩個都不相信你，還互相交談起來，說服彼此根本沒有紅色。世界上根本沒有紅色這種東西。

「然後你又帶另一個有同樣問題的人進來，一個又一個，房間很快擠滿了一千個人，一千個聲音嘰嘰喳喳說服彼此，也仗著人多互相證明世界上沒有紅色，不可能有紅色。而你激動大喊『不對！』『深紅色！紅色！』但聲音卻愈來愈小。他們喊出的『不對！』卻愈來愈大聲，漸漸將你淹沒……」他開始發抖，雙手在我手裡顫抖，淚水滴在我們兩人的手上。

「難道……」他聲音細小，語氣強烈。「難道……」聲音哽咽。「這會讓紅色……讓深紅色……變虛假嗎？因為有一千個人否認它，而非只有一個。但事實就是如此，星期五，事實

就是如此。所以像奶奶這樣的人之所以死去，是因爲他們不相信有其他可能，因爲他們看不到其他可能，也從未聽過其他可能。就算聽到其他可能，他們也忙到——或是心固執到——不想問。」他停下來，淚眼模糊地低頭瞪著我看。

「所以是因爲她……她太老了？」最後我問。

「不是太老！」他說，原本平靜的聲音激動起來。「永遠不嫌太老！誰都能學會療癒的方法！但前提是要他們想學！眞心想學！她失去意識躺在床上無法自理，我要怎麼教她？她要怎麼聽得到？因爲那是唯一的條件——只要能聽到就能學，甚至不用會走，甚至不用會說話！但她卻一等再等，覺得反正不會有事，或者覺得反正做什麼都沒用！就算只學一點點都對她幫助很大，而如今，如今……」淚水再度從他緊閉的雙眼奪眶而出。

伯父雙手握拳，緊緊包住我的手，我知道只能耐心等他情緒平復。我們兩人都靜下來之後，我問：「可是丹增，丹增……他是你的學生，每天都去上課，每天都去聽課……」

「聽！」伯父輕聲喊道，聲音痛苦。「卻沒有聽進去！不想聽進去！因爲這就是年輕最大的致命傷：身強力壯，耳聰目明，可是卻視而不見……看不見周圍到處是年老體衰的人；這些人在他們眼前死去，他們還是什麼都看不見。看不見這天漸漸逼近，以爲那不會發生在自己身上，也相信那不可能發生在自己身上，像隻小羊被人牽到屠宰場卻還開心地蹦蹦跳跳。『伯父，只是個小腫塊罷了！』『我很強壯，可以打敗它的！』然後是『伯父，我該怎麼辦？有沒有什麼辦法？告訴我要怎麼做！』直到最後一天！直到最後一天才問！最後一天……我能教他什麼……？」伯父泣不成聲，鬆開我的手轉過頭。

28 祕密

我們痛苦地坐在原地很長一段時間。有一度我站起來，拿起伯父的杯子走向門，把冷掉的茶倒在地上再重新斟滿熱茶，然後放進他手中。那感覺很奇怪，因爲我好像變成了他的母親，但也感覺挺不錯的。過了一會兒，又喝一杯茶之後，我勸他吃了幾口午餐，他也要我吃一些，氣氛總算緩和了些。

看到伯父又瞄起他的書，我知道他已經準備好繼續說下去。於是我跪坐下來，稍微收了收托盤上的東西，好讓他放心，然後轉身輕聲問：「可是伯父，我盡力了，你知道我盡力了。你也知道我必須要、一定要學會療癒的方法。或許……或許我們可以幫助阿瑪拉，或許我們可以一起做些事。畢竟還有其他人需要幫助，永遠都有人需要幫助。所以我拜託你，求求你，伯父，我的老師——」他如同往常盤腿坐在床上，我輕輕用額頭碰他的腳，這是弟子向老師致意的古老方式。「求求你教我，求求你教我其他東西；教我智者會的事，教我治癒他人的方法。」

伯父又輕嘆一聲，表情痛苦，同時一反常態地把身體轉開，望著牆壁。

「不可能的。」他說。

我深受打擊，在第一次深受打擊的同一個地方，當年的小女孩胸前抱著小茶桶，被要求離開。我猛地起身並抓起托盤，但他飛快抓住我的手，緊緊握住，手仍舊異常溫熱。

「坐下來。」他說，語氣也一樣堅定。「星期五，請你坐下來。有些事情你必須知道，也該是時候讓你知道了。」

我直視他的眼睛，看得出他是認眞的，於是我在他面前的地毯坐下來。

「那是很多年前的事了。」他開始娓娓道來，將隱瞞已久的往事傾吐而出。「但即使是那時候我也不年輕了。不過我收穫滿滿，既具備僧人的知識，也學到了智者的技巧，全都是在神聖的國度學的——在印度，師從有史以來最了不起的大師。後來我遵守對你祖父的諾言，回到了西藏。也就是我父親，你從未見過的祖父。

「回來對我說很難，因爲你姑姑的事，你從未見過的姑姑……」他頓了頓，眼神如同思緒飄回了過去。

「姑姑！」我驚呼。「姑姑！伯父，告訴我姑姑的事！」

「達基妮？」他輕聲說，還陷在思緒裡。接著，他猛然回過神，凝目注視我。「不，不行，我不能告訴你。但那是我的錯，全是我的錯，她走了，所以回來這裡……很難。

「但是仁波切，也就是住持，但那時候還不是，總之他是個好人，也去過印度，他知道我的事，知道我懂的知識。那時候他正在協助元老創立這所僧院，他知道你祖父在附近建立了家園，所以邀我過去，說我們可以一起建設。實體建築由他們負責，但他們需要我，需要我的知識建築心靈。於是我回到家……」他的聲音漸漸淡去，化爲沉默。

「我回來才一個禮拜，事情就發生了。他從西方來到這裡，確切來處沒人知道，來時一無所有，鞋子、斗篷什麼都沒有，只在腰上綁一條輕薄的白布，即使當時天寒地凍。最初是山脊再過去的一個農人，他跛腳好幾年了，而這位智者——還很年輕，跟那位很像——」伯父指了指我旁邊的地板。「問能不能借住一晚，男人說好，兩人聊了起來，幾乎整夜沒睡，到了早上……到了早上……農人又能走路了，而且走得很穩，跟你我一樣……」伯父又陷入沉默，憶起過往。

「然後另一個晚上，另一個人家，有個女孩，非常年輕的女孩，從出生就看不見，到了早上眼睛卻好了……」再次停頓。

「消息傳到村子裡，好多人湧進鄉間，生病的人、憂慮的人、老人、年輕人、村人、僧人都有，大家都想親眼目睹，都懷抱著希望。元老跟他幾個朋友一開始很煩惱，因爲所有事都停擺，沒人去田裡工作，沒人去幫忙搭建寺院和僧房。

「他們發起牢騷，開始傳些那個男人的是非，但都沒用。後來連功德主——這一帶有錢又有勢的大商人大地主——也問起那個人，甚至跑去問元老他是怎麼做到那些事的，最後開始有人說爲什麼不讓他留下來，爲什麼不請他留下來幫忙興建僧院和訓練僧人。

「於是元老……他覺得……我猜就好像情況逐漸超出了他的掌控，他跟朋友開始傳播巫師之說，就是覺者的智慧尚未傳入西藏之前的古代術士，還要人多加提防，切勿輕信，甚至說那個人很危險。

「有一天傳來一個消息。還記得那天我站在半完成的寺院跟仁波切聊天，元老在前面指揮剩下的幾個工人擺設聖壇，聽到他們說：『那個智者，那個聖線智者！今天早上他把一個垂死的年輕人救回來！他在年輕人耳邊說了些話，然後他……他就……活過來了！』

「元老甚至沒轉頭看，只站在原地抬頭望著半完成的寺院牆壁，然後怒不可遏轉過身，臉紅得像著了火，大喝一聲：『那帕古縱！』」

「九大惡兆之日！」我驚道。一年會出現一、兩次，即諸事不宜的凶日，因爲星星的排列方式出了錯。但除了村裡幾個老糊塗占星師，沒人眞的懂，也沒人太在乎。

「『救活！』元老怒吼。『把人救活！在惡兆之日把人救活！他一定是……這就證明……他一定是巫師！』

「之後一切發生得太快，像一陣旋風。」伯父輕聲說道，呼吸急促，陷入回憶裡。「仁波切在一旁請他稍安勿躁，而我……我才剛加入，還很陌生，但也感覺到整件事很不對勁。我想表達意見，但仁波切輕碰我的手臂，搖搖頭，打發我回家。

「然後元老……他派人通知……馬夫一路趕去沙里拉找總督，找駐軍。

「好多人騎著馬趕來，一身深色皮裝，身披盔甲和矛劍，直接去找智者。一群人圍了上去，既困惑又不安，走在前面的就是元老。他高大懾人，殺氣騰騰，滔滔指控智者的種種罪狀，周圍的人因爲困惑和不安而群起附和，吆喝要智者以死謝罪。士兵聽到眾人的呼喊，只好順應民意採取行動，畢竟他們是士兵，那是他們的工作，於是……」伯父突然停住，呼吸急促。

他抬頭看牆壁，但兩眼無神，輕聲說：「我不在那裡。感謝歷代上師，我不在那裡。你父親那時候才跟丹增差不多大，但已經通曉人情世故，刻意把我留在家。」

接著，他的聲音逐漸透出一絲憤怒。「那位智者——他確確實實是個智者——平靜不語。他就是平靜本身，完全不反擊。那些士兵先是對他 techak……」伯父又停住並閉上眼睛。「然後，然後是 kegak。」

我抬頭茫然地看著他，但即使從聲音也感覺得到那些手段有多狠毒。「那些字你連聽都沒聽過。」伯父悲傷地說：「但永遠都不知道比較好。他們先鞭打他，之後當場把他吊死在樹上。」

伯父話中的冷酷讓我打了個寒顫，之後他又沉默了好一會兒。

他疲倦地接著說：「然後風波漸漸平息，過了一段時間大家忙起別的事。僧院蓋好了，他們要我過去開課，教他們寫字，另外還要忙經書跟辯經的事。而我——你猜也猜得到——其實不知道該如何是好。當時，僧侶的知識在我們國家還很新，不對，應該說連個影子都還沒有。而印度本土面臨戰亂和侵略，一片愁雲慘霧，僧侶的知識在那裡也岌岌可危。即使少了另一半的療癒之道，也就是智者精通的那一半，這些知識本身也是世上最大的寶藏。於是我做出了決定，答應前往新僧院待下來，而且從早到晚全心全意投入工作。

「到了晚上，我關上小房間的門，拉下小窗的遮板，偷偷練習智者的技巧，也就是氣脈練習、特殊的呼吸方式、祈請、冥想等等所有使療癒得以完整的一切。有人起了疑心，但知道這件事的人只有仁波切。他跑來警告我，要我小心一點，說哪天元老不再需要我了，要是發現我做的事會翻臉不認人。

「所以我變得很安靜，跟房間的四面牆壁一樣安靜，但照樣練習不誤，拚命地練習，因爲我知道這套療癒方法是我能給世人最珍貴的禮物，是一套能終結所有疾病、阻止衰老、返老還童、抵擋死神、走上通往菩薩之路的方法。

「有許多夜晚我百思不解，有多少個夜晚那個問題浮上腦海：是什麼把我們變成這樣？人怎麼能做出這種事？怎麼能看見一個人讓另一個人起死回生，卻毀了那個能教我們如何超越死亡、讓我們心愛的人擺脫死神魔掌的人？我們的驕傲、虛榮、執念，怎麼能夠比對生命本身的渴望更強烈？然而，事實卻擺在眼前，不只是元老或像他一樣的人而已，你我都是，那些問題我們全部都有。」伯父長嘆一聲，我直起腰，給他一個停下來的理由，但他堅定地看著我，決心要把話說完。

「不，事情還沒完，沒有在這裡結束。」他又一嘆。

「後來有個人來找我。他……他知道我是聖線智者，可以教他療癒的方法。怎麼知道的我不清楚，但他就是知道。他要求我、哀求我傳授他方法，示範給他看，就像你今天這樣。

「我試探也評估過這個人，這個步驟可不能少。有些老師功力高強或跟先人有特殊淵源，能在一夕之間傳授療癒之道並看見成效。但這樣的高人少之又少，一般還是要循序漸進，一步一步耐心而眞誠地展開訓練。先從僧人的知識和修爲開始，再往智者的特殊技術邁進。

「但我看出這個人與眾不同。一輩子或許能遇到一、兩個這樣的奇才，但通常很難。這個人已經準備好修練智者之道，其他資格都已具備，天知道他準備了多久。所以我答應了他，因爲錯過這樣的天賜良機、白白浪費這種可造之才，就好比拆掉全西藏的寺廟一樣可惜。

「我們按照智者的傳統約定晚上上課。他很認眞學習，能傳授他人這套方法對我來說也是一大喜悅，即使我還要到僧院教課和工作。

「然而，無論以前引來多少懷疑的目光，現在更是變本加厲，因爲我們是兩個人。仁波切當然又來提醒我要小心，我很感激，但我很清楚什麼事更重要。

「有天晚上我課上到一半，仁波切反常地直接走進來替元老傳話給我。他說元老知道我是聖線智者，而且一直在傳授某個人智者之道，甚至知道今天晚上我就在做這件事。

「他要我立刻停止，一小時內將那名學生打發走，不然後果不堪設想，即使我對僧院貢獻多大都一樣。」伯父聲音細微，心思飄遠，回到了過去，即使人就在我身邊。

「唯有在特殊時期，一個智者終其一生才能在訓練期間有幸受到這樣的考驗。當年那些士兵就給了那名年輕智者這種考驗，那時候他平靜不語，我至今難忘。於是我問我的學生：『我們的生命岌岌可危，你希望我怎麼做？』他……」說到這裡伯父抬頭挺胸，一臉自豪。「他毫不猶豫地說，能一起多上幾分鐘的課，比之後可能發生的事更加重要。當下我就知道自己沒看走眼。於是我們繼續上課，直到元老本人親自帶著人馬大力敲我的門，把我帶到寺院頂樓長老會開會的房間。他們在那裡決定我的命運——我的智者生涯、我的僧人生涯，甚至我的死活。」伯父停下來，垂眼看我。

我突然想到一件事。「可是伯父，那你的學生呢？元老把他怎麼了？」

「我的學生？」他恍恍惚惚地問，好像我硬把他拉回這個房間。「我的學生？走了——他們把她趕出了僧院。」

29 一半的開始

「她？」我驚呼。

「嗄？你說什麼？」伯父問，表情有點困惑。

「她？是女的？你是說你，堂堂的高僧和上師，竟然半夜在佛寺的僧房裡，獨自教導一個女人？」

「對。」他就事論事地說：「對，也只能如此。當時深入那個領域的學生，只有她一個人。」

「不是的。」我惱怒地說：「你不懂我的意思……我是說，大家會怎麼想？」

「怎麼想？」他的表情還是有點茫然。「怎麼想？爲什麼……事情發生的時候，你怎麼想？」

「什麼跟什麼？」我愈說愈糊塗。

「那個人來的時候！」他的火氣也上來了。

「什麼人？」我大聲問。

「當然就是手上有爪子的那個人。他來帶走奶奶的時候，你怎麼想？」他直視我的雙眼，眼神冷硬如鋼。

我的腦袋轉啊轉，半晌又猛然停住，瞬間明白了伯父想說的話。他用辯經的方式引導我看見眞相，像撞上一堵牆一樣毫無防備，而牆就矗立在眼前，不可動搖，我無法轉身或閃避。

伯父垂下眼眸，用那雙悲傷的眼睛看著我，我漸漸明白他爲什麼悲傷了。他讓我沉澱片刻，然後皺著眉豎起一根指頭對我搖了搖。

「星期五啊星期五，我最親愛的姪女，你看出那是怎麼開始的嗎？有沒有發現你的內心就是起點？你認爲一男一女三更半夜共處一室就只能做一件事嗎？你年紀還那麼小，這世界就教你這麼想了嗎？這個想法難道不會隨著年紀增長愈加強大，之後慢慢你就會把它教給更年輕的人、更年輕的女性，但不是因爲你想這麼做，而是因爲你這麼相信，而他們每天都能在你身上感受到，不管是閒話家常或各種小動作。於是女性不只戴著鐐銬，而且不自覺地把它一代傳過一代。沒錯，我教的是一名女性。沒錯，我們孤男寡女共處一室。沒錯，我知道其他人會怎麼想。而我還是繼續教她，試著盡我的力量阻止大家這麼想……阻止女人這麼想自己。」他嘆了口氣之後停下來。沉默。

「那就教我。」我直接了當地說。

伯父再度直視我的眼睛。「所以他們談了又談。」他說：「一連好幾個鐘頭，元老跟他的跟班。我一下必死無疑，一下要被趕出僧院，一下又變成只要當眾挨幾下鞭子、家族從此蒙羞。

「最後是仁波切救了我。他很擔心，從一開始就擔心我會出事，擔心當年那個年輕智者的事會重演。所以他派人策馬狂奔，說事關人命，要人回家把你父親帶來，還有隨便一個他找得到的商隊成員。

「你父親走進來，當時他不過是個青少年，但那一刻就像個小巨人，彷彿一手就能舉起全世界。他走過去用他的三寸不爛之舌跟元老斡旋，我從沒見過那種事。天快亮時，雙方終於達成協議，房間裡的每個人都眞心相信自己得到了最佳利益。他救了我的命，甚至不只我的命，還有我的名聲、僧院，還有日後我還能繼續教書的權利。

「結局就是如此。我必須搬回家裡，不能再住在僧院。對外說法是我回來爲自己家族誦經祈福，而你父親會確保一直有新的經書送來，我永遠有事可做，之後這些珍貴的經書中，很多還會送到僧院的新圖書館典藏。

「我可以繼續教年輕僧人修行和辯經。其中有個學生名叫德龍，當時還只是個小男孩，往後我要特別用心栽培他，引領他修完五部大論的課程，直到有一天他站上辯經場，在最後的辯論中超群絕倫——直到他成爲格西。

「到那一天，馬路附近某戶人家的大商人將會出錢在僧院辦一場盛宴和誦經會，向新格西致敬，如同歷年的新任格西一樣，但這一次的盛宴將史無前例贈與每位僧人厚禮和金幣，同時也贊助院方建造一座更大的新寺院。

「最後也最難的一項——」伯父低頭看地上。「某個近來謠傳是聖線智者的僧人要立下重誓，只要他還是僧院的一份子，此後都不能以智者的身分爲任何人授課，尤其是女人。

「所以那是不可能的，這樣你知道了。」他再次強調，終於把話說完。

我們又沉默片刻，然後我問：「可是伯父，爲什麼你要待在這裡？如果他們不准你把這麼重要的東西傳授給別人，爲什麼你還要繼續當僧人？」

伯父那雙悲傷的眼睛變得有點憤怒。「永遠別那麼想，星期五小姑娘，永遠別再說出那種話，至少別當著我的面。你不知道我們在這裡建立了什麼。我們的國家就像一片沙漠，而這座僧院……就像是一座水質純淨的大湖。這裡的人沒有那些水活不去。生命有限的人類建立的所有組織都有它的缺點——啊，建立僧院就是爲了幫助住在裡面的人克服自己的缺點。但要是沒有各種組織，沒有這樣的地方，那麼人需要知道的事可能永遠失傳，而不只是一段時間遭人誤解而已，儘管在組織裡也會發生這種事。

「我們在這裡傳授的知識——僧侶的知識——一定要保存下來，不然療癒之道也會凋零。從未學習僧人的知識、對僧人的修行不屑一顧的智者，永遠無法完成療癒。而一個習得僧侶知識的僧人若不持續練習智者的技術，也同樣永遠完成不了療癒。兩者必須相輔相成。唉，以前它們都是互相配合的，所以才有『僧侶智者』這樣的合稱，就像鳥一定有一對翅膀才能飛。

「而僧人的生活依歸，也就是行爲準則，根本來說就是絕不傷害任何生靈。如果說僧人的知識和智者的方法就像鳥的一對翅膀，那麼這個準則就是在這隻小動物的胸口怦怦跳動的心臟。要我放棄當僧人，要我乾脆脫掉僧袍，離開這裡隨心所欲教人療癒之道，就好比摘下小鳥的心臟，叫牠拍動翅膀飛向天空。我之所以能掌握療癒之道，能讓療癒發揮效用，也是

因爲遵循僧人的行爲準則，而且是嚴格遵守。」伯父停下來，有點喘不過氣。我點點頭。

過一會兒我又問：「一定要變成僧尼才能掌握療癒之道嗎？」

「當然不用。」伯父說：「我不是那個意思。對我來說是，因爲那是我對自己的生命許下的承諾，我把它當作我所有力量的來源一樣珍惜。但對你、對像你一樣的人、對任何人來說，只要遵循最根本的原則就夠了：絕不傷害任何人，善待別人如同愛惜自己。一輩子都要致力於遵守這個原則，一年比一年進步。那麼療癒就能發揮效用，你就能療癒任何人、任何事，擊敗死神，前往菩薩的國度，甚至成爲菩薩本身。

「沒有準則，這些事是辦不到的。但說實在的，除非你對僧侶的知識——五部大論裡的思想——起碼有些了解，不然也很難遵守這個準則。」

「那一定要成爲格西才能夠掌握療癒之道嗎？」

「哦，不需要到那種程度！對大多數人來說那太難了！」伯父哈哈大笑。「不需要。只要了解格西所學的精髓，只要了解是什麼讓世界如此運轉就夠了。只要掌握重點，格西所知所學的重點。」

「可是格西……」我繼續追問，試著把親愛的伯父引到我設下的一堵牆，一個剛在我腦中成形的想法。「格西學了那麼多東西，一定能夠了解，一定知道他們需要了解什麼、世界怎麼運轉，還有療癒本身怎麼發揮效用。」

「但願如此！」伯父高聲說。「尤其如果他們在我們僧院接受訓練的話！」

「那麼格西會是學習智者之道的完美人選！」我激動地說：「不管很久以前發生過什麼事，我想你都應該教他們智者之道才對，如果他們花那麼多時間成為格西，證明了自己的能力，而且眞心想學的話。我會覺得……我會覺得你要是不教他們，簡直對不起全世界！」

伯父聽懂或自認為聽懂了我想說的話，因此開口打斷我。

「這麼說是沒錯，我同意你的話，星期五，無論以前發生過什麼事。再說情況也會隨時間改變，一定有不違背諾言又能因應改變的方法，但違背諾言是絕對不行的。

「不過，學會誦經、在窗邊聽課、寫紙條認字是一回事。」我紅了臉，低頭看地上。

「無論出發點有多麼崇高。」伯父溫柔地接著說：「但在辯經場上面對一千個僧人，跟最優秀的學生交鋒，贏得格西的金帽，又是另一回事。你不可能做到全部的事，就算一半也不可能。我必須告訴你實話，因為我愛你。」

「那如果我做到了，即使……只有一半呢？」我開始收起圈套。

「哦，星期五，如果你能在辯經場上通過格西考試，哪怕只有一半，那麼藍天大概變成了綠天，世界上下顛倒，犛牛也能拔下自己的毛，用外面那個織布機織成美麗的地毯。到時候我別無選擇，也只能想辦法教你療癒之道了。」伯父停下來，滿臉堆笑看著我，兩人都知道這場對話到此爲止。

我慢慢起身，站著收拾托盤。

我低聲說：「伯父，謝謝你。」含著微笑走向門。

然後我轉過身，就在當年那個抱著茶桶的小女孩轉過身的地方，對上伯父的目光，然後咧嘴一笑。

「一半。」我說，啪地合上圈套。

「你說什麼？」他問，笑容突然有點動搖。

「一半啊。」我又說：「在辯經場上通過一半的格西考試。」

他點點頭，動作放慢，不太確定。

「君無戲言！」我大喊，旋即轉身走出門。

30 另一個哥哥

「君無戲言」是我們國家的一句俗語。相傳古代有個女人信仰十分虔誠，也因爲信仰而生出大智慧。她想造一座像我們的石頭小廟一樣的寺廟，但比那大很多，大到你邊誦經邊繞一圈要將近半小時。

但她住的地方土地很貴，要買那麼一大塊地根本不可能。於是她去拜見國王，直接了當跟他要一塊那麼大的地。國王笑了笑，說：「不可能。」她改口說那一半好了，國王仍舊拒絕。她思索片刻，然後問國王能不能至少給她一塊牛皮大小的土地。國王又笑，說：「那沒問題。」

女人離去之後就去市場找了一塊最大張的牛皮，然後拿著刀片坐下來，花幾天的時間仔細把牛皮割成一條細長到不可思議的皮繩。接著她去選了一塊好得沒話說的空地，一邊放皮繩一邊繞大圈，圈出了一大塊地。最後她去找國王拿這塊地的地契。

國王的大臣和其他人當然都說她騙了國王，但國王很重視名譽，我想也很有幽默感。於是他說：「君無戲言，我不能出爾反爾。土地是她的了，她可以用來蓋寺廟。」從此以後，每當某人答應你一件事卻寧可沒這回事，但又無法食言，這時西藏人就會聳聳肩說：「君無戲言！」

所以我很自豪。但回到自己的蒙古包思索過後才發現，伯父根本不用擔心。一個十五歲的擠奶女工兼地毯織工要站在辯經場上通過一半格西考試，就跟通過全部考試一樣不可能。不可能就是不可能。

但話說回來，仔細想想很多事都不可能。眞要說的話，療癒本身也不可能。我的意思是，現今有多少人眞的相信可以靠自己治好所有病痛，甚至抵擋死亡？爲什麼這一類不可能的事並非完全不可能，之後你就會知道，像我一樣。其實也沒什麼，只是你得明白一些事並付諸行動。這麼說好了，即使到了這個階段，即使只能在窗邊偷聽伯父上課，我也大概知道自己能做什麼才能完成不可能的事。

所以每天深夜，誦完經、寫完字、在腦中複習過今天的課之後，我會走到佛龕前，想著那天我努力做的好事，雖然不盡完美，但努力去做就很好。我仔細回想這些事，對自己的用心盡力感到欣慰。

然後，憑著之後會再提到的特殊心念，我把自己做過的好事累積的力量發送給未來的我，發送給未來那個特別的我——像菩薩一樣能來去自如幫助任何人的我。藉由這種方法，我把自己變成那個我。從頭到尾我都抓著親愛的哥哥丹增的念珠，重複念誦文殊菩薩智慧咒。

其實隨便一段咒語都行，不限語言，不限信仰。重要的是把我做過的好事累積的力量發送出去，讓我可以眞正變成能幫助他人的人。每次手指摸到那顆漂亮的綠松石母珠，我就會再次檢驗自己的心，確認自己發送出去的仍是力量強大的善心。

格西考試前的最後六個月飛逝而過。辯經場的精彩辯論，我一天都沒錯過。我們班人數又變更少，實力也變更強，現在每場辯論大家都卯足全力，知道大日子就要到來。我把手肘靠在牆上，面對守方，問題從面前快速掠過，我的手跟著上下左右移動，回答是或否，忙得不可開交，每次結束我都精疲力盡。抱著長壽走回路邊那棵大樹時雖然累得要命，但也開心得要命，因爲我知道自己眞的學會了我必須學會的東西，而且是藉由最好的方式，也是唯一的方式——付出努力。連長壽都感覺得到氣氛愈來愈緊繃，有時在辯經場上，我幾乎無法讓牠好好待在紅色嬰兒背帶裡。

每晚回到家，無論有多累，我仍然保持守夜祈禱的習慣。我大概知道它會如何發揮效用，卻不知道具體會是什麼狀況，就只是憑著耐心和善心堅持到我們班要展開最後辯論的前一天。

我永遠忘不了那一天，因爲那天之後我的人生徹底改變。伯父取消其他課，一整個早上陪著我們班完成最後幾場辯論，激勵學生好好表現，善待他人，尤其要善待彼此，努力平復大家的緊張心情，雖然老實說，伯父感覺比任何人都要緊張。想想看，多年來的努力終於要開花結果，所有學生都是他的喜悅和驕傲。此外，爸爸跟元老達成的協議有一大部分終於要兌現——我和伯父都心知肚明。

年輕僧人一個一個走出伯父的蒙古包，三五成群停在門階前。他們在比較手上的珍貴小紙條。那是今天一大早僧院每日誦經開始之前，他們從大殿聖壇上的特殊銀甕裡抽出來的。

紙條上寫著每隊的辯經題目，跟你抽到一樣題目的人就是你的對手。第一天辯論在新月出現的第一天舉行，因爲月牙兒象徵好的開始。一個攻，一個守；一個禮拜之後——來到半月，同樣是吉日——兩方會交換角色再戰一回。你抽到的題目以及你的對手，關乎你在住持面前的表現，而他就是這場比賽的裁判。

「喔！」棍子大喊一聲，到處看大家的紙條。「我們終於可以證明，用快狠準的棍子打頭，可以贏過慢吞吞的大鐵鎚啦！」

鐵鎚轉頭對他咧嘴一笑，雖然緊張但不甘示弱：「棍子是樹做的。」意思是很快才怪。

接著我看見諦諦拉的臉。那張臉痛苦無比，緊張到不行，彷彿周圍什麼聲音他都聽不見。只見德龍抓著手中的小紙條，幸災樂禍地看著諦諦拉，像一條巨蟒把天真無知的小兔子逼到走頭無路。我一眼就看出是怎麼回事，跟長壽大步走向前化解危機。

「諦諦拉！超刺激的！明天好戲就要上場了！你抽到什麼題目？對手是誰？」

諦諦拉的嘴巴抽動了幾次，但就是張不開。最後他抓著紙條舉起手，抖得像片樹葉，然後指了指德龍。德龍咧開嘴，棍子和鐵鎚哼了一聲。

「德龍慘了！我敢說他會楞在那裡，完全沒轍，一句話都說不出來！」我露出微笑，應該說硬是擠出微笑。

鐵鎚嚷道：「是啊！一定的！」又指著長壽大喊一句藏文，然後惡霸三人幫就經過我的蒙古包，走上通往馬路的小徑，一邊哈哈大笑一邊拍彼此的背。

我的臉一定很紅，連好脾氣的諦諦拉都氣得咬牙切齒。因爲鐵鎚剛剛那句話意思是「對

啊，太陽明天會從狗屁股出來」。那是我們的語言中，用來表達一件事完完全全不可能的古老說法。但我跟諦諦拉之所以那麼洩氣，我想是因爲我們都知道他說的沒錯：諦諦拉要打敗德龍是不可能的。

周圍安靜了片刻，學生全都走了。這時諦諦拉突然皺起眉頭，低頭看地上，然後對著我說：「星期五，有有有件事我要問你。很重重重要的事。」

「什麼事？」我問，努力打起精神。

「有件事我得得得跟你確確確認。」

「什麼事？」聽到他的語氣，我突然有點擔憂。

「我得得得知道，你明天有沒有要要要來看辯論……格西考試的最後一關。」

我露出苦笑。要去是要去，但沒有要過關。但實際上我只說：「我無論如何都不會錯過。連伯父都要去呢。他說我可以跟他一起去。」

「呃……喔……這樣。」諦諦拉支支吾吾。「但我不是這個意思。我是說，我指的不是那個你，而是……」

我輕笑一聲。「諦諦拉，你到底想說什麼？難道有另一個我跑來跑去我卻不知道？」

這次換諦諦拉滿臉通紅。「呃……這……我是說，我是想問……那個，你知不知道那個……背嬰兒的女士會不會去？」

我的心一緊，隨即回頭瞄一眼伯父的門，發現門還開著。我看著諦諦拉的眼睛，說：「我想……要不要到我的蒙古包附近那條小徑上談，那裡比較有蔭，你知道的。」我抬起眉毛，歪了歪頭。

諦諦拉瞥了門一眼，然後點點頭。「好，當當當然，知道了……」他說。我們穿過空地，繞過蒙古包的轉角。

「諦諦拉！」我悄聲說。「你是怎麼……怎麼知道的？」

他傻傻地笑，又低頭看地上，一臉害羞。「星期五，你知道，首先呢……」一雙大眼睛膽怯地四下張了張，思索著最委婉的說法。「首先呢，一個女士連續三年用同一個袋子背同一個寶寶，寶寶三年來都從沒長高半吋，跟隻小狗狗差不多大，本來就很不尋常。」他咧著嘴笑，低頭看長壽。長壽抬頭看他，聽得很專心，還對他搖了搖濃密的尾巴，好像很喜歡這個笑話。

「哦。」我臉又紅了。這段時間以來一直在學習邏輯辯論，而我卻從沒想過我的寶寶應

該隨著時間長大。我懷疑還有其他人也發現了。

「不過一開始……一開始我不是這樣發現了。」他低聲說，眼神飄向地平線，好一會兒才又拉回來。

「是那個念念念珠。」他說：「你手中的那串念珠。你把手肘放在牆上，開始用雙手回答問題，就像編織時用固定棒敲打那樣，我是那時候發現的。」

難道我都沒有祕密嗎？我不禁納悶，輕聲說出口的卻是：「丹增的念珠。」

「我知道。」諦諦拉說，語氣中帶著敬意，還有悲傷。「因爲上面的母珠，那顆綠松石，其實是我的，是我過世的爺爺留給我的。後來我……我把它給了丹增，因爲小時候我們……有天我們……」他停住，然後哭了出來。「我們結拜成兄弟。」他聲音細小，之後乾脆轉過身，免得我看見他哭。

我輕碰他的手臂，但讓他哭了一會兒才說：「那我們是一家人耶。」他轉過頭，感激地微笑點頭，終於又能接下去說。

「所以那串念珠不管到哪我都認得出來，上面那顆綠松石立刻引起我的注意。過了一、兩天我就發現你在做什麼，還有你的手怎麼移動。然後我……我……」他又開始結巴，欲言又止。

「你怎樣？」我輕聲問。

「我……星期五，難道你不知道？整整三年耶！三年來我一直看著你的手，每次輪到我當守方，我都照著你的手勢回答。我替你發聲，你替我思考，這樣持續了整整三年！」

我震驚地看著諦諦拉的臉，努力理解他剛剛說的話。接著，他開始滔滔不絕說出心裡的想法。

「你知道明天就是最後一天，我們所有人努力那麼久就是爲了這一天。明天我是守方！對手是德龍，我們班的辯經第一高手！」

我怔怔看著他，還是不懂他想說什麼。

「星期五！」現在他幾乎是用吼的。「星期五！你還不懂嗎？你還不明白嗎？如果帶寶寶的女士……如果明天晚上她沒出現在牆邊……那我就慘了！我就死定了！」

我舉起一隻手，搖搖頭讓腦袋清醒，然後怒眼瞪著諦諦拉張得比我更大的眼睛。

「諦諦拉。」我的聲音在顫抖。「難道你是要告訴我，這……這整整三年來……你當守方的時候都看著我的答案回答問題？」

他點點頭，一開始點得很乾脆，後來羞愧地低下頭。

「可是當攻方的時候你要怎麼辦？不能只回答是或否啊！」

「那個啊。」他喃喃地說：「當攻方的時候我就隨便混過去。我不是沒把你伯父的課聽進去。我有啊，而且我很喜歡，全部都很喜歡，也明白可以用他教我們的東西幫助每一個人。

「問題是辯論……我太緊張，整個人都嚇呆了。當我坐在辯經場的石板地上，前面站著一個人，尤其是像德龍這樣的人，跳過來又跳過去，對著我的臉擊掌，大聲吼出問題，我的腦袋就會一片空白，不知道如何是好。即使腦袋沒有一片空白，我的嘴嘴嘴巴、我的嘴嘴嘴巴也會整個打結，就算想得到答案也說不出口。

「可是我發現，當我看著你的手動來動去，想到你在幫助我，丹增也透過你手中的念珠在幫助我，然後看到你的手比出答案，我就懂了。腦袋豁然開朗，心裡也不害怕了，嘴巴就能說出答案。

「可是自己一個人……自己一個人……沒有妹妹在旁邊……」他對我微笑。「我就是個沒用的諦諦！」

我點點頭，低頭思索起來。長壽抬頭看著我，露出圓圓扁扁的可愛鼻子和滑稽的粉嫩小舌頭。我的目光被牠吸引過去，只見牠看看諦諦拉又看看我，然後把光滑閃亮的尾巴往上一甩，再重重往下一拍，就像辯經時的擊掌動作。那一刻我看見一半格西考試從天而降，在機會之門關上之前的最後一天落在我手中。

「諦諦拉，我親愛的哥哥。」我壓抑著興奮的心情，說：「女生通常不這麼做的，但我有個點子……」

31 女生也能做的事

隔天早上我起床打茶，也端了一些給阿瑪拉。她還是老樣子，一個人坐在黑暗中，我陪她坐了一會兒。我想她一定感覺氣氛不太一樣，今天是她的小格西原本要接受最後測驗的日子，但她仍舊面無表情。我嘆了口氣，然後起身給伯父送茶桶過去。

「星期五！很好！不用太多，今天得跟一堆人坐很久！你都準備好了嗎？」他語氣興奮。

「伯父，我們大概還有八小時可以準備耶。」我不由微笑。他跟小男生一樣又興奮又緊張。

「是嗎？」他不敢置信地說，望著門外的晨曦。「哦對對，想想好像是這樣沒錯。」

「一切都安排好了。」他興高采烈地說：「商隊那邊有幾個織工下午會過來陪阿瑪拉，直到我們回來。星期五，我必須說，這段時間以來你們晚上那麼賣力工作，成果有目共睹。你父親這次出門之前告訴我，他們的地毯跟以前阿瑪拉織的地毯一樣好，每個家庭都很感激能得到額外的收入，尤其又有你父親在市場上幫他們議價。這對所有人都幫助很大，你應該引以為傲。」

這是辛苦工作得到回報的日子，我笑咪咪跟伯父道謝。彎身替他倒茶時，我突然痛得直起身體。

「啊！」我抱著肚子哀叫。

「怎麼了，孩子？」伯父擔心地問。

我站在原地深吸幾口氣，努力裝出痛苦的表情。

「沒事，伯父……只是……只是那個，女生的事，每個月都有幾天。」

我失神地看看四周，然後說：「一下就好了。不過也許我應該先去……你知道……躺一下。」

伯父點點頭，用同情的眼神打量我。「對對，當然。去休息一下。應該的。」

所以我在我的蒙古包裡躺了幾個小時，無聊的長壽在一旁好奇地看著我。我忙著演練辯經時可能遇到的各種狀況，手揮來揮去，這次非常認眞，因為我知道今天每個手勢都要很精準。可憐的諦諦拉不只抽到最可怕的對手，連題目都是格西課程中數一數二難的：理智如何

運作？以及我們如何認知及認識周圍的事物？

中午我端了豐盛的午餐給伯父，因爲傍晚要走一段路，之後的儀式甚至更久。我沒忘記從頭到尾抱著肚子，後來伯父又打發我回蒙古包休息。我躺下來繼續練習，心情愈來愈緊張。突然間響起伯父的敲門聲，說我們該走了。

「伯父，我不確定我行不行。」我難受地說。

他走進來，站在門邊低頭看我。長壽眞是個好孩子，抬頭用憂愁的大眼睛看著伯父，很會營造氣氛。伯父一襲全新大紅羊毛僧袍，金色的典禮斗篷疊在一邊肩上，看上去氣勢非凡。一邊手腕繞著一串老舊串珠，另一手用一根指頭勾著一個黃銅小戒指。戒指綁著一條金線，線繞過他的肩膀，綁在格西金帽的尾端固定。這是來自印度的古老設計，東西本身也歷史久遠。伯父平常很樸素，只有典禮之類的正式場合才不得不戴上。

格西帽又高又尖，稍微一動就會掉下來，所以僧侶通常會在帽底綁條線，翻過來靠在肩上，抓著繩子固定，等到必須坐下來戴上帽子時再戴上。

「很痛是嗎？」伯父同情地問。

「恐怕是。」我裝可憐地說。「竟然在這種日子！眞不敢相信！」

「是啊！」伯父若有所思地說。「偏偏就在今天！我甚至想不起你上次生病是什麼時候！最好讓我看看！」我還來不及阻止，他就用暖烘烘的手抓起我的手腕，攤開手指按著在皮膚底下流動的細微能量之河。

伯父安靜了一、兩分鐘才起身。「嗯，或許……或許你需要……多休息一下？」他說。

我苦著臉點點頭。伯父總是知道太多，但又說的太少。

「好吧。」他咧咧嘴，說：「那我大概得自己去了……」

我再度點頭。

「需要什麼就去家裡的蒙古包跟來陪阿瑪拉的女士說一聲。」他說，語氣認真。

我又點頭，無力地笑了笑。他走出門後又突然探頭進來說：「對了，別爲明天的早茶操心。我一大早就得去僧院跟外來的訪客開會，中午前應該就會回來，希望。」說完他就走了。

我耐住性子等他走遠。後來發現我還有充裕的時間走到辯經場，於是我拿出嬰兒背帶，捲起一條奶奶的地毯夾在胳膊下，然後走去跟商隊女士說我得把毯子送去他們的帳篷。接著我跟我的寶寶飛快趕路，到路邊的樹下換裝。

有生以來我第一次看到這麼多人。一大群僧人和村人熙熙攘攘擠在僧院大門前，試著擠進院子。我看著人群再看看接近黃昏的太陽，知道這樣絕不可能及時趕到牆邊。所以我往反方向走，直接穿過冬天的曠野，從後門繞過去。這表示要繞僧院的圍牆一圈，走出來就是大看臺後面。我們走到的時候，一幅壯觀的場面正好在我們面前展開。

整座看臺和院子的每吋地板滿滿都是金色僧袍，有如一片金色之海。幾乎每個僧人都戴著格西帽。僧院備有大量的格西帽，供特殊場合使用，像這樣的日子就會分發出去，每個人都得盛裝出席。對永遠不會成爲格西的僧人來說，偶爾戴一次格西帽也能招來好運。

一陣雄渾有力的誦經聲飄上天空，金帽有如一大片金色麥田輕輕搖晃，整齊畫一地左右搖擺，伴隨著大鼓和銅鈸的節奏，以及用珍貴的白海螺雕成的號角發出的刺耳回聲。

坐定的兩排僧人中間有一條寬闊的走道，一路從院子大門延伸到大看臺的階梯。一列隊伍正從僧院圍牆的一扇門走出來，踏上走道。隊伍最前面是兩名身材粗壯的年輕僧人，卯足全力吹著開場號角，臉漲得又圓又紅。跟劈劈啪啪的號角對應的是大法號發出的低沉轟鳴，將近有十五呎長，立在正殿屋頂上的特製木架上。中間穿插著大鑼的陣陣巨響，那面鑼將近有六呎寬，同樣架在屋頂上。長壽跟我站在後牆看著高僧進場時，這些聲音和色彩幾乎就像一陣強風撲面而來。

第一個走進來的是辯經長，我親愛的羅塔格西。他身披代表他職位的大斗篷，原本壯碩的身形變成三個僧人一般大，只見一大片紅緩緩飄向看臺。走在他後方的是仁波切，也就是住持，旁邊跟著幾個侍從。他看起來跟平常一樣開心雀躍，只是臉上多了一份光采，我想應該是看著年輕僧人苦讀多年終於要修成正果的喜悅。

接著進來的是元老，他戴著一頂很特別的格西帽，高得不可思議，因此在隊伍中鶴立雞群。只見他下巴抬得老高，目空一切地環顧眾人。看得出來他很期待即將展開的廝殺大戲，等不及要看他姪子兩、三下幹掉倒楣的諦諦拉。

有個我從沒見過的老喇嘛挽著元老的手，幾個侍從小心謹慎地從旁扶著他。老邁的臉上掛著慈祥的笑容，但顯得勉強，看來穿過人群走這麼一大段路對他來說很吃力。

我瞥了一眼對面的圍牆，待會我得移去那裡，諦諦拉才能看著我的手勢作答。我鬆了口氣，幸好那裡人很少，只有幾堆木頭堆在離牆不遠的地方，幾乎跟圍牆一樣高。我知道還有充裕的時間移動，所以先站在原地看兩名辯士入場。

兩人並肩而行，緩緩穿過大門走進來。德龍威風凜凜，寬大的肩膀披著簇新的絲質金袍，頭上一頂彷彿生下來就在那裡的格西帽。旁邊的諦諦拉看起來像陪老爸出來散步的小孩，雙眼圓睜，流露出的恐懼超出我的想像。身上披的層層僧袍有片下襬鬆開了，拖在地上，只有他本人渾然不覺。頭上的格西帽一下往左歪，一下往右歪，他只好雙手扶著帽子，奮力端正步伐穿過走道。

兩人走到前面，步上大看臺的階梯，在台上的長椅並肩坐下，對著大片群眾。看臺兩邊都坐著我們班的同學，接下來幾天會一個個輪流上場。棍子高高坐在考試長椅旁，鐵鎚的虎背在最後一排若隱若現，靠近看臺邊。羅塔格西穿過學生就定位，從頭到尾都得站在兩名辯士後方。

高僧都已拾級坐上寶座。那些小平台比羅塔格西的頭還要高，設在考試長椅的後方深處，大看臺的屋頂爲他們遮擋午後的陽光。仁波切坐中間，左手邊是元老，右手邊是那位老者。這表示這位老喇嘛甚至比元老還要資深，這種事我從沒聽說過。附近有個僧人正在擺設牆上火把，以備晚點照明之用，我轉頭問他。

「喇嘛，可以請問你那位老喇嘛是誰嗎？」

他說：「啊，那是我們的貴賓，說不定是有史以來最了不起的辯士，名叫卡欽·舒巴，是德勒日拉布這座宏偉僧院的大住持，從這裡騎馬往東走要好幾天才能到。他來擔任裁判。」

「裁判？」我驚呼。「可是我以爲……我以爲……照慣例不是由仁波切擔任裁判，而且是唯一的裁判？」

「通常是那樣。」僧人嘻嘻笑著說：「但元老看來也執意要當裁判，而且……你知道……這裡大家通常都拿他沒轍。」

我暗自叫苦。元老絲毫不敢掉以輕心。就算諦諦拉奇蹟地打敗德龍，他也不可能贏。

僧人接著又說：「於是仁波切跟往常一樣，想了個妙招把事情擺平。我猜他說服老者來當其中一名裁判，就算是元老也無法拒絕這種殊榮。所以他才會出現在這裡，跟將近一百名在自家辯經場剛完成訓練的年輕辯士齊聚一堂。哦，他們來了！」

我們往圍牆的柵門看去，只見一大群身披褐紅色斗篷的僧人蜂擁而出，三人一組安靜而莊嚴地向前邁步。我突然想到根本沒地方能容納那麼多人，但下一秒他們就往右一轉，一排排爬上那堆木頭。我恍然大悟，原來木頭是這個用途，難怪對面圍牆沒站人。意識到我絕不可能走到正對可憐的諦諦拉的那面牆時，我的心開始往下沉。

32 辯士魂

我杵在原地好一會兒，看著災難在眼前爆發。誦經聲、號角聲、銅鈸聲，還有大片觀眾的吵嚷聲都在一瞬間停止。眾人屏息期待，眼前只見耀眼的色彩和虔誠的臉龐組成的壯麗畫面。

德龍在一片靜默中緩緩起身，臉上流露著不可動搖的決心，鄭重往觀眾的方向邁出十大步。一臉害怕的諦諦拉孤伶伶坐在長椅的一邊，一副隨時會跳起來逃跑的模樣。連站在這裡的我都看得出來諦諦拉的頭轉來轉去，著急地搜尋擠在木頭平臺兩側牆邊的黑壓壓人群。我痛苦地等待著開戰的信號——那智慧之語的第一個字，也就是古老母語中的那聲「諦」。而我也知道，一旦那聲音響起，想要幫助我的另一個哥哥就來不及了。

德龍慢慢摘下格西帽，遞給旁邊的侍從，然後冷冷地轉頭面對他的囊中物。只見一隻強而有力的手從華麗的僧袍底下伸出來，高貴而熟練地拉下肩上僧袍的一角，向對手致敬，無論對方有多不值一顧。諦諦拉按照習俗點頭回禮，那一刻我看見他不再東張西望，勇敢地集中目光，與德龍四眼相對。無論他那位背著嬰兒的救星發生了什麼事，諦諦拉都會奮勇迎戰，就算失敗也要坦然面對。

接下來發生了一件完全出乎意料的事。德龍仰頭對著豔陽和清澈藍天，大吼一聲：「諦！」同時跳起來衝上前。諦諦拉縮起身體，低頭閃避。德龍一躍而起時把手一甩，抓走諦諦拉頭上的格西帽，腳還沒落地他就抬腿往長椅一踢，在空中轉了個身，最後在起步不遠處落地。孔武有力的拳頭抓著帽子往上舉，再次大吼一聲：「諦！」

觀眾剎時醒過來。依照慣例，辯經考試時，來觀賽的僧人會大聲附和或反對辯士的論點，融入現場的熱烈氣氛。因此觀眾看到這一幕驚呼連連，夾雜著不以爲然的低聲抱怨，因爲德龍顯然把耀武揚威的傳統把戲玩得太過火。我看見前排幾個年紀較長的僧人——我知道伯父也在裡面——開始搖頭。

但緊接著，德龍立刻抬頭挺胸，昂然立於諦諦拉面前。他雙手捧著帽子，用古老的方式躬身致敬，伸手將帽子奉還。台下爆出讚聲，也鬆了口氣，在場所有人都開懷大笑。當德龍再次直起身體時，我看見他輕輕掠了元老一眼。對方微微點頭，幾乎難以察覺，那一刻我猜到是誰設計了這種開場方式。

蒂蒂拉終於羞怯地抬起頭，用顫抖的手抓走帽子。他試著要把帽子戴回頭上，但對手的策略奏效了——他慌了陣腳，帽子怎麼都戴不好。最後他乾脆拿下帽子放在椅子上，無可奈何地抬起頭，迎向他的悲慘命運。

德龍已經準備好大開殺戒。第一串問題像火焰箭從他口中咻咻發射，蒂蒂拉臉色發白，嘴巴有如抽搐開開合合，卻一個字都說不出口。看見那一幕我心都碎了，體內的辯士魂終於甦醒過來。

我飛快轉身，衝進如今從四面八方擠壓過來的滿滿人群，像個瘋女人一樣尖聲大叫。

「寶寶！我的寶寶！別把他壓扁！」我抓著紅色背帶，長壽緊緊貼在我胸前。「讓我過！拜託讓我過！」

前面的人群嚇了一跳，來得及的立刻神奇分開讓我過，來不及的被我擠到旁邊，再不行我就亂竄一通或趴在地上鑽過一雙雙腿，邊推擠邊大叫：「寶寶！我的寶寶！」

烈日打在身上，我已經滿身大汗，灰頭土臉，憤怒的淚水混著塵土淌下臉頰。我瞄了一眼蒂蒂拉，他那樣子才叫慘。只見他嘴巴又動起來，哀怨地說出答案，痛苦得幾乎語無倫次，只是隨便回答「是」或「否」。德龍下手毫不留情，完全不給餘地。他的攻勢又急又猛，當對方說出可悲的答案時，他站在原地一臉不屑，然後轉向觀眾兩手往上一攤，彷彿在說：「這個笨蛋是怎麼走到今天的？」

一開始台下還有喝倒彩的聲音，之後噓聲愈來愈大，但最糟的在後面，我心中的怒火就是這樣被挑起來的。千百名僧人愈看愈覺得沒趣，但出於禮貌默不出聲，接著甚至聊起待會不知會送上什麼茶點，或明天的辯論會不會比較精彩可期。我再度別過頭，邊喊邊沿著圍牆往院子的入口移動。

33 如有天助

「這裡不能過，女士。」我狼狽地抬起頭，看見三名天真無邪的沙彌擋住我的去路。他們後面是一大片沿著牆邊散開的紅袍，全都是負責伙房工作走不開的沙彌。我在這群人中間看見滿臉煤灰的伙房長，他正在大聲發號施令，周圍地上高高堆著木製茶桶。爲觀眾準備的茶點，我心想，這下進退無路了，連往下鑽都沒辦法。我望了望戰場，或者應該說屠宰場，發現要到諦諦拉前面讓他看見我，還有一大段距離。

我手放牆壁，踮起腳尖伸長脖子。我有告訴過你我差不多已經長大了嗎？只見這一小群伙房幫手的另一邊就是院子的大門，雖然沒有正對諦諦拉的視線，距離也還有點遠，但或許還可以。

伙房僧人已經把那一區的村人清空，但一片紅袍之中卻有個農人鶴立雞群站在那裡。他人高馬大，臉色漲紅，手扶著門柱，怒眼看著台上的辯士，說：「我好不容易才卡到這個位置，休想叫我走。」確實也沒人請他走。他就像我的救星，我最後的希望，如果我過得去的話。

我轉身擠過人群，繞過僧人，不忘仰頭大叫我的寶寶啊，臉上都是淚水和塵土。走到抱著茶桶從僧院門口持續湧出的沙彌隊伍時，我趕緊躲進奶奶的紅色披肩下，混進隊伍，跟著他們回頭往院子的矮牆走。不多久我就走近院子的大門，站在那個高大農人的旁邊。

我輕拍他的手肘，高度幾乎到我的頭。那張凶巴巴的臉轉過來，低頭瞪我。我抬起嬰兒背帶，那張臉立刻變得和顏悅色。

「他叔叔！」我大喊，蓋過辯經聲和此起彼落的無聊交談聲。

「你說啥？」大塊頭問。

「他叔叔！」我又說。「他叔叔！今天上場辯論的是他叔叔！他非看到不可！」我指著我的寶寶。「錯過就沒有下次了啊！」

「好吧！」男人大喊，很有紳士風度地退了大概一呎，半途還撞倒三、四個年輕的伙房助手。

我跟長壽溜到牆邊時，我的大英雄扯著嗓子問：「他是哪一個？」

我往後對他丟了一個感激而靦腆的微笑。「當然是贏的那個！」我大喊，然後轉身開戰。

我再次踮起腳，盡量站高，試圖引起諦諦拉的注意。但他卻只是怔怔看著德龍，像隻被貓逼到牆角的小老鼠，因爲就快沒命而失神落魄。我大聲喊了兩、三次，但還是沒用。大家看見了茶桶，這場辯經大賽就快淪爲吵吵鬧鬧的茶會，而德龍卻繼續死纏爛打，不放過腳下的屍體。

我揮舞著手臂，但諦諦拉根本沒在看。我又哭出來，手靠在牆上盯著他們。周圍再度靜下來，但這次只有我一個人感覺到。我看著丹增的美麗念珠繞在我的左手腕上。站在逐漸濃重的陰影下，我感覺到石牆透出的寒意。靜靜環顧四周時，我看見更多年輕僧人把火把插進牆上的洞。英姿煥發的百位辯士坐在另一頭，只見最後一道金色陽光緩緩爬過他們的隊伍，因爲夕照終於掠過大看臺的屋頂。

我抬頭看著即將消逝的深藍色天空，一個念頭突然冒出來：「不知道如果奶奶在這裡會怎麼做？」

接著，我聽到旁邊有個女人說：「舉起念珠。」

我環顧四周，依然靜默無聲，但清一色都是男人，沒有女人；只看見那個高大的農夫，還有其他僧人。

於是我默默舉起左手的念珠放在胸前。

「高一點。」那個聲音又說：「再高一點，愈高愈好。」

我又把念珠舉高，直直伸向深藍色天空。念珠沐浴在最後一道金光下，我抬頭看大看臺的屋頂，太陽像顆大金蛋一樣躺在那裡，蛋中間有個像女人的形體，彷彿她就坐在那裡，坐在看臺屋頂的最高點，如同很久以前她端坐在大殿的寶座上一樣。

然後我望著前方的諦諦拉，看見片片藍光在他臉上舞動。他瞇起眼睛，跟我同時抬起頭，一同看見金色光芒照在綠松石母珠上，反射出絢麗的藍光。諦諦拉盯著那抹純淨的藍光看了半晌，然後我們兩人又同時垂下眼眸，迎接彼此。

「這是獻給你的，度母……奶奶……度母。」我揚起微笑，舉起一雙織工小手，亮出手中的長劍。

34 開戰

「當你想要證明一件事，當你想要指出一個他們從未想過的概念時，就必須動用理智，對嗎？」德龍說，用字淺顯易懂，像在嘲弄對手，讓諦諦拉知道他的處境有多悽慘。

但諦諦拉已經漸漸脫胎換骨。他平靜地看著放在長椅上的格西帽，接著拾起帽子再慢慢戴上，還故意調整了一下，藉機睨一眼我的手勢。

左手舉起，一次。「正確。」諦諦拉回答。

「很好！」德龍又語帶嘲弄。「而理智可以說是能證明你想證明之事物的一種能力，是嗎？」

諦諦拉摸摸額頭像在思考，順勢往旁邊一瞥，看我的手勢。

右手舉起，一次。「不對？」諦諦拉輕聲答。德龍一驚，大聲問：「你說什麼？」

我用力點頭以示強調。「不對！」諦諦拉又說，努力讓語氣顯得自信滿滿。

德龍後退一步，立刻改口問：「或者我們應該說，理智可以說是能用三種不同的方式證明你想證明之事物的能力？」

諦諦拉抓抓耳朵，往旁邊掠一眼。右手舉起。

「不盡然。」他大聲回答，愈來愈自信；語氣本身又把許多目光吸引過來。

德龍的眼神一暗，掠過一絲疑慮，開口時卻眉開眼笑，聲如洪鐘。「那麼我們就根本無法定義理智了！」

右手舉起，兩次。「當然可以，傻傻傻瓜！」諦諦拉霸氣回答。坐在看臺前的幾個僧人聽了吃吃地笑。

「那麼的話，理智的定義……」德龍挺起胸膛，怒氣沖沖。「不正是……我剛剛說的那樣？」他邊吼邊當著諦諦拉的面大力擊掌。

右手舉起一次，緊接著食指和中指分開。「不對，差遠了。」諦諦拉的語氣多了些微妙的變化，但點到爲止，像在糾正小孩。前十排觀眾現在都目不轉睛看著他。「你剛剛給的並不是理智的定義。」諦諦拉接著說：「兩者完全不同。」

「那麼那是什麼的定義？」德龍來勢洶洶，腳重重一跺，這下眞的火了。

「很好。」我在心裡對自己說：「很好。沒什麼比怒火更能阻礙思考。」我從披肩底下

伸出手，用拇指和食指比個圈，這在我們國家就是比讚。

「你剛剛給的是『好理由』的定義。」諦諦拉說，這次完全沒結巴。大約有四分之一僧人不再閒聊，難以置信地盯著他看。接著他逕自總結：「理由只能說是一個人給的解釋，無論有沒有道理。」

「這種事任何一個三歲小孩的母親都能告訴你。」他補上一槍，場上的觀眾歡聲雷動。開始有點意思了。

德龍瞬間愣住，眼神飄向後面的三個寶座，偷瞄他伯父一眼，也就是元老。我也瞄他一眼，只見那雙眼睛目露凶光，無聲地喊著：「打敗他。」德龍微微點頭，像隻發怒的老虎要讓諦諦拉好看——眞正的戰爭開始了。

我沒辦法告訴你這樣經過了多久，甚至無法告訴你全部的內容。好多概念像閃電來來回回碰撞激盪，像劍客手中的劍時而出擊、時而反擊。我們拆解了一個又一個想法和見解，而且是印度母親和她孕育的西藏偉大智者代代相傳的眞知灼見。幾百年的古老智慧從眼前飛逝而過。

儘管我對他很感冒，卻不得不承認德龍全力以赴面對挑戰。他機智過人，身手不凡，在看臺上翩翩來去有如織布機上的巧手，有把握就奮勇出擊，必要時識相閃避，然後再伺機反擊。我的一雙手像蜂鳥飛來飛去，諦諦拉不得不一直按著頭上的格西帽，遮住斜向一邊盯著我不放的眼睛。

長壽從小洞看得入迷，貼在我胸前剛好替我保暖。每隔一會我會瞄一眼諦諦拉後方三個寶座上的人。仁波切容光煥發，以辯士的表現爲傲。老者喜孜孜欣賞這場精彩的辯論，咧嘴大笑，一顆牙齒都不剩。元老臉上殺氣騰騰，愈來愈擔憂這場辯論勝負難分。我看得出德龍也感覺到了，每瞄元老一眼他的壓力就多一分。辯經長靜靜不動站在中間，披著他的幽靈斗篷。

沙彌走進群眾裡，爲僧人跟村人倒熱茶，但辯士沒有。根據傳統，他們會一刻不停地辯下去，必要的話整夜都有可能；就算辯論無限延長，仍會乾著喉嚨啞聲喊出問題和答案。場上那麼多人，卻只有一名僧人有權利喊停，結束這場辯論。那個人不是住持，不是元老，甚至不是老者。只有辯經長，也就是羅塔格西，能夠終止這場戰爭。而唯有當他心中雪亮，確定誰贏了辯論，也就是哪個辯士給他一個所謂的「眼神」，他才會這麼做。

那個「眼神」非常微妙，也非常悲傷。當重要辯論在院子裡舉行時，比方格西考試或不同班級的冠軍爭霸戰，兩名辯士若是覺得自己再也無力繼續，永遠可以選擇退出。若是兩人只是精疲力盡，難以再戰的話，這能避免年輕人在大庭廣眾下受窘，或許也能避免他們遭受難以癒合的創傷。整個過程只有一眨眼，所以觀眾幾乎往往渾然不覺。只要以某種方式看辯經長一眼，然後立刻放開眼神，幾分鐘後他就會喊停，宣布辯論到此爲止。

周圍的火把不知不覺點燃，我沒看見，只覺得諦諦拉伸長脖子要看清楚我的手。我快速環顧四周，才發現天色已經全黑，門柱上也插了一根火把。我把手從披肩底下伸到火光中，盡量伸長的同時又得避免被看見。不過後來我看看四周，發現風險應該不高，因爲整片院子鴉雀無聲，連擠在牆邊的人都靜悄悄。所有人都直直盯著台上的辯士，聽得如痴如醉，即使根本不知道從他們口中源源湧出的古老經文是什麼意思。而且我敢說，沒有一個村人跟得上台上的言語交鋒，甚至很多僧人也是。吸引他們的多半是德龍擊掌的節奏、諦諦拉的反擊，還有攻方在台上的輕快躍步。

但艱辛的比賽經過一個又一個小時，我看得出來手舞足蹈漸漸榨乾了德龍的體力。時值暮冬，盛大的辯經賽通常定在這個時候，慶祝冬盡春來。晚上氣溫更低，冷冽刺骨。來觀戰的僧人包著披肩，拉起斗篷蓋住頭；村人擠在一起，此刻很慶幸能互相取暖，神奇的是沒人想要回家。這種天氣德龍卻滿身大汗，一刻不停地揮劍出擊，即使他早就應該氣力用盡，垂下雙臂。每隔大約一個小時，他問到一半或手抬到一半時，就會從肩上扯下一層僧袍綁在腰上，有如盔甲。

他的手拍到鮮血直流，血濺得諦諦拉的全新金袍前襟星星點點。接著，我突然發現擊掌聲愈來愈少、愈來愈弱，而我跟諦諦拉要是堅持到底，使出致命的一擊，說不定能結束這場激戰。

但我仔細看了諦諦拉一眼，發現可能已經太遲。只見他低垂著頭，幾乎快沒聲。最後幾次交鋒時，我竟然沒注意到他已經不再一手按著帽子，而是直接對著我，看著我的手勢作答，斜著嘴對德龍喊出答案。

我舉起一隻手放臉上，把頭轉向一邊，諦諦拉立刻會意過來，轉頭看著德龍。但情況開始不太對勁。我看見德龍低頭瞄好友棍子，兩人快速交換手勢，那是多年來他們在院子裡聯合起來對付其他學生慣用的手勢。

棍子點頭抬眼，開始往我的方向掃視圍牆。我趕緊把手縮回來。半晌，棍子對德龍點點頭，然後擺了擺手，像在說他困在看臺的另一邊，被人群擋住，所以也愛莫能助。

然後大約一分鐘後，先是棍子和德龍一前一後跟鐵鎚比了一串手勢。鐵鎚擠在外圍最後一排，我看見他把壯碩的身軀伏低，一腿跨下看臺，踩在院子的石板地上，低身混入那裡的第一排。他開始慢慢地、小心地穿越隊伍，像貓一樣蹲伏著，往看臺側面的院子圍牆前進。我嚇得心臟差點跳出來。我跟諦諦拉若要打贏這場仗，非得在幾分鐘內完成不可。

德龍挺起胸膛準備再次出擊，但看得出來已經快不行了。元老的一雙火眼金睛盯著青年的每個動作，挑剔他說的一字一句，眼神飄來飄去即時評斷他的表現。因此當最後的結辯到來時，由於疲倦不堪和愈來愈害怕元老失望，德龍的聲音已經開始動搖。

35 一等於三

德龍開口道：「世界萬物，我們周圍的一切，都屬於三個層級或說層次中的其中一種。」他又拍了一下紅腫的雙手。

左手在牆邊舉起。「正確。」諦諦拉用疲倦的聲音回答。

「第一層是輕易就能認知的事物，第二層是難以認知的事物，第三層是極難認知的事物。」德龍機械化地喃喃說道，因爲這是古老的印度課本呈現邏輯推論的標準方式。

左手舉起。「一樣，正確。」諦諦拉說，聲音沙啞低沉。

比完手勢之後，我往左邊一瞥。只見鐵鎚已經走到牆邊，離我大概五十呎遠。「快啊。」我在心裡催促德龍。

「認知輕易就能認知的事物時，我們只要運用感官就可以，也就是眼睛耳朵等等等。或者甚至是我們的心，比方當我們傾聽自己的想法時。」

德龍掩飾得很好，這個節骨眼沒必要表明立場。左手舉起。「正確。」諦諦拉聽起來快

沒力了。

「而認知難以認知的事物，我們就必須動用理智——要停下來思考，想個清楚，對嗎？」

左手舉起。「正是。」諦諦拉點頭。德龍提出的概念四平八穩，光是這點就看得出他累了。

「而極難認知的事物，首先要找個我們能夠確認既博學又眞誠的人，請他們爲我們解釋這些事物，對嗎？」

左手舉起。「對。」鐵鎚沿著牆壁穿過後方密密麻麻的僧人擠過來，過程不太順利，但他離我已經不到三十呎。我焦急地環顧四方，這下無路可逃了。我後面站著那個高大的農人，兩邊是僧侶組成的厚實人牆，況且我也不能這樣丟下諦諦拉。我回頭面對戰場，能撐多久是多久。

「但要舉例說明存在於這三個層次的事物，幾乎是不可能的，不是嗎？」德龍故作天眞地問，我立刻看出他想把諦諦拉引向何方。但我們別無選擇，只能踏進圈套，而那可能表示完蛋的是我們，不是德龍。所以右手小心謹愼舉兩次。鐵鎚離我只剩十呎遠，正奮力跨過一小群特別頑固的沙彌。

「不對，怎麼會不可能。」諦諦拉說，渾然不知我們陷入了什麼處境。

德龍緩慢而僵硬地舉起一隻手拍打另一隻手，痛得臉皺成一團，然後大喊「秀」後，一個轉身背對諦諦拉。這是辯士表達他不期待短時間內會聽到什麼好答案的方式。轉回來時德龍仰頭望向圍牆，看見了鐵鎚，視線沿著牆壁直直射向我，彷彿在說：「結束了。」

「秀」這個字意思就是「拿出證明」，表示諦諦拉得想出好例子來說明代表這三個層次的事物，不能只簡單回答是或否。古書裡的經典例子是：太陽的顏色和形狀屬於第一層次容易認知的事物。生命中的一切無不來自我們對待他人的方式，這個事實則屬於第二層次較難認知的事物，必須仔細思考才能理解。而我們過去對他人所做的事將會化爲生活中的小細節，回到我們身上，例如感冒甚或癌症，這就屬於極難認知的事物，我們需要懂得這些道理的人來幫助我們理解。但這些我沒辦法用手勢傳達給諦諦拉，德龍很清楚。

鐵鎚衝過來，再幾步就會撲向我。我急中生智，腦袋霍然提升到另一個層次。我用雙手畫大圈，用嘴型說：「所有一切。」

諦諦拉一臉茫然。鐵鎚已經站到我旁邊，跟我隔著圍牆。我冷靜地對諦諦拉點最後一次頭。

「所有一切！」他對德龍大喊，感覺到大勢已去。「所有一切都存在於三個層次中！」

德龍轉身面對敵人，一臉難以置信。

「所有一切？」他輕聲問。

「所有一切。」諦諦拉語氣決然。

德龍的臉開始抽搐，臉色大變，啞著聲音說：「你剛剛說的話……你剛剛說的話，難道你的意思是說，連你剛剛說的話也存在於三個層次中？」

鐵鎚舉手扯下我頭上的披肩。但我連看都沒看他一眼，驕傲地舉起左手，讓火光照亮我的手。

「沒錯。」諦諦拉說，那一刻他終於想通我們要往哪裡去。於是小兔子領著獅子走向滅亡。

德龍沒多加思考，而是開始進行我們所謂的「回顧論點」。

「那麼你是說，你說的話存在於第一層次？意思是說，那些話的意義很容易理解？」

諦諦拉點點頭。「是的。」然後冷不防又說：「朋友，你真正應該問我的是：『對誰而言？』問吧。」

德龍精疲力盡地盯著他看，已經全身虛脫，無法再做任何事。

「對誰而言？」他問。

「對我而言。」諦諦拉平靜回答，指了指自己的胸口。

德龍繼續呆呆地回顧論點。「那麼你說的話也存在於第二層次嗎？那些話的意義同時也難以理解嗎？」

諦諦拉再度點頭，無聲地說：「對誰而言？」

「對誰而言？」德龍又問，異常順從。

「對他們而言，我想。」諦諦拉低聲說，往圍牆那頭黑壓壓的村人說。

我終於瞥了鐵鎚一眼。他感覺到有什麼事要發生了，身體一半對著我，一半轉回去對著看臺，表情痛苦地盯著德龍，一手扶圍牆，一手抓著奶奶的披肩懸在半空中。

德龍有氣無力地接著說：「而你說的話同時也存在於第三層次，其中的意義極難理解嗎？」

諦諦拉點點頭，不發一語，一雙恐懼的大眼睛飄向德龍，逼他吐出最後幾個字。

「對誰而言？」德龍說。

諦諦拉把手從帽子放下來，動作慢之又慢，然後直直對著德龍伸手一指。

我看見那個大男孩衡量著眼前的選擇，表情隨之改變。承認他不懂諦諦拉在說什麼？還是否認，硬說他懂，但剛剛卻又需要諦諦拉幫助他理解，所以才照著他說的問了問題，結果反而自打嘴巴？接著，他內心再也承受不住，瞬間崩潰，全身猛烈一震，怔怔站在原地，厚實的肩膀上下起伏，兩眼無神地看著地板。

「我……我是說……可是……」最後他停下來。院子一片安靜，跟我們頭上夜空中的點點寒星一樣安靜。一千張臉目不轉睛看著那寬厚的肩背一上一下，此刻變成一陣一陣抽搐，像在啜泣。但德龍的眼睛是乾的，我看見了。只見他的視線飄向元老的寶座，元老坐得直挺挺，一手握拳放在胸前又沮喪又憤怒。接著，那雙眼睛又垂下來看地板，但瞬間一頓，與羅塔格西四目相對，對他露出了「那個眼神」。

36 太陽從意想不到的地方升起

好幾個小時以來，幽靈——辯經長——第一次動了。一隻手抓著斗篷伸出來，像大老鷹揮著翅膀，然後放聲大喊。聲音傳遍整座院子，越過圍牆，響徹夜空：「哦……拉……收！」意思是：「辯經……結束！」

我放下雙手，擱在冰冷的石頭牆上，這才發現因為寒冷和比劃了幾個小時，手已經整個凍僵。德龍轉過身，頹坐在考試長椅上，旁邊坐著諦諦拉。他彎下身，把臉埋進手裡，鮮血從指間的裂縫細細流下手臂。諦諦拉坐得很挺，兩眼發直看著前方，直覺地舉起手放在德龍的肩膀上，想要安慰他。

坐在看臺第一排的誦經長開始念誦簡短的傳統祈請文，為比賽收尾。觀眾紛紛環顧四周，收拾東西，又跟旁人聊了起來。我周圍的僧人開始討論為什麼辯到一半辯經長突然喊停。我已經聽到有人說：「或許其中一個人給了他『那個眼神』？」這時誦經剛好結束。接著，羅塔格西做了一件我看過最仁慈的一件事。

其實過了好幾年我才完全明白，他的舉動有多麼仁慈。因爲短短一瞬間他救了元老，救了德龍，讓德龍免於受元老責備，也救了很多其他人，使我們免於多年的怨恨不滿、相互指責、猜疑，還有驕傲，甚至救了我們的僧院免於分裂。一切都是因爲他站出來，因爲披著斗篷的幽靈突然走到兩位年輕辯士中間，默默把一手放在一邊年輕人的肩膀上。接著他轉過身，對三張寶座抬起面無表情的臉。

「裁決！」我旁邊的一個年輕僧人喊道。「辯經長要求……要求裁決！他停下來是爲了請求裁決！」

興奮的耳語在群眾間迅速傳開，開始起身的人又突然坐下，手停止了動作，聲音也靜下來。所有眼睛又轉向看臺上的三張寶座，無論大家在耳語什麼，那一刻都瞬間噤聲。

因爲辯經長在辯經場上同樣擁有請求裁決的絕對權力。過去十年來他在這裡站了數千小時，孜孜不倦爲年輕辯士充實羽翼。唯有他才能要求裁決；唯有他才能停止辯論，因爲他看出一名格西已經證明自己的能力。

場上鴉雀無聲的那一刻，氣氛緊繃無比。諦諦拉仰頭望著冰冷夜空，表情平靜，一副聽天由命的模樣。德龍一直用手摀著臉。幽靈再度移步，這次走到德龍的正後方，把雙手放在他厚實的肩膀上，面無表情的臉再度轉向寶座。

仁波切，也就是住持，完全變了個人。他的臉籠罩在柔和的金光中，寧靜無比，神聖不可侵犯，有如一名純潔的少女。他慢慢轉頭看向聚集在圍牆邊的村人，視線從容不迫地掃過整片院子，還有坐在後方木頭平台上的眾辯士。接著，他直起腰，抬起頭，以今晚目睹的奇蹟——有如目睹生命誕生——為傲，而後低頭直視幽靈的眼睛，尊貴地把頭一點。

幽靈轉去看元老，元老快速點了三、四次頭，動作緊繃。然後元老、幽靈和在場所有人都直直看著老者。三名裁判都必須同意才行。

老者再度喜笑顏開，露出沒有牙齒的笑容，並開心地點頭，像個被問要不要來顆糖果的小孩。

場上仍然靜悄悄，一點聲音都沒有。我的心開始怦怦狂跳，聲音大到我敢說大家都聽得見，我覺得自己快暈過去了。長壽貼著我的肚子微微動了動，我才能穩住腳。幽靈走向諦諦拉，把雙手放在他瘦弱的肩膀上。男孩低下頭，緊張地看著地板。

住持微笑點頭。元老忿忿注視另外兩人的臉，俐落把頭一點。老者再一次對糖果說好。有名格西證明自己不負眾望，另一名也一樣。所有觀眾在同一瞬間齊聲歡呼叫好。

台下突然歡聲雷動，台上卻倏地安靜無聲，直到牆邊最後一個村人也安靜下來。只見老者奮力要從寶座上站起來，但坐了太久再加上天氣冷，兩腿不聽使喚。於是他招來底下的一名侍從，後者爬上台階把老僧人整個人扶起來，幾乎是用抬的把他抬下樓。

老者拖著腳走去長椅，繞到前面，伸手從長袍裡摸出一條閃亮的白色哈達——又長又薄的禮敬絲巾。他一跛一跛走向德龍，輕輕把年輕人的臉從他手中抬起來。德龍的一邊臉頰有大塊血跡，他抬頭看老者，兩眼無神。

老僧人拍拍他的肩膀，輕輕抹掉他臉上的血跡，然後仔細地把絲巾圍在大男孩的脖子上並上前擁抱他，額頭貼著德龍的頭頂。

群眾樂翻了天。這是祝賀他人的古老方式，而且是來自我們這裡最傑出的辯士的至高祝福。老者就這樣抱著德龍好一會兒，然後直起身體，看著他的眼睛驕傲地點點頭。德龍終於振作起來，像個小男孩一樣抬起頭，用蒼白的笑容對老者致謝。

接著，長者步向諦諦拉，但直接走到他旁邊，沒說話也沒做動作。瘦小的諦諦拉低眉垂眼，我也一樣。後來聽到人群中漸漸響起低語聲，我才抬起頭。

老者站在諦諦拉旁邊，嚴厲地注視仍然扶著他的侍從。他正在提出要求，但隨從再度拒絕了他。最後老者乾脆甩開他的手，雙手扶住長椅邊緣，單膝跪地。只見他慢慢摘下頭上年代久遠的格西帽，低下額頭輕碰長椅。

群眾同時倒抽一口氣。那不只是給予諦諦拉祝福，而是請求祝福。老者等於在說，諦諦拉表現得跟印度母親古時的偉大辯士一樣好，儘管他一個字都沒說。當他抬起頭時，群眾興奮鼓譟，簡直瘋了。大家爲兩個年輕人高興，爲僧院高興，爲寶貴的知識高興，也爲世界各地將這些知識保存下來的人高興。僧人跳起來衝上看臺；其他人摘下格西帽，轉圈跳舞，舉起帽子瘋狂揮舞。村人欣喜若狂地地互相擁抱。我忍不住哭出來，因爲疲憊、興奮、鬆了口氣，還有悲傷，多麼希望丹增在這裡，還有奶奶，能跟我擁抱和一起手舞足蹈。

長壽感覺到人群的高漲情緒，再也按捺不住，一溜煙鑽出背帶，跳上圍牆開心狂吠，跟歡呼聲互相應和。牠沿著圍牆來回奔跑，對天高歌，漂亮的長尾巴在身後飄揚。有一度牠停住腳，跳起來從鐵鎚手中咬走奶奶的披肩。鐵鎚站在原地目瞪口呆看著小獅子跟我。

我情不自禁抬頭對著天空笑了又哭、哭了又笑，停不下來。不知過了幾分鐘或幾小時後，我再度把頭轉向看臺。只見三、四個健壯的侍從抬著老者穿過人群迅速離開。仁波切靠在寶座上，像個慈父望著眼前的混亂場面。元老走下寶座，跟德龍站在一邊。年輕辯士垂眼

看著地板，元老用既驕傲又失望的奇怪眼神打量他。

接著，我看見棍子走去他們中間。他抓住元老的手臂，貼著他的耳朵說了些悄悄話，然後指指我站的地方。突然間，棍子用氣憤的眼神盯著我，德龍咬牙切齒看著我，鐵鎚也一樣。最後是元老的冷酷眼神——他終於明白發生了什麼事，慢慢轉向我，氣得滿臉通紅。

後來我做了一件我知道並不明智的事——另一件從此改變我們人生方向的事。我驕傲地抬起頭，讓火光灑在身上，這麼一來那幾個人和其他所有人都會知道我是誰，而且永生難忘。接著我抓起長壽，對著牠的耳朵說：「抱歉了，小獅子，就這麼一次。」我把站在圍牆上的牠轉過來，抓住牠的尾巴提起來，讓元老和惡霸三人幫看看太陽剛剛從哪裡出來。

之後我深情地看了我親愛的哥哥諦諦拉最後一眼。他還坐在長椅上，一群開心的僧人圍在他身邊，拍他的肩膀跟他道賀。我轉身背對牆壁，跟那個高大的農人面對面。他的臉紅通通，張嘴不知說了什麼，但我跟我的寶寶已經穿過人群奔向馬路，消失無蹤。

37 我只坦誠一半

我們快步趕路。伯父應該會被紛紛恭喜他教出兩名優秀辯士的人群困住，不會那麼快到家，但我還是盡早回家躺回床上裝病比較保險。我把長壽放回背帶，但讓牠把頭伸出來透透氣，反正扮裝已經結束。拉下奶奶的披肩圍住肩膀、抵擋寒風時，我才漸漸明瞭剛剛發生的事。這些年來的努力——跟著丹增默念經文、在窗邊傳紙條、不停對著乳牛小狗織布機辯論、跟著奶奶開了眼界之後就常往辯經場跑——這一切的一切都結束了。

而我做到了大家都說女生不做的事。我讀了五部大論，認識了生命之輪，甚至在最終回辯論挺身而出，贏得了格西的金帽，即使永遠沒人——幾乎一個都沒有——會發現，而那頂帽子也永遠不會戴在我頭上。想到這我不由苦笑。終於完成一件不可能的事，我心滿意足在寒冬中邁步，不時聽到沿途村人興奮描述今晚辯士的精彩表現，心裡也跟著開心不已。

但還沒走到路邊那棵樹下，拿回我藏在那裡的小地毯，我的思緒就逐漸蒙上陰影。有件事在我心裡過不去，硬把我從滿滿的喜悅和成就感中拉出來。一張張臉浮現我腦海。最後的

那幾張臉：棍子，再來是德龍，再來是鐵鎚，還有怒不可遏的元老。但我知道那不是我的心過不去的原因。而且要走這麼長一段路，我才意識到眞正的問題。

是因爲諦諦拉。諦諦拉的臉——最後他坐在長椅上被金袍包圍，接受眾人的恭喜喝采時他臉上的表情。我再度看著記憶中的那張臉，逼著自己直視那張臉，然後我明白了。因爲那不是一張開心的臉，也不是一張喜悅滿足的臉，而是一張痛苦的臉，因爲愧疚而痛苦，是有祕密——而且是不可告人的祕密——的人才有的痛苦。

我就這樣停在馬路中間，經過的路人回頭看我，長壽也轉身抬頭看我，眼神悲傷，察覺到我不太對勁。但我什麼都看不見，滿腦子都是諦諦拉的臉，痛苦和懊悔剎時襲來，我恍然大悟：我搶走了他的格西帽，我剝奪了他的榮耀，而且根本不是爲了幫助他，甚至不是爲了幫助任何人，只是爲了證明我辦得到，證明我能做到別人說我做不到的事。我站在路中央，在黑暗和疲憊中看清了自己，忍不住哭出來，甚至一路哭回家，回家之後又哭到睡著。

隔天早上我很晚才醒，像睡眠不足一樣頭悶悶地痛。額頭發燙又鼻水直流，我猜是感冒了，大概昨晚在牆邊站太久，也可能是心中有塊大石頭，我趕緊更衣打茶，但後來又想到伯父說過他要跟訪客開會，晚點才會回來。

我還是端了茶給阿瑪拉，雖然比平常晚很多，但她好像不介意。今天她心情特別好，雖然還是不說話，卻直直坐在織布機前的坐墊上，把玩著同一張舊地毯的彩線。一開始我以爲是昨晚商隊女人來陪她，她心情才變好，後來我想或許是她感受到了昨晚那場精彩辯論的激昂氣氛。那又讓我想到丹增，想到丹增我就想到諦諦拉，於是我又垂頭喪氣，開心不起來。我陪阿瑪拉坐了很久，看著她對著五顏六色的紗線微笑，此刻天窗灑下一束金光，照得線條燦燦發亮。那一刻我明白該怎麼做了。

等待伯父回家的空檔，時間彷彿靜止了。我要對他全盤托出，說出我爲了證明他們都錯了而做的一切。我要承認這一切不是爲了治癒誰，不是爲了奶奶，甚至也不是爲了丹增或阿瑪拉，因爲現在我知道了，我終於明白我做這些事很多都只是爲了自己。而這麼做卻害我的新哥哥諦諦拉失去了他僅有的一丁點自尊心。

我爲伯父準備了豐盛的午餐，但過了中午還是不見他回來，最後我只好拿去餵犛牛和乳牛。我太緊張吃不下，前一秒有把握能跟伯父開誠布公，下一秒又覺得部分坦承或許就夠了，隨著時間流逝，每次省略的部分都不一樣。眼看天快黑了，我在外面的織布機前一事無成。溫度愈來愈低，我開始吸鼻子打噴嚏，最後終於聽到他的腳步聲。

所有決心都在那一刻消失。我打起精神跟伯父打招呼，他站在自己的蒙古包門前，一臉疲憊，問我身體有沒有好一點。我說好很多了，他點點頭並走進門。爲了讓他開心，我替他煮了一杯加很多肉豆蔻的濃茶，然後端著茶桶走進去。我倒了杯茶放桌上給他，然後看了一眼那張疲倦而高貴的臉就哭了出來，在地毯上半跪半坐，一股腦說出心裡的話，從丹增的誦經聲到對元老和他的辯士不敬，一五一十把我做過的事全說給他聽。

伯父靜靜聽我說完，盯著放在膝上靜靜不動的雙手。茶冷了，太陽已經下山，唯一的光線是佛龕上的酥油燈發出的柔和金光。說完之後，我坐在原地不動，感覺寒氣透進膝蓋，眼淚鼻涕不停流。伯父沉默許久才動了動。

「可是星期五，你爲什麼那麼難過？你雖然打破了規定，逾越了界線，但畢竟還是完成很了不起的事，而且都是爲了學習療癒的方法，爲了幫助別人，幫助像奶奶、丹增和阿瑪拉這樣的人。爲什麼你那麼難過呢？」

我抬起頭，突然很想告訴伯父我知道的眞相——我對自己的理解；我做這些事的眞正目的，有多少成分只是爲了自尊、固執、自私。但那這部分好難，要說出來好難，我完全說不出口。最後我連對自己都無法承認，更何況是對伯父。因此我只坦承了一半，就像我只完成一半的格西考試。

「因爲……因爲諦諦拉。辯論結束之後，我走路回家才發現……才發現他必須……必須一輩子像這樣活著，永遠不知道能不能靠自己的力量做到，是不是眞的實至名歸，值得大家一輩子尊稱他『格西』。」

伯父緩緩點頭，直視我的雙眼，期望我說出藏在心裡的話。但那些話卡在我的喉嚨裡，被自尊心絆住，我低頭不語。沉默許久之後，伯父終於嘆了一聲。他啜一口冷掉的茶，然後清清喉嚨。

「所以……」他輕聲說，直視前方，若有所思。「所以……事情不是看起來那樣。」

他又看著我，說：「發生了一些事……僧院裡發生了一些事，應該也要讓你知道。」

「昨晚的辯經結束後，諦諦拉直接跑去辯經長的房間坦承他沒有資格贏得格西帽。他說台下一直有人在幫他，跟他打暗號。他把帽子還給辯經長，早上還去見仁波切，向住持懺悔。今天跟來訪的喇嘛和長老會開過會之後，他也來跟我認罪，畢竟我是教他的老師。」伯父長嘆一聲。

我聽了目瞪口呆，意識到自己造成了多大的痛苦，忍不住又哭出來。

伯父伸手拍拍我的肩膀。「等等，我還沒說完。」他悲喜交集地說。

「之後仁波切把我拉到一邊，我們談了很久。他跟我都發現今天早上元老整場會議都很焦躁不安，而且不知爲什麼似乎對我特別不滿。所以我們推測他想必聽到有人幫忙諦諦拉的風聲，但奇怪的是他對這件事卻隻字不提。諦諦拉也堅決不肯透露共犯的名字，說都是他一個人的主意、全都是他的錯，而且他不認爲自己有權利替別人自白。

「但後來羅塔格西走過來，跟仁波切談了好一會兒。你知道仁波切這個人，他嘴巴很緊，但心思非常敏銳。」伯父又嘆氣。「要管理一間有這麼多年輕僧人的僧院，也不得不敏銳。」

伯父又啜一口冷掉的茶，臉登時皺成一團。我重倒一杯給他。「經過這些事之後，仁波切做了一些決定。首先是沒必要把事情鬧大，尤其還有訪客在，而且元老本身也不希望張揚。看來……呃……老實說，元老寧可大家相信諦諦拉打敗了他姪子，也不要大家發現打敗他的其實是個鄉下小姑娘。」他第一次對我露出微笑，我深深感激。

接著他又清清喉嚨，愈說愈順，彷彿在課堂上帶領年輕學子進行一長串邏輯推論。

「可是一個有名無實的格西一輩子在僧院裡打轉的問題還是沒解決。所以仁波切和羅塔格西把諦諦拉帶進寺院頂樓的空房間，足足逼問了他三個小時對五部大論和生命之輪的理解。走出來的時候他看起來像一袋用石磨碾過的青稞，但根據大家的說法他表現很好，住持個人判斷諦諦拉確實是當格西的料。所以他們要他拿回格西帽，同時公布了對他的處罰，之後就叫他回家休息。」

「對他的……處罰？」我難過地說。

「對。」伯父語氣堅定。「那樣作弊，他們不可能不追究！諦諦拉因此得到了我想是新任格西有史以來爲期最長的伙房職務。他要幫忙煮飯和洗所有的碗三年！」伯父開懷大笑。

「所有？」我不敢相信。「全部的碗？五百名僧人？整整三年？」我低頭看地上。「可是那就表示……表示他就不能來這裡幫你忙……跟你學習。」這感覺才是最重的懲罰。

「剛好相反！」伯父宏聲道，像年輕較輕的羅塔格西。「諦諦拉負責的是這裡的伙房職務，在我們家這裡。」

我驚訝得張大嘴巴。接著我的思緒轉了個彎，想到另一件事。「可是伯父，我們這裡的碗再多也不超過十個。」

「那是現在。」伯父糾正我。「但學堂成立之後就不同了！」他眉開眼笑，等著我追問。

「什麼學堂？」

「爲村人成立的新學堂——教他們基礎的學堂！」

「什麼基礎？」

「大道的基礎！」他立刻回答。「那是我研究了多年的構想。其實就是五部大論的摘要，只不過是爲無法當僧人的一般人準備的。這些人忙著生活養家，卻對僧人學習的東西、生命之輪和所有知識感到好奇！所以我們會在這片家庭農場成立一間小學堂，想來學習的人，不分男女，晚上有空都可以來。大家都能來聽對他們有益的課，享用茶點，全部都免費，大家都開心！」

「可是伯父，你要在哪裡做這些事？」我大聲問。

「是啊！不用擔心！這次你父親離家之前答應要幫我新搭一個大蒙古包，給諦諦拉睡覺，也用來上課和放廚房用具，前提是我要讓長老會和元老通過這個提案！謝天謝地，今天早上全都過了！神奇的是，諸位覺者甚至派了廚房幫手給我們！」

我想了想，半信半疑地說：「我不敢相信元老會點頭，尤其今天早上他心情那麼糟。」

伯父有點難爲情。「呃，當他聽到我跟諦諦拉會負責上全部的課……」

我驚訝得瞪大眼睛。

「他是格西了，我親愛的星期五！那就是新格西做的事——幫忙教書。再說我哪有辦法兼顧平常的課、村人的學堂，還有我的計畫……」

「計畫？」我插嘴問。

「那之後再說，一件一件來。」他露出微笑，喜悅地展望未來。「所以當元老聽到我跟諦諦拉會困在這裡——離村子比較近，才有更多人能來——他立刻發現那樣我們兩個就幾乎不會去僧院煩他。因此他好像也願意同意這個提案……可是說實話……」伯父有點支支吾吾，更加讓我覺得可疑。

「實話？」我等著他把話說完。

「說實話……眞正動搖元老和長老會的人是老者。他受邀出席我們的會議。」到這裡伯父開始愈說愈快，像個興奮的小孩。「聽到我想爲村人辦學堂的提案，他激動地說這是他聽過最棒的構想，他自己也想在他們的僧院附近成立一間，到時會需要我準備的經書抄本還有……」伯父眉飛色舞。「所以說，元老其實也沒有選擇。」他直接了當地說。「完全沒有。」

「不可思議。」我驚訝地說。

「什麼？」伯父問。

「不可思議。」我又說：「唯一一個比元老還有份量的喇嘛，竟然在長老會討論你新提案的這天出現！哇，我記得老者甚至好多年沒來這一帶了呢！」

伯父紅了臉。「是啊是啊，不可思議，實在太幸運了。」他停下來，開心地抬起眉眼。「所以大家都贊成，連元老也是！」我抬頭看他，既感動又想笑。可見我們真的是半斤八兩。

接著伯父收起笑臉，皺起眉頭正色道：「但那個人，我是說元老，他跟大黃蜂一樣暴躁易怒，而且生氣起來可能很危險。所以你跟我好一段時間得謹言慎行——同意？」

我點點頭，已經明瞭事情可能有多嚴重，有多少美好的事岌岌可危。

伯父接著說：「至於最終回辯論引發的問題，現在反而沒什麼了。多虧了羅塔格西，除了元老，沒人知道德龍敗得多慘才不得不拋出那個眼神。

「再說，下禮拜等其他人都比完，德龍和諦諦拉還會再比一次。到時會決定他們之中有誰有資格拿到「安吉」，就是第一或第二、第三等的格西頭銜。

「坦白說，諦諦拉要是攻方，德龍一定會打得他落花流水，誰也幫不了他。」伯父難掩擔憂地說：「我們只能期待諦諦拉到時不會表現太差，而出現要他交回格西帽的聲浪。」伯父又停下來，在腦中計算這種悽慘後果的可能性。

「所以全世界都會看見元老希望他們看見的結果──新格西中的佼佼者就是他的驕傲和喜悅。德龍確實很優秀，我們都知道他有實力獲得等第，可能第三或第二吧。這點元老心知肚明，結果也會如他所願，到時這場風波就會漸漸平息。

「但我希望你答應我，我的小麻煩，你會離德龍和元老遠遠的，不給他們絲毫藉口找人麻煩。星期五，這件事關係到你家人的安危，現在甚至還關係到學堂的成敗。你要明白。」

我發自內心地點點頭。伯父看出來了，也對我點點頭。

「所以你跟我下禮拜都要好好待在這裡，半步都不能接近院子，直到丹增班上的同學都打完辯論。我說得夠清楚了嗎？」

我再次點頭，但這次沒那麼乾脆。要我錯過諦諦拉的最後一場辯論？

「當然了，週末我們還是得去看最後一場辯論，看德龍和諦諦拉再度交手。」伯父說，語氣中帶有一絲挑釁。

我又驚訝得張大眼睛。

「怎麼能不去呢？諦諦拉是我們的家人！就算是元老也不能阻止我們！」伯父激動地說。

我站起來，滿心歡喜地上前抱住我親愛的伯父，然後收起茶桶和茶杯走向門。

「呃……星期五……等一等。」伯父又說。

38 帽子和地毯

「你過來。」他溫柔地說：「過來再坐一下。」

我走過去。伯父東摸西找片刻，然後拿出一塊老舊的藏紅色布料放在腿上，萬般珍惜地打開布料。裡頭是他珍藏的格西帽，年代久遠，來自印度母親。

他拿起帽子，抓在手中許久，彷彿在跟老朋友道別。接著他伸出手，把帽子放在我手上。

「恭喜你。」他說：「我以你爲榮，全家人都以你爲榮，而且……我相信奶奶和丹增尤其是。」

我的臉紅到耳根，也笑到嘴角拉到耳根，一如大家在這種時刻的反應。但接著我把帽子交還給他。「不行啦，伯父，我眞的不能收下。這頂漂亮的帽子是你的……」

「不要緊。」他開心地說：「我可以從僧院再拿一頂，那裡多的是。」

「不行，我眞的不能收……」我站起來，試著把帽子塞回他手中。

「不不，你收下。」他非常堅持。「這是你應得的——用一半的努力得來的。」

我臉又紅了。「伯父，不全是我。要是沒有你……沒有那些課程……我不可能辦到。」

伯父嚴肅地打量我。「我指的一半不是那個。我說的是你今天做的事，不是昨天晚上。那就是格西必須具備的條件，也是我們努力學習的東西。」

他又停下來等我把另一半補齊，但自尊心現在甚至阻止我正視自己的驕傲，而我手中的格西帽又把它變得更固執。我低頭不語。

「總有一天可以的。」伯父低聲道，接著哈哈笑著說：「不過星期五，你得答應我，唯一能看見你戴上這頂帽子的人只有長壽！」

我也跟著哈哈笑。今天的收穫夠多了，我崇敬地把帽子用布包起來，走回自己的蒙古包休息。

隔天早上我端茶去給伯父，他看起來神清氣爽，完全恢復了活力。我放下茶桶時，他從腿上的一大張羊皮紙上抬起頭，劈頭就說：「孩子……我是說星期五格西！我想辯來辯去都把你辯糊塗了！」

我露出微笑，替他倒茶。「怎麼說呢，我親愛的伯父？」我心中的大石頭也放下來，覺得身輕如燕，心中充滿陽光。

「話說我昨天提到一個特別的計畫，你卻忘了問東問西，弄清楚那是什麼計畫！」

其實我沒忘，只是還沒有空抓著伯父問清楚，畢竟現在才剛天亮。

「所以那個特別的計畫到底是什麼？」這次我決定單刀直入。

他笑了笑，示意我在他床邊的地上坐下來。然後他拿起羊皮紙轉個方向，把它舉起來讓我看。

「我們……也就是我跟我訓練的譯者……我們要進行一個不得了的計畫！我們打算把從印度送來的其他經書翻譯成自己的語言，然後按照邏輯順序整理成一套標準的知識大全，留給世世代代的子孫！」

「可是伯父，你從沒教過任何人古老的母語。」

「至今還沒有！」他滿臉堆笑。「但以後就不一樣了。昨天元老會也通過了譯者學堂的提案，剛開始會在……」

「這裡上課。」我替他說完。「早上在你的蒙古包上課，而諦諦拉則在他的新蒙古包教格西入門課。」

伯父一頭霧水。「你怎麼……你怎麼知道？誰告訴你的？仔細想想，這件事我還沒跟任何人說！」他頓了頓，然後露出微笑。要像伯父那麼樂於助人很難，但要猜到他下一步要怎麼幫助別人就沒那麼難。我仔細看了看他手上拿的羊皮紙。

上面用一種叫做番紅花的植物製成的鮮紅墨水畫成一格格。每一格同樣用紅墨水以對角線分上下兩半。上下各有一個字母，左上是梵文（古老的母語），右下是西藏文（我們的語言）。我猜到那是什麼，讚賞地點點頭，伯父也感謝地點點頭。

「是的。」他說：「每個格子都是發同一個音的字母。很適合用來教我的新譯者古老母語的字母。問題是，我找不到大到能寫下所有字母的羊皮紙。我想把它掛在牆上，你知道——」他跳起來，把羊皮紙高舉在佛龕旁邊的牆上。「這樣坐在課堂上的人抬頭就能看到要找的字母，又大又清楚，不需要站起來或瞇瞇眼。」

「於是我想……」他語帶暗示，但這次我猜不到他要說什麼。

他興奮地接著說：「我想說，既然這禮拜放假，不用上課，我想說你跟我……嚴格說來是你……是這樣的，星期五，爲了我、爲了計畫，你願意把這些織成一張漂亮的大地毯嗎？」

我的心一震。我求之不得，尤其我知道聖線智者研讀的古籍都是古老母語寫成的，而那是另一半療癒之道的關鍵。想著想著，我恍然大悟，原來國王正在履行他的諾言——伯父答應過我，要是我完成一半格西考試就教我智者之道。而他不但要實現對我的承諾，也不會違背更早之前拒絕教我的承諾，因爲這整個跟古老母語有關的計畫都經過長老會甚至元老的同意，而就算是元老想必也不會期待伯父自己親手織地毯。我再度熱淚盈眶。

「伯父，當然願意，我願意！」我跳起來抱住他。

吃完午餐我們立刻開工。伯父走到我在窗邊的織布機前——我這些年來的隱形教室——在我旁邊坐下來，翻看我的紗線盒，挑選格線、字母和背景的顏色。他腿上滿滿都是線軸，突然間「啊！」一聲，抬頭看我。

「伯父，怎麼了？」

「我忘了羊皮紙！」他笑著說，在一堆線軸中無助地伸出手。

「哦，我去幫你拿。」我站起來。

「在佛龕上！」踏進門時我聽到他喊。

我走到佛龕前拿起羊皮紙。只見一張古老的手稿掉在佛龕底下，很不尋常。把紙張亂放

很不像伯父的作風。要知道我們那時候的書都沒裝訂成冊，讀完之後要是沒有立刻小心用布重新包好，很容易弄不見，最後只剩半本書。因爲好奇，我彎下身看上面寫什麼——每個格西都會那麼做。

上面說：「一旦受過充分的訓練，夜晚三更過了一會兒便是練習之時，在練習過程中，天就會亮。」我抬起頭，陷入沉思。一千年前，我們西藏人還沒有時鐘之類的東西。雖然有種能照一定速度滴水的杯子，滴完就是一個小時，但實際上沒人使用那種杯子。我們把一天分成六個時辰或六段，只要看看太陽、月亮或星星就能知道現在是什麼時辰。我們也很擅長在自己想要的時辰醒來。或許伯父想告訴我什麼事，但又不能當面跟我說。

「找不到嗎？」他又從我這邊的窗戶大喊。「就在佛龕上面，一定會看到！」

我笑著回他：「找到了。」然後跑回去開始學習古老的母語。

我知道要在一星期內織完地毯得很拚命才行，但知道編織也強迫我熟記這些字母，跟當初我學會阿瑪拉的圖案一樣。我們就這樣開始，每隔幾小時伯父就會跑來織布機前，要我拆掉這個或那個重編一次，直到正確拼出一個字母，直到它們全都烙印在我的腦海中，無法抹滅。這就是喇嘛的做事方法。

39 智者前輩

那天晚上，三更還沒開始，我跟長壽就醒了。我不斷查看星星，頂著寒風走向家裡的蒙古包一、兩次，想看伯父的窗戶有沒有透出些微光線。正當我差不多要放棄，準備鑽回溫暖的被窩時，就看到一小片金色光芒，暖洋洋的火光像在對我招手。我們包得緊緊的，腳步輕盈如豹，從後面繞到伯父的窗邊蹲下來，像之前偷聽伯父對年輕智者指出方向的那天一樣。雖然才是幾個月前的事，感覺卻好像過了好幾年。

我把眼睛移向架子。窗板微微拉到旁邊，只見裡頭亮晃晃，佛龕上放了一小排酥油燈。伯父站在床邊，背對著我，身穿黃色長裙和僧人在僧袍底下穿的無袖上衣。他把手放在裙子底下，不知把什麼東西綁在腰上，接著脫掉上衣。我從沒看過他這個樣子，少了平常身上披的層層僧袍。看見他健壯光滑的背就像丹增一樣，跟十六歲少年沒兩樣，我很訝異。然後裙子掉在地上，他轉過身，身上只纏著聖線智者穿的素樸純白腰布，正面同樣年輕健壯，專注凝神的沉靜表情使臉上光彩奕奕。

他彎身從床上拿起一圈白線掛在一邊肩膀上，再繞到另一邊腰部，動作無限優雅。想到他一定很冷，我不由哆嗦。他靜靜轉身，在佛龕旁邊坐下——或許視線有一瞬飄向窗戶，或許沒有。他好像覺得就算他教了我，也應該當作沒這回事。

伯父坐在長而薄的棉布墊子中間默禱良久，一動也不動，背直挺如箭。接著念誦幾句經文，然後用我從沒看過的方式清空鼻腔，快速吸吐並呼哧呼哧把空氣排出鼻腔，時而按住一邊鼻孔再換另一邊。

接著他如貓輕快起身，用額頭碰觸佛龕，崇敬立於前。只見他上前一步，踏到棉布墊子前沿立定不動，背打直，聲息止，跟靜坐時一樣。兩眼直視前方，像在整理思緒；然後他的呼吸開始變化，平穩地吐納起伏，喉嚨深處發出沙沙細響。然後他的身體開始舞動。

我指的不是奶奶在爸爸舉辦的營火會上跳的那種舞。伯父的舞跟那種完全不同，它無聲無息，流暢優美。伯父把臉轉向一邊，抬起眼睛集中目光，手臂以某種方式擺動，腿或蹲或伸，然後定住，同時鼻子持續來回吐納，發出平穩而強勁的呼哧呼哧聲。他會照著某種節奏倏地切換或輕巧滑進另一個動作，然後再度專注呼吸，直到節奏驅使他再度轉換動作。

即使不知道他在做什麼，或這些動作對他本人和療癒的效用，我仍然能感受到一種力量將他籠罩，原地盤旋，使他的身體四肢以某種方式移動，幾乎可以看到一波波能量隨之貫穿他的身體，甚至流向腦袋，加深原本就已全神貫注的專注力，而這份專注力又再回來導引身體再度移動，完成持續深化的循環。我看得入迷，渾然不知過了多久，某一刻伯父突然停下來，如一開始時靜坐調息，並再度默禱片刻。

最後他起身走去床前，然後靜靜躺下來，但我仍然能感受到他體內散發的專注力和能量，想必這也是練習的一部分。整個結束後他再度起身，穿上裙子和上衣，然後背對窗戶拿掉白色腰布跟聖線。他吹熄油燈，蒙古包倏地一黑，但從天窗可以看見天色漸漸亮起，就快要破曉。

我跟長壽悄悄溜回我們的蒙古包，凍到全身僵硬。我在火爐旁坐下來，思考剛剛看到的畫面。除了專注默禱那部分，其他都跟我從窗口偷聽伯父上課學到的東西截然不同。如果我仔細想想，這幾乎就像是他在用他的身體以某種方式來塑造他的心靈，他用手腳和其他部位所編織的圖案幾乎是在暗示內心的思考模式。我知道伯父對許多不同的古書和思想都有非凡的研究，我不得不相信他的心靈也在編織反向的思想，與他身體所暗示的思想相結合，因此從外而內的力量被啟動，創造出第三樣東西——一些非常美麗和神聖的東西，但我懂得太

少，甚至猜不到那可能是什麼，只知道那一定跟療癒的力量息息相關，能抵擋病痛和衰老，還有死神本身。

但我要怎麼學才好？我猜這個階段伯父只是要我仔細看，或許盡可能模仿我看到的動作，之後——根據我對他的了解——他想必已經早有盤算。於是我打了幾個大哈欠，抱著即將展開重大任務的興奮心情，鑽回早已被呼呼大睡的小獅子暖過的被窩，沉浸在單純無知的幸福中，渾然不知往後幾個月、幾年要歷經多少艱辛。

40 我被拒之門外

那可能是我這輩子最奇妙的一個禮拜。天還沒亮我就起床跟我的好夥伴一起去偷看伯父。後來伯父的視線再也沒有飄向窗戶這邊。每天我都會特別注意他神奇舞步的一小部分，回到蒙古包再一遍又一遍練習。長壽很夠義氣，每次都會醒著陪我笨手笨腳模仿伯父行雲流水的動作。我實在不知道該怎麼練習呼吸，只好用鼻子發出又急又響的聲音，把長壽嚇得豎起耳朵。

至於默禱和靜坐冥想的部分，我還是不知道伯父看到了什麼、在跟誰說話，但自然而然就在心中對象徵智慧的文殊菩薩禱告，請他幫助綽號來自文殊心咒的年輕僧人。我能為那個大日子做什麼？有個想法已經在我心中萌芽，但當然不是比手勢之類的方法。此外，我把丹增的漂亮念珠放在佛龕上的文殊菩薩泥板附近，幾乎每天都會用奶奶的紅色小袋子裝些新鮮乾酪放上去。

那個禮拜大約過了一半，伯父的特製地毯已經完成大半，商隊幾個男人騎馬牽著幾頭背負杜子和大片毛氈的犛牛過來。伯父走出門問候他們，帶他們到他的蒙古包對面的一塊地。他在那裡誦經禱告，用一個漂亮的青銅小水罐灑下聖水。傍晚左右，他的新學堂兼諦諦拉的宿舍，以及附加廚房便昂然矗立在空地邊緣。現在四頂蒙古包剛好排成一個正方形。

伯父把我叫去新的蒙古包。我從織布機前緩緩起身，慢步走過去。練習伯父的舞步害我有點腰痠背痛；我一向不太熱衷運動，更喜歡看書之類的靜態活動，作夢也想不到有天我會那麼努力學習這套舞步，但我打從內心感覺到那是療癒自己和他人的重要途徑。爲了練習，我把我的楚巴長裙弄得皺巴巴，因爲練習時得把裙子捲起來或摺起來，甚至綁起來固定在各種奇怪的地方，才能一一完成所有動作。因爲如此，我很想仔細看一眼伯父繫的那條白色腰布，看能不能自己做一條，但我不知道他把腰布收在哪裡，再說他幾乎一天到晚都待在自己的蒙古包裡。

伯父帶我參觀了一下空間寬敞的新蒙古包，有火爐、鍋盆，還有諦諦拉的簡單家具。之後他要我坐下來，對我說：「上次院子的最終回辯論之後還有些事得完成，你應該也要知道；到時我會需要你的……配合。這件事很重要。」我點點頭。

伯父接著說：「諦諦拉的最後一場辯論將在三天後舉辦，也就是月亮漸圓的第八天。」

我再次點頭。這天是所謂的大吉日，因爲夜空中的新月達到半滿。

「比完隔天是慶祝日，按照傳統大家都會去拜訪新格西，坐下來跟他們喝杯茶，分享他們的榮耀。我想我們可以一起去找諦諦拉。」伯父綻放微笑，我也回以溫暖的笑容。聽起來很好玩，而且我也很想看看諦諦拉的僧舍長什麼樣子。

「至於拜訪德龍，我們打算做些改變。」伯父接著說，從他嚴肅的口氣聽來，這才是他找我談話的眞正原因。「你知道我……肩負加強栽培德龍的任務，而你父親……他……慷慨承諾要爲德龍辦一場還蠻……蠻盛大的儀式，慶祝他圓滿完成學業。你也知道再來你父親會透過元老捐一大筆錢，幫助僧院興建新大殿。

「所以爲了籌備這些事，還有多少修補跟元老的關係——我敢說經過最終回辯論之後這件事更加重要——」說到這裡，伯父的眼睛一閃。「我跟你父親安排德龍跟他伯父在慶祝會後隔天來這裡享用晚餐，舒舒服服住上一晚，隔天早上再來討論捐獻的事。」

我驚訝地揚起眉毛。伯父的樣子有點不自在，但還是努力接著說。

「你父親已經傳信來說他的商隊就快到家了，他有把握那天一大早就能趕回來一起討論。那就表示我們要擔心的事只有晚餐，還有確保元老和他的新格西前一天晚上睡個好覺。」

伯父頓了頓，緊張地低頭瞥一眼茶杯，示意他就要進入正題。那一刻我突然明白他要說什麼了。

於是我苦笑著說：「親愛的伯父，我相信你是想跟我說，元老在這裡兩、三哩範圍內出沒的這段時間，我都不應該露面。至少在我有三寸不爛之舌的爸爸回家之前，我都要躲在蒙古包裡別出來，對嗎？」

伯父感激地點點頭。

「沒問題。」我說，有點防備。「他們不想看到我，我還不想看到他們哩。但吃飯的事要怎麼辦？阿瑪拉不可能有辦法準備所有，況且又在新蒙古包面對元老，更不可能。」

伯父點點頭，順著思路爲我解釋。「那部分已經搞定。今天我找人談過也都說好了。你還記得我們以前的擠奶女工布卡拉嗎？她有個姊姊叫牧蒂克，好像廚藝很好也很健談，或許能彌補……我的不足。她答應過來替我們準備晚餐和招待客人。」

我低頭看地板，伯父輕聲一笑。「別這樣，我的小格西。你不能先讓人一刀斃命，又指望請對方吃頓豐盛的晚飯，人家就要感謝你。你能幫我們最大的忙就是先避避風頭。好嗎？」

我點點頭，伯父這個經驗老道的辯士隨即話鋒一轉。「話說我們的古老母語地毯也快織好了，是嗎？」他問。

我從善如流地說：「是的，伯父，而且提早了幾天呢！」看見他眼睛一亮，我就知道慘了。過去幾天他已經多加了整整三呎長「相當有用的其他東西」。

「太好了！那就有時間把字母組合加進去！」說完他把我拉進他的蒙古包，拿出另一張他「手邊剛好有的」大牛皮紙，上面列出兩個字母碰在一起常會形成的奇怪字母組合。

我點點頭，無可奈何地笑了笑，但也由衷讚嘆，看著伯父的眼神彷彿在說：「真的就這些了嗎？」

「對對。」他說：「就這樣。我保證。要能讀懂古老母語所需的東西，都在上面了……」接著他用若有所思的奇怪眼神看我一眼。「……不過當然要受過真正大師的訓練，才可能讀懂意思。」

說完他的視線飄向窗戶；事情已成定局，無法回頭了。

41 款待

到了大日子那天，我跟伯父請幾名商隊女人來陪阿瑪拉，兩人便越過板岩山脊前往僧院，每次趕時間他就會走這條捷徑。時間雖然還早，但伯父又開始緊張起來，想要早點到，確保自己能在專為資深老師保留的座位找到好位子。我穿了一件樸素的舊裙子，部分是為了反對大多數人穿金又戴銀，部分是為了強化我的新形象，扮演好安靜聽話的鄉下女孩角色。

我學其他鄉下女孩把丹增的念珠戴在脖子上，走路時，綠松石母珠輕輕敲著我怦怦跳的心臟。那顆石頭暖暖貼著我的胸口，幾乎是熱的，彷彿充飽了我撥著念珠誦經得到的某種美好力量。長壽走在我旁邊，但越過山脊之後就示意要我拿出背帶背著牠走去僧院。我的小獅子漸漸變成了貴族養的寵物狗，但我喜歡寵著牠，家裡其他人也是，尤其是牠在吃飯時間表演特技的時候。

我們抵達時，院子圍牆已經擠滿村人。伯父把我帶到離大門不遠的一個好位置才離開，幾乎就在攻方的正後方。轉身走進院子前，伯父又鄭重地瞥了我的雙手一眼，以示強調。我對他點點頭，露出我新換上的順從笑容。

如果說先前的觀眾已經很多，那麼當大鑼響起時，這一場簡直是人山人海。德龍跟諦諦拉的這場辯論，是今年格西考試的的最後一場，因爲第一組上場的對戰者，會在第二輪排最後一組——而且沒人忘得了他們第一次交手。另外有四名辯士榮獲格西帽，棍子和鐵鎚也包括在內。棍子在第二場表現出色，因此還額外拿到第三等；我們的班長——安靜又誠懇的那位同學——拿到第二等。新科格西一年出兩個這種大獎很少見，德龍今天如果想拿等第，非得好好努力不可。至於諦諦拉，我們都期望他今天輸得很漂亮，不負仁波切把帽子還給他的決定。

跟上次一樣的排場又重來一遍，由辯經長——我親愛的良師益友羅塔格西——帶領眾高僧入座。天高氣爽，萬里無雲，燦爛的金陽灑在僧人的金袍上，連元老經過時也籠罩在金光中，難得顯得輕鬆自在。接著，兩名辯士走出來。

德龍一樣威風凜凜，連他旁邊的諦諦拉也看起來神采奕奕。我猜是因爲季節，或是陽光，或是知道考試終於來到最後一天——又或者是每個人都感受到即將發生的事，我永遠無法確定。

幸運的是，諦諦拉走在左邊，離我比較近，我才能趕在他走進門的最後一刻擠過人群，衝上前伸出手，把丹增的念珠塞給他。諦諦拉沉著地看看我，彷彿我的舉動毫不突兀，並恭敬有禮地用雙手接過念珠。接著他當場收住腳，慢慢拿下手腕上的破舊念珠遞給我。德龍站在一旁看著這一幕，奇怪的是，他臉上的表情不是不高興被打斷，而是打從心裡感到好奇。接著他們繼續走向那張不起眼的小長椅——鍛鍊格西的坩堝。我跟群眾在牆邊站定，等著開場誦經結束，以及老者率領的百名辯士在中間圍牆後方的木頭平台上入座。

「不好意思，女士。」

我甚至沒轉頭看是誰在叫人。「女士」畢竟是對貴族女性的稱呼，不是鄉下女孩。

「女士，星期五小姐？上師的姪女？」

這次我轉過頭，大概一臉錯愕吧，因爲我旁邊的年輕僧人紅了臉，說：「在下無意打擾，但……但我受辯經長之託，麻煩您跟我來。」

我的心一陣刺痛。難道連羅塔格西都怕我出現在元老面前嗎？我聳聳肩，跟著年輕僧人走向群眾後方，可不能還沒開始裝乖就破功。有個圓嘟嘟、十歲左右的小沙彌在那裡等我們，手上拿著一個幾乎比他人還大的袋子。

我們三個從那裡繞了一大圈穿過田野，來到木頭平台的另一邊。年輕僧人手上拿著一根結實的橡木杖，代表他是僧院的工作人員，因此我們穿過人群走向木頭平台時，大家紛紛讓路。

我們停在圍牆前，年輕僧人撐起身體爬上木頭平台，然後轉過來伸手扶我。我一頭霧水，停在原地不知所措，像頭騾。

「拜託您了，女士。辯經長有令，這裡歸他管。請。」

我伸出手，他拉我上去。我看看四周，發現這個用繩子圍出的小角落是給特別來賓的座位。只見幾對貴族夫婦坐在舒服的大坐墊上，但我一個都沒見過，大概是贊助老者的僧院功德主，趁機來鄉下遊玩，順便開開眼界。

我正前方是個一本正經的貴婦，兩邊各坐著一個跟我年齡相仿的女兒。母女三人都頂著我們國家以前貴族女性常梳的髮型：一頭長髮往頭頂梳，用形似王冠的木頭髮簪固定再繞一圈，並以紅珊瑚髮飾點綴。因爲離海很遠，珊瑚在我們國家十分珍稀，但這三個女人頭上的珊瑚卻比我有生以來看到的還要多。三人盯著我看了很久，視線掠過我破舊的連衣裙和鄉下女孩繫的鮮豔圍裙，一會兒後覺得沒啥好看又把視線轉回看臺上。

「請來這裡，女士。羅塔格西的指示很明確，特別交代一定要讓你坐這裡。」年輕僧人指了指最前面的位置，正對著院子的柵門。柵門往內推開，僧人倚門而坐，但門框內留了一小片空地。

接著，僧人對小沙彌揮揮手，後者隨即打開袋子，拿出一塊精美的大坐墊，就是誦經長會坐的那種墊子。我驚訝得張大嘴巴，三顆珊瑚頭起了陣小騷動，能坐大坐墊在我們國家是了不起的事。僧人把墊子擺好，正對著門口。接著他伸手從沙彌那裡拉出一塊精緻的金色椅罩，同樣是只有比方已經成爲格西的僧人才有的禮遇。我的嘴巴張的更大了，甚至不敢瞥一眼身後那三顆珊瑚頭的表情。

到了這個時候，年輕僧人還是不敢大意，幾乎是把我按向坐墊，然後走到前面對我說：「女士，還要麻煩您一件事。他的指示很明確，而且一定會檢查我有沒有辦妥。所以拜託了，就算只是爲了讓我日子好過點，麻煩您按照羅塔格西的吩咐，像彌勒菩薩那樣坐著。」

如果你還不知道的話，彌勒菩薩就好比初階菩薩，日後將會成爲下一個覺者，降臨人世。然而，幾乎所有菩薩在圖片畫作中都是盤腿而坐，就像所有西藏人和印度人一樣，唯獨彌勒菩薩像現今西方人一樣坐在椅子上，雙腳著地。這代表他正在前往人間途中，即使我們說話當下也是。

所以為了避免辯經長找他麻煩，畢竟我知道，羅塔格西要是發現年輕僧人偷懶絕不會寬待，我只好拉起裙子塞好，把腳放下來，對著門口。我低頭看見自己的腳趾，指尖其實已經在院子裡面。年輕僧人向前俯身，似乎也在查看同一個地方。然後他直起身，笑咪咪地說「謝謝你，女士」就跳下台，沒入人群中。

我感激地低頭看一眼圓嘟嘟的小沙彌，他眉開眼笑地對我眨了眨眼，想必是跟羅塔格西學的，之後他跟他手上的空袋子也消失了。我把我的小獅子從背帶上抱下來，牠舒服地窩在我腿上，我們把目光轉回台上的決戰。

42 菩薩降臨人間

誦經聲戛然而止那一刻，整片大地彷彿都陷入寂靜，連小鳥都不再啼唱，連風都屏住聲息。諦諦拉從椅子上緩緩起身，雙手緊緊抓著丹增的念珠，站到長椅前攻方的位置。他默默轉身，低頭垂肩，按照慣例拉下僧袍的一小角向對手致敬。德龍點頭回禮，異常的平靜，跟四周的氛圍相契合。接著，諦諦拉高高舉起左手，把丹增的念珠往空中一甩。周圍每個人都一怔，屏住呼吸，等著他大喊一聲宣布開戰、開啓智慧的那聲「諦」。剎時間，我的視線捕捉到那顆綠松石母珠，它高懸在藍天中，映著陽光閃閃發亮。

諦諦拉大喊一聲「諦」，那一刻有束金色陽光打在那隻高舉的手上，有如閃電劈下他的身體。他再次大喊，聲音異常高亢，簡直像在吶喊，另一手也舉向天空。他腳尖高高提起，頭往後仰，脊椎弓得不可思議，好像有人往他背部中央狠狠踢了一腳。一雙驚恐的眼睛愈張愈大，大受震撼似地瞪著藍天，大得有如骷髏頭的眼窩。

接著他突然又大喊一聲「諦」，同時躍向天空並轉了一圈。再一聲「諦」，並往左躍步，掠過前排一臉訝異的資深僧人。又兩聲「諦諦」，在半空中神奇地轉兩圈，輕步橫越看臺，跨腳躍過對面那排同學，所有人都反射性舉手護住頭。再三聲「諦諦諦」，（六聲還七聲了嗎？）伴隨轉圈，或許觸地，或許沒有，飛掠而過寶座上的三位評審。最後一次驚人的飛躍有如一頭鹿，一腳向前指，一腳向後指，長袍往後飄像金色流水，高高越過長椅和德龍的頭和帽子，一路高喊諦諦諦諦！

而他著地時竟然又回到起點，面對著德龍，雙手高舉滿心喜悅，仰著頭歡欣鼓舞。我敢發誓，那一瞬間他有一頭美麗的烏黑長髮披在肩上，手上戴著映著陽光一閃一閃的純金手鐲，身上不只是一襲僧袍，而是金光四射的飄逸絹帛，翩翩圍繞在他健美結實的金色身軀四周。他就是文殊菩薩，象徵智慧的菩薩，而他放聲高唱：「諦諦諦！我是諦諦諦！我是……諦諦諦！」有如一口大鐘。

我不得不相信德龍也看到跟我一樣的景象，因爲他坐在長椅上愣住，目瞪口呆看著瘦小的諦諦拉。而諦諦拉——此刻又變回本人了我猜——抬起眼睛看著德龍，露出我看過最溫暖的微笑，並用響亮清晰又和善的聲音說：「我的伙伴，今天讓我們一起來談談……一起來談談仁慈。仁慈。」他一頓，周圍的寂靜震耳欲聾，大家甚至忘了要呼吸。德龍呆呆點頭，不

發一語。

「上師在談那本談論理的書中，開宗明義就說他寫這本書只是爲了幫助自己理解得更加透徹，而非爲了有益於任何人。但我們顯然不能照字面來了解這句話，對嗎？我認爲他眞正想要表達的是……」諦諦拉，或不管他到底是誰，就這樣說了兩、三、四個鐘頭，引領德龍和其他人，就像父親引領著自己的愛子，拉著我們的手穿越一片美麗的樹林，和煦的金色陽光從葉間灑落，灑在柔軟的苔蘚小徑上，兩旁的細緻蕨類發出陣陣芬芳。

那不是一場論戰，或者該說不像我們在這個院子看過的所有論戰，而是一場交響樂，是輕輕拍岸的浪潮聲，是雄辯滔滔的寂靜本身。德龍直挺挺坐在椅子邊，當諦諦拉溫柔引導他走上迷人的小徑時，他像個快樂的小孩，露出了燦爛的笑容。小徑上出現了美好的概念、神聖的概念，有關仁慈、善良、同情的概念，從一個流向另一個，前一個證明下一個，個個都以鋼鐵不能移的純粹邏輯，確立爲什麼世上所有受苦生靈都應該、也必須致力於幫助其他生靈。

「女士？」我聽得正出神時，有個聲音把我從這場化干戈爲玉帛的戰爭中拉回來。我還是不習慣別人那樣叫我。

「女士？」那個聲音又傳來，是個又高又瘦、大約十五歲的沙彌。他站在人群中對著這裡大喊，周圍觀眾都忘我地貼著牆，也聽得陶醉不已。

我自動往後面的三顆珊瑚頭一瞥，看看他在跟誰說話。三個人都端莊地轉頭看僧人，就像「女士」該有的樣子。

「女士，星期五小姐？這裡有位星期五小姐嗎？」僧人禮貌喊道。珊瑚頭左看右看，有點狀況外，然後搖搖頭。

「呃……那……那應該是我。」我有點緊張，微微舉起手。

「太好了，謝謝你。」僧人說。他在人群中舉起手往後一揮，我還沒反應過來，就看見三個年輕僧人爬上來走到我和長壽面前。一個在我旁邊擺了個小木桌，材質是上好的深色硬木，上面雕了野獸和龍啊鷹啊這些神獸。第二個僧人快手抽出一條用印度錦緞裁成的綠色小桌布鋪在桌上，然後擺上一隻漂亮的木匙，在那之前還煞有介事地用一條純白亞麻餐巾把它擦到發亮。接著，第三個僧人小心翼翼放上一個手工銀碗搭配銀碗蓋，上面鑲滿花絲。最後，那個高高瘦瘦的僧人上前把一個漂亮的中國陶瓷茶杯放在碗旁邊，角度抓得剛剛好，然後拿起小茶桶倒出金黃茶湯再放到桌子旁。

「伙房長向你致意，女士。」他笑著說：「說您會明瞭。碗有點燙，請小心。」我回以微笑，但一頭霧水。四個人跳回地上，消失在人群中。我這才發現大家正在傳遞裝了熱茶的木碗，把碗往彼此手裡推，臉上掛著奇怪的燦笑。夜晚的寒意逐漸加深之際，所有人都站在原地，目不轉睛盯著諦諦拉跟德龍信步穿越密密叢叢的概念，用手中的碗暖著手，完全忘了喝茶。

我恭敬地等著誦經長和場上的僧人齊聲祝禱，而德龍和諦諦拉仍在繼續交流。接著我很快喝一大口滋味美妙的香料奶茶，並慢慢掀起碗蓋。

看到碗裡的東西，我在珊瑚頭的凌厲目光下哭了出來，而且哭得很大聲。我控制不了自己。那只是一碗簡單的粥，加了小片橘色的杏桃乾和我們的一種核桃。如果你在現場，說不定會覺得看起來很普通。但在這片院子，在辯士之中，這種粥一年只供應一次，因爲那是「格西圖克帕」：格西的粥，只獻給剛剛贏得格西帽的僧人。

43 最後論證

我吃了大約一半的格西粥，但只是爲了祈求好運，畢竟台上辯士發出入耳動心的美妙樂音，誰還嘗得到食物的味道？接著我玩心大發，嘻嘻笑著把剩下的粥放到左手邊，讓長壽下去舔一舔，故意要讓珊瑚頭看見。我後面傳來用哼哼哼的聲音，但我心情大好，所以也把精美茶杯放到旁邊，分長壽喝一些，接著還拿起茶杯一口喝光。後面三個一片譁然。我甚至想從粥裡撈出一塊核桃，引誘我的小獅子站起來擺出祈禱的姿勢，然後聽我一聲令下跳起來叼走核桃。但台上的「交戰」實在太精彩，我捨不得再錯過一分一秒。諦諦拉傾身面向德龍，語氣激昂。

「所以你瞧，只顧自己的習慣，我們這種只關心自己皮膚邊界以內的習慣，其實不過就是一種習慣。而且就像任何一種習慣一樣，只要持續練習就能把它變成另一種習慣。也就是說，我們可以訓練自己把自身看得比我們的皮膚邊界還大。甚至有一天，我們會看到自身延伸到他人的皮膚邊界，因此開始關心他人就像關心自己，因爲推己及人變成了我們的新習慣。關心他人就等於在關心自己。假如每個人都養成這種新習慣，你能想像這世界會是什麼模樣嗎？那豈不是太好了嗎？」

德龍咯咯喜笑，激動地說：「哇，這我從沒想過！」諦諦拉頓了頓，也開心地笑了，然後再度帶領德龍的心智往更深處走去。

我偷瞄三個評審一眼。住持，也就是仁波切喜孜孜抓著念珠放在胸前，頭歪向一邊，眼睛盯著德龍面前的可貴之人。老者像個小孩靠在寶座上，雙手垂在兩側，臉色發亮，咧著嘴笑，一口牙都沒了也不在乎。元老年輕時也是辯經場上的悍將，只見他伸長脖子靠上前，極力要聽清楚諦諦拉說的一字一句。有時當一個重要論點被闡述清楚，他就會猛然直起身，開懷大笑並搖搖頭，彷彿在說：「了不起！哎，那個我也從沒想過！」

突然間，我旁邊的人群傳來一聲呼喚：「女士？抱歉打擾，女士？」

我調皮地偷看珊瑚頭一眼。她們低頭怒視那名僧人，然後三人一致慢慢舉起手，默默指著我。

「哦，對了，女士，星期五小姐嗎？」對方是個非常英俊的年輕僧人，我去繕寫室拿珍貴的碎紙時看過他。

「我就是。」我害羞地說，有點窘。

他擠在眼神朦朧的觀眾之間，把一個肩袋拉到前面，伸手從袋裡摸出一個鮮豔的深紅包裹，然後恭恭敬敬遞上來給我。

「禮物。」他喊道：「是繕寫長爲您準備的禮物，女士。他說您看了就會明白。」

我一臉驚訝地收下包裹；英俊的年輕僧人微笑點頭，揮揮手跟我道再見就又沒入人群中。

我的手在發抖。我把包著珍貴紅布的禮物放在可愛的小桌子上。長壽好奇地用鼻子戳戳包裹，感覺到裡頭散發的能量，而我的脖子幾乎感覺到珊瑚頭的呼吸，因爲她們伸長脖子好奇打量。

包裹上縫了一條銀色緞帶，我慢慢把它解開。紅布一鬆，我手中是一份精美的手稿，全都寫在上等羊皮紙上，新鮮的筆墨出自眞正的大師之手，每個字就像一件藝術品。第一頁寫著「三大基石」，看到那一刻我又潸然淚下。因爲這是把五部大論的其中三部合爲一冊以便於記憶的合集，是通常做來送給新格西的傳統禮物，因爲贏得格西帽的同時，他就挑起了傳承大論的責任。

我翻開第一頁，淚眼模糊地看見那一行字——我跟丹增小時候聽到的第一句經文：「諦聽求心靜……」我的淚水潰堤，後方傳來三位女士的同情低語。我趕緊合上書並重新包好，眼角瞥見第一部第一頁中間的小框框。照慣例裡頭會畫上某個偉大先師。看見框框下寫著「法稱大師」，我不由微笑，因爲諦諦拉和德龍此刻正在深入探查的書，就是這位古印度大師的著作。畫工極其細膩；這位喇嘛一向都被畫成攻方辯士，一手高舉，準備要大力擊掌，一串念珠從他往上伸的手腕飛向旁邊。

還有另一樣東西抓住我的目光，我往下一看。喇嘛的高帽底下畫了幾條細線，從他的側臉往下延伸，有如留了一頭長髮並紮在後面，而不是僧人常見的平頭。接著我發現他的五官線條很柔和，幾乎有點女性化，身後的背景是一道矮牆。一顆細小的綠松石碎片黏在從大師手中飛出去的念珠上。

再流眼淚也沒好處，我只是笑了笑，搖搖頭，再度抬頭看我的兩位同學。

突然間，辯經長站到長椅前。我跟在場千名觀眾都暫時把視線從諦諦拉身上移開，大家環顧四周，一臉詫異。日光已經消逝；不對，其實夜已深，有人來立起火把又走了。牆上擺滿一碗碗動都沒動早已冷掉的茶。夜晚的空氣冰冷刺骨。四周的僧人和村人個個都一臉恍惚，此時終於慢慢回過神，趕緊穿上斗篷和外套，把自己包得緊緊的。

諦諦拉一直站在離長椅很遠的位置，引導德龍和我們其他人穿越最後幾個概念，有如飽餐一頓之後送上甜點。他不時兩手一擊，但不是像辯士那樣霸氣劈掌，比較像從手心爲對手送出一陣芬芳或暖意，當作一份禮物。

但此刻諦諦拉也停下來，第一次把視線從德龍身上拉開。德龍眼神迷濛地看看四周，像舒服睡了一覺慢慢醒來的小孩。諦諦拉瞥了羅塔格西一眼，恭敬地點了點頭，因爲站上前是辯經長示意攻方提出最後論證的傳統方式。而最後一關格西考試的論證從古至今都一樣。

諦諦拉直起身，挺拔威武，氣宇軒昂，如同曾經站上這個場子的所有辯士。接著他慢慢走向德龍，按照最後論證的古老習俗，離他一、兩步遠才停住。

他柔聲說：「世上所有生靈永遠都擺脫不了痛苦甚或死亡。」

德龍的眼睛、臉和整個人都閃著光，徹底投入。「不是這樣的！」他說，聲音洪亮有力。

「何以見得？」諦諦拉問，聲音同樣響亮，淚水簌簌滑落臉頰。

「因爲眞理……」德龍此時也喜極而泣，淚流滿面。「因爲眞理力量無邊，比我們周圍的夢幻泡影更強大，一定能戰勝一切。它將會……」他哭著說：「戰勝一切。」

諦諦拉對德龍也對眞理一鞠躬，然後在長椅上坐下來，舉手搭著對手的寬大肩膀。全場安靜無聲。

辯經長走回原位，站到德龍後方，輕輕把手放在那對肩膀上，而後轉身驕傲地抬頭看三個寶座。

仁波切用無限溫柔喜悅的眼神看著底下的一幕，跟所有人一樣停了好一會兒，回味著剛剛的交流並把它珍藏在記憶中。接著他舉起手，豎起食指和中指。元老眉開眼笑，輕輕點頭。老者用兩根指頭碰碰額頭表達贊成，那同時也是表達敬意的古老手勢。所以就這麼決定：第二等，是值得一生珍惜的極高榮譽。

然後，羅塔格西慢之又慢地把雙手放在諦諦拉的肩膀上。那對瘦小的肩膀又像平常一樣低垂著，因爲諦諦拉盯著地板，眼看又要緊張起來。仁波切歪歪頭，咧嘴大笑，高高豎起一根指頭對著星空。元老低頭看諦諦拉，眼神柔和，有點愣愣的，還沉醉在今晚辯士編織的神聖思想中。他緩緩點頭，一滴欣喜的淚水沿著他剛硬的五官滑落。最後，老者直接開心舉起雙手，彷彿在說：「好吧，還有什麼？」

台下沒有開心歡呼，大家都忘了慣例，沒人跳起來揮舞帽子。院子前排有個人——是誰我永遠不得而知——默默站起來對台上的辯士鞠躬，雙手按著胸口，用古老的方式表達敬意和嘆服。接著，大家一個接著一個起身照做，但全場還是安靜無聲。

後來大家都站起來行禮，我聽到周圍的人開始低聲啜泣，因爲美，因爲眞理本身——仁慈的眞理。三位高僧走下寶座，大家自動讓出一條路，目送他們走出院子，回到僧院高牆的柵門。最後兩名辯士也手挽手走出來，又哭又笑。

我跟長壽走去跟那三個開心的珊瑚頭其樂融融地抱在一起，之後我跑進人群中尋找伯父。

44 神奇魔咒解除

我們走上馬路，周圍都是正要回家的村人，大家邊走邊聊，用我從未看過的溫暖神情看著彼此。伯父凝目望著前方天空的星星，身上還披著典禮穿的金袍，因爲天氣冷颼颼。臉上的表情心滿意足，這些年來辛苦教導年輕辯士終於看到成果。

有一度他停下來，看著我喜不自勝地說：「那就是眞正的辯經該有的樣子！」說完他又繼續默默邁步，難掩欣喜，眼睛盯著星星不放，彷彿隨時準備走上去，永遠待在那裡。

隔天我們匆匆吃了午飯，來陪阿瑪拉的兩名商隊女人一到，我們就出發前往僧院。其中一個是牧蒂克，隔天她會代替女主人爲元老準備晚餐。伯父要我跟她聊一聊，認識一下。她人很好，聰明又健談，而且是討人喜歡的那種。我想伯父做了明智的決定，心裡也好過了一些。

這次我們走馬路，一路上沒怎麼交談。雖然路不難走，但天氣有點變回冬天的感覺，強風從兩排樹木之間呼呼吹過。長壽在我胸前的嬰兒背帶裡替我保暖，但我跟伯父頭上的披肩頻頻被風吹落。一陣特別強勁的風襲來，伯父哈哈笑著說，今年說不定會提早長葉子。我們西藏人都說，早春的風搖動樹木，喚醒它們的汁液，葉子才會長出來。我往西南方的天空看去，因爲風那麼大通常表示下大雨了，卻還不見下雨的跡象。

伯父帶我穿過僧院，我像個乖巧聽話的十五歲鄉下女孩跟在後頭，彷彿從未走過錯綜複雜的小巷，從未踏入僧人的房間。快到羅塔格西的房間時我們往左轉，往僧院後方走去。途中碰到一小群一小群僧人，他們披著白色禮敬絲巾，手上提著一袋袋烤過的青稞粉、堅果和乾果等用來恭喜新格西的禮物。今天一整天，大家都會去拜訪通過最後考試的朋友或學生。到處都是談笑聲，重複說著每場辯論，故事愈說愈精彩，隨著時間的流逝而成爲僧院的傳奇。

諦諦拉的房間要上一道搖搖晃晃的樓梯，位在一棟更長的僧舍上，一排有三、四個小房間。爬上樓梯頂，我看見諦諦拉的房間後面就是僧院的後牆，牆後是一片田野，再過去就是西方密林。上面這裡的風甚至更強，我跟伯父溜進諦諦拉的房間小門時，都覺得謝天謝地。

只見他靠著後牆坐在一個破舊的小墊子上，前面擺了張素樸的小木桌。桌上高高堆著絲巾和十來碗裝滿各種點心糕點的木碗，想必上午一直有人上門跟他道賀。有個中年模樣的僧

人坐在他旁邊，興奮地說著諦諦拉昨晚的精彩辯論中的某個驚人論點。諦諦拉一臉疲累，但也聽得開心又滿足，彷彿是第一次聽到自己提出的論點。

「啊，上師！」年長的僧人驚道，他跟諦諦拉都跳起來迎接伯父。「蔣巴．拉布傑格西，你栽培的這批年輕辯士眞是不同反響！話說我不知道你聽說了沒，我有個小姪子這個月剛加入僧院，資質不凡哪，只是有點慢吞吞又愛偷懶，但我在想你會不會有時間教教他……」他把伯父拉到一旁，像要賣他一匹年老體衰的老馬似的。伯父不好意思逃走，所以我跟諦諦拉才有機會說說話。

我們走到對面的牆壁，上面用白色粉筆畫了一張複雜的流程圖。爲了有個好的開始，攻方通常會在正式辯論前幾週擬出攻略。但再怎麼擬都很有限，因爲你永遠不知道守方會選擇什麼樣的邏輯路線，再說可能的組合也有百百種。

「諦諦拉格西！」我大喊，燦爛一笑。「哦，抱歉，應該是……勇奪第一等的諦諦拉格西！還是唯一的第一等！」

諦諦拉滿臉通紅，舉手阻止我接下去說。

「我是認眞的，可敬的格西。可是我不得不問，你是怎麼辦到的？這段時間以來怎麼藏得那麼好？」

諦諦拉定定看著我，輕聲說：「星期五，其實我也不知道……真的不知道。那本來就是很神奇的一天，然後……然後……當我舉起手，手中抓著丹增的念珠……有東西一閃，或說一震，就像一道光，一道金色光芒在那一瞬間灑在我背上，然後我就變了個人，那些話語在我腦中吟唱，千百種聲音直往上飄，我不過就是張開嘴巴，讓聲音出來而已。」

接著他把雙手往後伸，表情痛苦地揉揉背。「之後一切又變回原來的樣子，我……現在我只覺得好累，全身痠痛，好像有隻犛牛在我背上跳了一個禮拜的舞！好多人來跟我說我在台上說過的話，但我幾乎都想不起來！

「天啊！希望他們永遠不會要我再說說一遍！」他笑著說，雙眼圓睜，模樣滑稽。我們都哈哈大笑。

「諦諦拉，關於第一場辯論，我不確定你知不知道……」我說。

「後來伯父都跟我說了。」他說：「那件事就別再提了。我的妹妹，最後我們做了正確的事，那樣就夠了。

「我只擔心洗那麼多碗，手都弄得濕答答，很難擊掌。」他笑著說，伸出雙手。看見丹增的念珠還繞在手腕上，他急忙要拿下來。「哦，糟糕！我忘忘了還你！」

我舉起手。「不不不，我尊敬的格西，反正今天我沒什麼可以送你，這是我能想到最好的禮物，它們肯定屬於你。但你得讓我留著這個！」我舉手摸脖子上的那串老舊念珠，諦諦拉開心地點頭。接著，他走去自己的小佛龕拿出一條十五呎長、美麗又閃亮的禮敬絲巾，通常由辯經長本人獻給新格西。諦諦拉輕輕把它圍在我的脖子上，瞥一眼確定另外兩個僧人沒在聽才輕聲喊：「格西。」

我感激地點點頭，擔心自己又哭出來。我忍住眼淚，用振奮的聲音問：「所以……你什麼時候會過來幫忙新學堂的事？」

「你爲什麼想知知知道？」諦諦拉笑道，氣氛一下變輕鬆。

「這樣我才能留一堆髒碗盤給你洗啊。」我說，半玩笑半認眞。

「我們立刻就要開始。」諦諦拉認眞地說：「伯父說希望我後天晚上過去。他要我們所有人明天別出去，說有要事要辦。」

「是啊。」我說，想到就有點發抖。

一抹黑影突然擋住狹小的門口，我們同時抬起頭。只見一個披著華貴深色羊毛長袍的高大人影低頭走進門，後面跟第二個肩膀寬大的人影，就算在黑暗中我也認得出來。我們跟德龍和元老相對而立。

他們的臉又變回原來的模樣，甚至比原來更糟、比以往更加冰冷。元老那雙冷酷的眼睛跟我對視片刻，滿滿的不屑彷彿在大喊：「我什麼都沒忘。」然後轉頭用同樣的眼神盯著伯父看。伯父挺起胸膛，從容迎上他的視線，毫不畏懼也無一絲敵意。

「上師。」元老對他點頭。德龍覷我一眼，不發一語卻一副目中無人的樣子，要是我是男的，光憑那個眼神應該就會跟他打起來。

「元老。」伯父對他低頭鞠躬，那通常是對住持本人才會行的正式禮。低下頭時，伯父對我使個再清楚不過的眼色，我跟諦諦拉也跟著鞠躬。

元老轉向諦諦拉，盯著他的後頸看了片刻，彷彿想抓起重物把他那細瘦的脖子劈成兩半。接著他吁了口氣並對德龍示意，後者隨即從肩袋拿出一條又舊又黃又短的禮敬絲巾，然後對元老欠身，恭恭敬敬把絲巾呈給他，動作誇張。元老接過絲巾往諦諦拉的肩膀一甩，像在甩掉手中的老鼠，然後大吼一聲「恭喜」，擺明了在說：顧及形象我不得不做這件事，但你要搞清楚這只是做做樣子。

「小……小的……感激不盡。」諦諦拉尖聲說。接著，德龍把兩顆皺巴巴的蘋果塞進諦諦拉手中。雙方沉默良久，氣氛很僵。我們終於抬起頭時，他們已經走掉。

45 短短十分鐘

那天晚上，風又大又冷，在蒙古包周圍呼嘯，我做了奇怪的夢。夢中的我有一度跟奶奶、阿瑪拉和丹增一起坐在伯父床邊的地上，他正在仔細對我重複一遍之前對那名年輕智者說過的路線。我努力要記住他給的指示，但當我轉頭看他們三個人時，卻發現三張臉都形容枯槁，蒼白如雪，我嚇得醒過來。快早上時，我夢到自己又變回小女孩，躺在爐火邊的被窩裡，溫暖又開心，旁邊就是丹增，他正興奮地跟我說他在伯父的佛龕後面發現一個神祕包裹。但當我醒過來時，周圍還是一樣冰冷孤寂，除了睡在我腳邊的小長壽。

中午前，我聽到有人從馬路那頭走過來，是趕在最後一刻搬東西過來的牧蒂克。風還呼呼地吹，烏雲低垂，偶爾飄幾滴雨。我走出門端午餐給伯父，但早有之後會被趕回房間的心理準備。

「啊，太好了！」看到我進門，伯父有點緊張。「趁客人來之前完成家務，做好準備，這樣很好！」

我配合地笑了笑，聽懂了伯父的暗示，也希望他知道我懂。我也知道元老來訪是攸關伯父甚至我們所有人日後生活的重要大事。仔細想想，很多人未來多年的幸福，都取決於伯父是否能大展抱負，實現他的計畫。所以我絕對不想破壞他的計畫，也希望伯父知道。

「對啊。」我開朗地說：「吃完午餐收拾過後，我就會回房間安靜讀書。晚餐我可以走回家裡的蒙古包，跟阿瑪拉一起吃點東西，之後再回房間做平常做的事直到睡覺。」

伯父對我感激地咧咧嘴。「謝了，星期五格西。就這次而已，等大家情緒平復下來，風波過去，我想這裡的生活會很刺激有趣。」

我再次點頭並走向門，好讓這個無比善良的人放心。伯父從床上探出身子，從門縫打量外面的天空，表情有點擔心。幾小時後他來到我的門前，全身包緊抵擋濕冷的天氣。

「星期五。」他急忙說：「我得出去一趟，幾小時前就該出發的。這種天氣實在不該讓元老一路走來這裡，我應該去接他才對。天色可能很快就暗了，他說不定會走錯路，什麼事都可能發生。」

「可是這裡的路德龍很熟啊。」我說，也不希望伯父在這種天氣出門。

「是沒錯……我知道……」伯父說，聽起來有點喘。「但我又想到……如果我去……

如果我親自跑一趟，那麼……元老就會知道，就會知道我是眞心想跟他和解。你懂我的意思？」

我驚訝又讚嘆地看著伯父。要知道在我們國家，要是一個喇嘛大老遠去接另一個喇嘛到家裡作客，尤其是天氣不好的時候，就表示他放下身段主動示好。那就是清楚告訴對方：「我遠遠比不上你，承蒙你大駕光臨，在下深感榮幸。」在我心中，一千個元老也比不上一個伯父。但我也知道，就是因爲待人如此謙和，伯父才這麼了不起。

「我明白了，伯父。路上小心。」我知道他會走後面的捷徑，越過板岩山脊，這樣能省很多時間——但在下雨天，那裡特別危險。

「會的。我……不會有事的，我保證。」我再度微笑。伯父從來不會多提自己的特殊能力。「用不著擔心牧蒂克。」他又匆匆說：「需要的她都準備好了，我也囑咐她好好待在新蒙古包裡。裡頭想必暖呼呼，到我們抵達之前都會瀰漫著香噴噴的味道。」

我再度點頭，有一刻我們之間的氣氛怪怪的。我看著那雙上了年紀但和藹可親的憂鬱眼睛，他也看著我的眼睛，眼神溫柔。然後他默默點頭，垂下眼簾就走了出去。

我回頭繼續練習古老母語的困難字母，大概是那天的第十五次。但天氣很冷，長壽一臉

無聊，最後我站起來伸伸腿。我想生個火，但也知道伯父會帶元老走馬路再接小徑，經過我的門口，所以我最好看起來不在家，或根本就不存在。所以我伸展了一下就開始做起伯父那一套特別的動作。長壽也跳起來，在床上跟著我伸展四肢。我哈哈笑，又被我的長裙絆到。裙子真的很礙事，我心想，坐在地上揉一揉屁股上的腫包。要是能仔細看一眼伯父那塊白色腰布，不用十分鐘我就能自己做一條。

只要短短十分鐘。

問題是他每天都在家。

但他現在不在家。

今天不行。

那要什麼時候，明天嗎？等到諦諦拉整天在這裡打轉？等到五十名村人天天來這裡上課？

只要短短十分鐘。

沒錯，就十分鐘。

但伯父把腰布收在哪裡？

丹增。那個夢。「伯父有個祕密。」在佛龕後面，在一顆石頭後面，一顆能推出來的石頭。

我站在那裡想了又想，知道再也沒有第二次機會，而且這樣做是不對的。但我也知道這件事有多重要，就像小孩明知不應該卻還是發送札達警報一樣重要。

但我也知道，伯父和他那兩位冷酷的貴賓兩、三小時之內不可能抵達。如果要做，就只能趁現在。

我披上披肩走到冷風中，長壽跟在我旁邊。天空開始飄雨，雨絲對抗著狂風。陣陣狂風搖撼樹枝，夷平草地，把蒙古包和空地周圍的東西劈劈啪啪掀起。

我昂首闊步往前走，心想要是奶奶一定會這麼做，一副有事在身、而且常在伯父不在時進去他蒙古包的自信模樣。但牧蒂克不見人影，新蒙古包的天窗飄出陣陣白煙，所以我確定她正在裡面忙。

我走到伯父的蒙古包門前，伸手去拉門閂。那個年代我們沒有鎖之類的東西，出門只會扣上門閂，來訪的客人看到門閂扣上就知道主人不在，便會之後再來。我知道有些僧人甚至會找人每天早上從外面替他們扣上門閂，這樣就能整天在屋裡祈禱冥想，沒人知道他們在家，甚至也不會想要敲門。我知道一旦打開門閂就回不去了，所以遲疑了一下，但只有一下。

即使外面淒風苦雨，伯父的蒙古包卻還是溫暖又明亮。我在這裡油然而生一股敬意，彷佛走進了一間可愛的小聖堂，尤其現在只有我一個人。我走到佛龕前，低頭看著裝水的美麗小碗，還有各式各樣細心維護的小尊菩薩和佛像。接著，我的視線飄向牆壁，看見掛在牆上那張我用心編織的掛毯和上面的精美字母，深深感到滿足。我彎下腰把整隻手臂伸進佛龕後面，長壽也好奇地把小小的胸膛往前擠，一如往常急著要幫我忙。

我摸了一會兒才找到那顆石頭，手指開始有點抖，因爲忍不住想像伯父忘了東西跑回來拿，結果發現答應要聽話的我根本把他的話當耳邊風。但最後有顆石頭動了，我把它拉出來，底下是一個用極其普通的白色棉布包起來的小包裹。

應該就是它了，但我不敢在這裡打開。我走出去，仔細扣上門，一樣昂首闊步越過空地，雖然沒人在看。天色果真早早就暗下來，雨勢變大了。

我跟長壽回到我們的蒙古包，裡頭幾乎跟外面一樣冷，我的手因此抖得更厲害。我在床上坐下來，把白色包裹放腿上，然後小心翼翼打開，長壽好奇地抬頭張望。

裡頭是一本迷你小書，是非常古老的羊皮紙，只有一、二十頁，上面寫滿工整細小的古老母語。那些字母跟伯父給我看的字母不太一樣，想必年代久遠。雖然大多字母我都認得出來，卻完全不懂是什麼意思。小書底下是那條聖線。

我小心地拿出來，還是覺得伯父隨時會衝進來，臉上的表情比憤怒還糟——對我的信任瞬間破滅。風更強了，蒙古包發出的各種刺耳噪音有如交響樂。窗板飛上飛下，頂竿吱軋作響，大雨颯颯鞭打毛氈牆。我的心隨著陣陣聲音七上八下，擔心伯父突然出現在門口。

但那條聖線如此柔軟、美麗、特別，紅白兩色交織纏繞，源源湧出伯父身上的暖意。我把它握在手中好一會兒才拿出那塊腰布。近看才發現那其實不過就是一條破舊而柔軟的白色棉布，但因爲長年練習不懈，散發著伯父身上的熱力。我起身去拿量尺測量大小，有把握能在幾分鐘內物歸原位。

站在那裡時，我聽到一個聲音。是女人的聲音，而且是上了年紀的女人，一瞬間我以爲是奶奶回來了。但不是，是別人，我從未見過的人——至今從未見過。

她說：「穿上它。」語氣堅定。

我一怔，甚至看了看四周，但沒有別人。我猶豫了。

「現在就穿上。這很重要。」

寂靜將我籠罩，我不想照做都不行，只能看著自己開始繫上智者的腰布。我脫掉裙子和上衣並輕輕放在床上神聖的白色小包裹旁。接著拿起聖線，彷彿那是我每天早上的例行公事，然後把它掛在肩膀上的老位置。而後拿起腰布，左右上下繞一圈再塞進腰部，動作俐落熟練，彷彿練習多年。

腰布雖然暖熱，天氣還是很冷，但我不能生火。我走去佛龕前拿出所有的小酥油燈——大概六、七個——把它們排成一列，然後點燃。

暖意和金光像一小片太陽，從地板到天花板塡滿半個蒙古包。腰布聲聲對我呼喚：來跳舞吧，彷彿我們從未停止過。我聽到了，於是雙手合十舉向天空，舉向太陽發出的燦爛金光，前所未有的喜悅將我的內心塡滿。我們就這樣靜靜佇立在原地，不動如山，因爲那一刻彷彿超越了所有時間。

突然間，一陣狂風暴雨把窗板整個掀起，窗板狠狠撞上屋頂，貼在那裡整整一分鐘。那一刻我僵立在燦爛金光下，視線轉向外面提早降臨的陰暗暮色。只見元老和德龍一動不動站在小徑上，各自抓著身後馬匹的韁繩。兩人直直盯著我，目不轉睛看著綁著智者腰布、袒胸露背跳著智者舞步的女孩。接著，風鬆開手，放下窗板，我對生命懷抱的所有希望也隨著窗板墜落。

46 我的小格西

我跪下來，四肢著地，心臟噗通噗通跳。過一會兒我爬向窗戶，從窗板和牆壁之間的縫隙偷看。元老和德龍牽著馬往新蒙古包走了幾步。德龍背對著我，定睛注視走在他前面的元老臉上的表情。那張臉——那雙眼睛——喜孜孜，而且是幸災樂禍。元老仍然盯著我的蒙古包不放，但一臉勝券在握的得意表情。跟旁邊的年輕人說話時，他興奮地比手畫腳，接著倏地舉手劈了幾下再對著整片農場畫了一大圈。之後德龍問了個問題，元老微笑搖頭，手轉了個圈，彷彿在說：明天。

接著，牧蒂克興奮地跑出來，笑容滿面，弓身行禮，招手請貴賓快進門躲雨。他們拴好馬，我聽見元老對牧蒂克說了幾句虛偽動聽的客套話：「決定早點出發……免得淋到雨，很麻煩的，你知道……騎馬比較快……很高興能來，非常高興，你無法想像有多高興。」然後他們全都走進新蒙古包。

我爬回去坐在佛龕前，心臟開始悶悶地痛。短短幾分鐘我就毀了那個高貴的男人——我伯父——一輩子的心血。不，甚至更慘，現在連他的生命都可能有危險。等元老回到僧院召集長老會，他就會告訴他們，伯父私下仍未放棄智者身分，仍在用無人理解也可能被許多人誤解的療癒之道腐化年輕人，甚至包括年輕女性。如今既然栽培德龍的任務已經結束，元老大可除掉伯父，這麼做的同時也會毀了我們家，使我們家從此蒙羞。我呆呆盯著佛龕上的石頭。一切都結束了，而我什麼都無能爲力。

長壽走過來把腳爪放在我的腿上，抬頭看我的眼神幾乎像人類——流露著悲傷，爲我而悲傷。但除了悲傷，還有別的。我發現牠嘴上叼著那條紅色嬰兒背帶。

我把長壽抱到腿上，輕撫牠濃密的毛髮。這個動作讓我平靜下來，思緒隨之一個接著一個在腦中成形。

首先，元老毫無疑問不會立刻行動，他會在這裡耐心地等。牧蒂克會跟他說伯父去接他了，很快就會回來。我猜大概要一個小時，伯父一旦發現他錯過了元老就會折返。之後元老會跟伯父享用最後一頓精心準備的大餐，隻字不提他看到的畫面，等到隔天早上我爸從商隊那裡回來，三人再好好閉門晤談，到時元老會想盡辦法要我爸多掏些錢贊助僧院。之後他才會返回僧院，召集長老會，逼迫他們毀了這個善良無辜的男人，甚至連仁波切都不得不低

頭。

而我卻什麼都不能做。我無法抹掉元老和德龍看到的畫面，無法說服他們伯父並沒有教我智者的方法和格西的知識，也沒有給我腰布和聖線。

長壽在我腿上動來動去，嘴上仍叼著那條紅色羊毛背帶。牠鬆開嘴，背帶掉到我手中。我觸摸著柔軟的羊毛思索起來，然後一切變得清晰。

要是腰布是別人給我的呢？要是伯父根本沒有智者的腰布呢？要是我一肩扛起所有的錯，然後遠走高飛呢？我緊緊抓住手中的紅色背帶。沒錯，這是正確的選擇，而且能挽救一切。

我趕緊起身抓起上衣和裙子套在聖線和腰布外面。不可能把它們放回伯父的蒙古包了，我知道元老有權下令搜索任何一個僧人的房間，即使是住在僧院外面的僧人。

我慢慢環顧蒙古包一圈，思緒變得清晰無比。我需要一雙好鞋子，還有就算不能防水也要能保暖的衣物。我飛快翻找奶奶的櫃子，找到了我正需要的東西：奶奶的舊靴子，那是北方人穿的靴子，用灰色厚毛氈做的，高度到膝蓋。我坐下來套上靴子，有點緊，但沒時間挑剔了，要是在半路遇到伯父就糟了。除了靴子，我還找到一條很厚的深紅色羊毛披肩，比我扮成背寶寶的女士用的那條大多了，也溫暖多了。那不過是幾個禮拜前的事嗎？我搖搖頭。感覺卻彷彿是上世紀——屬於正在流逝而且一去不復返的過去。

我走去佛龕前站了幾分鐘，依依不捨地看著上面的所有東西，想著度母奶奶。這種時候穿上她的衣物感覺很適合。我不禁又想；她一定會以我爲榮。

我抓起她裝乾酪的紅色小袋子和繕寫長送我的書，還有伯父的羊皮紙小書。我站在原地想了想，然後拿出那頂格西帽，快速把所有東西連同諦諦拉送我的白色禮敬絲巾都塞進嬰兒背帶。那不過是昨天的事嗎？但現在也在匆匆流逝。

我把背帶甩過肩膀，彎下腰一手抱起長壽，一手抓起我的枕頭。要是元老也命人來搜我的房間，他們不會找到任何女生不該有的東西。我吹熄酥油燈，在黑暗中佇立片刻，五臟六腑開始翻騰。我走出門。

到了外面我彎身往右切，躲在我的蒙古包後方，但天色已經幾乎全黑，雨又下得很大。我往前跑，溜進我們家的蒙古包，裡頭也幾乎全黑，只有火爐亮著最後一絲餘火，還有佛龕上的一盞酥油燈。阿瑪拉坐在床上，腿蓋著被子，低頭專注地看著毛毯，挑掉上面的細線。我走進去時，她甚至沒抬頭看。

我心碎地瞥她一眼就快速行動，不讓自己有時間多想。先從牆上抓下爸爸的一個水袋裝滿水，然後拿出他的羊皮紙和竹子筆坐下來仔細寫了兩張紙條。接著我在一小張羊皮紙上寫下「給：諦諦拉格西」，再把它塞進繕寫長那本珍貴小書的封面底下，最後把書放在佛龕上。最後我走去阿瑪拉旁邊坐下來，面對著她，把裝著我多年來寫的碎紙的枕頭放在她瘦弱的背脊後面。就算是元老想必也不會打擾這個殘破的靈魂。

「阿瑪拉，」我說，聲音和心都碎成一片片。她還是沒抬頭，雙手緊張地挑著縫線。我甚至不確定她聽不聽得到我要說的話，但我不得不說。

「阿瑪拉，我好愛好愛你……」我哭出來，抓起她的手，摸起來柔軟又溫暖。她還是沒抬頭。

「阿瑪拉，我必須離開這裡……我必須離開……一段時間。」我泣不成聲。她還是沒抬頭。

「我要走了……我要走了，因爲這樣對大家都好，而且……」我悲傷地看著地上的深色石頭，以前哥哥就睡在那裡，開心又溫暖地擠在我旁邊。「……因爲我得去尋找一樣東西；我得學會能夠幫助你，說不定本來也能幫助奶奶和丹增的方法。我必須學會療癒之道，徹徹底底學會，等到學會我就會回來。我會回來找你……我保證。」我又淚流滿面，淚水無聲地滴在我們手上。阿瑪拉看著我流的淚，一動也不動。

又能說話後，我再度抬頭看著她說：「有樣東西你要幫我保管，那是我拚了命爲你贏來的東西，因爲你很想要很想要，因爲……因爲我好愛好愛你。」我抓出塞了格西帽的包裹放在阿瑪拉的腿上，然後打開。

她的視線飄向帽子，輕輕把手放在上面，撫摸老舊而柔軟的布料。我看見一滴淚落在金帽上，淚滴慢慢滲入布料。

阿瑪拉挺起背直視我的眼睛，並張開嘴。舌頭一陣抽搐，喉嚨發出乾啞粗糙的聲音，說：「我的……小……格西。」接著她抱住我，把我的頭貼在她胸口上，讓我在她懷中哭泣。後來她輕輕放開我，再度看著我並點點頭。我走出門。

47 度母像裡面

我快步走向石頭小廟，從背帶拿出諦諦拉送我的絲巾，一端綁在佛龕邊緣的石頭上，高度大概到腰。另一端綁在牛欄的一根竿子上，這樣絲巾就拉開擋住了後方那條通往山脊的小徑，伯父回來一定會經過這裡。然後我彎身把手伸進佛龕的小拱門，拿出三盞酥油燈並點燃，再將它們放到後面風雨吹不到的地方。我抓住美麗的青銅度母像，象徵自由的菩薩，把她稍微拉向我，然後小心翼翼將神像放倒，再撬開底部的小蓋子。我們的工匠都會在這裡留一個隱密的小隔層，這樣你就能把自己喜歡的小聖物（比方特別的卵石、貝殼或幾頁經文）塞進神像裡，永遠不會忘記放在哪裡。然後我從嬰兒背帶拿出伯父的珍貴小書，把書頁緊緊捲成圓柱形，然後塞進去，大小剛剛好，再用一顆石頭把蓋子輕輕敲回去，並將度母像歸位。

最後我拿出之前寫的其中一封信，把信靠在石頭和神像中間。我在信紙外面用紅色大字寫上「札達」（危險！），然後退幾步站在小徑上看看效果。非常完美。從這個角度看去，火光很亮，那封信像在大聲叫人來讀。沒人會錯過這條絲巾，但從家裡那邊卻什麼都看不到。

以下是我懷著不知能不能再看到他的心情，寫給我親愛的伯父的信：

親愛的蔣巴伯父：

大事不好了。元老和德龍提早抵達，從窗外看見我穿著我在某個地方撿到的白色腰布做智者的動作。我擔心他們會以爲是你給了我那塊腰布，還教我做他們看到的那些動作。要是那樣的話，我知道後果可能不堪設想。

所以我決定離開這裡，前往印度，因爲我眞的很想學會幫助人自我療癒的方法。求求你不要來找我。你跟諦諦拉一定要按照計畫繼續教書，那對很多人來說都會是莫大的幫助。

請你把發生的一切告訴爸爸，然後跟他說我很愛他，我一定會讓他以我爲榮，等我學會必須學會的東西，我就會回來看他和阿瑪拉。我知道商隊的女人會繼續幫忙編織工作，諦諦拉也會好好侍奉你，所以我不擔心家裡的事。

請你諒解，等你讀到這封信時，僧院的僧人都會聽說幾個月前經過這裡的聖線智者偷偷在替我上課，所以我跟他跑了，要跟他一起回東部地區的家。

某方面來看，這樣的結局甚至更好，我想你也看得出來。請替我祈禱，爲我祝福。這世上沒有人比你對我更好，只希望我所學的一切能長長久久報答你的恩情。

深深敬愛你的姪女

星期五

PS：你從佛龕上拿來借我的那本經書在我朋友卓瑪那裡。其他的我得一起帶走。

我在腦中複習信上寫的每個字。就算其他人看到這封信，也不會爲伯父帶來更多麻煩。「卓瑪」是西藏女性常見的名字，也是象徵自由的度母菩薩的西藏文。我相信等到風波平息，伯父會知道要去哪裡找他那本智者小書。

我最後一次深情凝視瑩瑩火光下的度母，然後抱起長壽放進背帶，盡可能把我們都包在披肩下。我們快速繞過家裡的蒙古包，穿過小徑旁的灌木叢。走山脊捷徑去僧院雖然比較快，但一定會碰到正要折返的伯父，那絕對不行。他心胸寬大，一定會挽留我，任憑元老怎麼對付他也不管。

我也知道必須避開馬路，路上隨時可能有人看到我往僧院走去，之後跑去通報。反正那裡現在八成也變成了泥巴河，速度太慢。於是，我和長壽直接穿越田野與曠野出發，沿著與馬路平行的方向前進。一路上雖然會遇到一些厚泥巴的地段，但絕對不會比馬路那邊難走。

我對那段路的記憶已經模糊。只記得我哭得很慘，但反正無所謂，大雨夾帶狂風撲面而來，我的頭髮到處亂飛，纏住喉嚨，摀住嘴巴，鑽進背帶底下。我氣喘吁吁，什麼都不管了，有時拚命往前跑，有時踩到石頭一滑，栽進扎人的樹叢裡，不忘抱住長壽免得牠受傷。雨水輕而易舉穿透披肩和裙子。我拔腿狂奔，鞭策自己不能倒，像個瘋女人任憑風雨打在身

上。

僧院圍牆猛然出現在眼前。我垂著頭，上氣不接下氣，像冬天的馬匹呼出陣陣白煙，又濕又冷全身發抖，同時感覺到長壽貼著我的小身體也在發抖。

圍牆大門當然關著也閂上了，要到早上才會開。這我早就料到，但也知道我們唯一的希望在哪裡。我們貼著牆繞過院子，在離小側門約十呎的地方停下來，不動如山地站著，身體緊貼著圍牆。雨水打在我臉上，從牆面滲進我的背。我腦袋一片空白，只是呆呆望著一片漆黑和黑痲痲的田野，告訴自己我是石頭做的，跟石頭一樣不會動、有耐心，直到時機來臨。

過了大概一、兩個小時，我不確定，風平息了片刻，烏雲裂開一道縫，我甚至看得到幾點模糊的星光。側門有個聲音穿透牆壁，傳到我背部。我立刻回過神。有人正在開門閂。

我仰望天空，屏住呼吸，盡可能貼緊牆壁，聽見柵門的鉸鏈吱嘎轉動，接著看見一個駝著背的瘦弱身影踏出門。他動作像老人，拖著腳走進田野，嘴裡還念念有詞，然後彎著腰開始解手。

我盯著他的背，偷偷往旁邊移動，身體仍舊緊貼牆壁。他突然上好了，直起身，放下僧袍。於是最後幾步我用跑的，就在他轉身之際閃進拱門下的陰影。

進門之後我再度貼牆繞到僧舍後面，拉起披肩蓋住頭，也盡可能遮住前面。有些地方我們得穿過門廊或窄仄的小巷。小巷兩邊的窗戶貼得很近，但門窗都關上抵擋風雨，很少屋裡還亮著燭火。我這才意識到一定很晚了。沒人還醒著在誦經，唯一的聲音是遙遠的手搖鈴聲——有人利用狂風暴雨的力量和夜深人靜的時刻爲覺者獻上一首歌。

我來到圍牆的後門，很清楚這裡是哪裡，轉進兩棟建築之間便看到了那道老舊的樓梯。我小心翼翼爬到頂，風雨又回來了，而且變本加厲，幾乎要把我吹倒。有一片刻我慌亂失措，努力回想是哪一扇門。我著急地舉手敲門，在心裡祈禱諦諦拉會聽見。

木門慢慢打開，諦諦拉睡眼惺忪地抬頭看我。我拉下披肩，他滑稽的大眼睛瞬間張得像茶碟一樣大。

「星……星……星期五！星期五！我的天啊，你在這裡做什麼？你怎麼了？」

我的視線飄向他身後，目露懇求。他遲疑片刻，然後探出頭左右掃一眼，把我拉進去後立刻把門關上。接著他旋即轉身走向我，眼神擔憂，甚至有點生氣。

48 好日子過去了

「星星星期五！這是怎麼回事？」他壓低聲音。「這也太太太誇張了！現在是三更半夜，外面又狂風暴雨，你跑來這裡做什麼？你……你會害我從此被逐出僧院！」

我試著開口跟他解釋，但嘴巴不聽使喚，牙齒喀喀作響，嘴唇整個麻掉。我忍不住又哭出來，一方面找到他鬆了口氣，另一方面又害怕接下來的事。

「我我我的天啊。」他說，第一次把我看個仔細。「天啊，星期五，看看你……全身都濕透了。對不起。快來坐下。」他幫我拿下背帶，我們把可憐的小長壽放在床上，諦諦拉用他的破舊小毯子蓋住牠。接著他讓我在長壽旁邊坐下來，無助地四下尋找能包住我的東西，最後從小凳子上抓起他的僧侶披肩披在我肩上。「管它的！」他雀躍地說。「如果會被逮到我帶女生進來房間，倒不如一不做二不休，也讓她披上我的僧袍！」

我笑了笑，好過了些。諦諦拉拿出僧舍除了佛龕之外也必備的小茶桶，用小木碗倒了杯茶給我。我灌了好幾口並咳了幾聲，趕緊用拳頭壓住聲音，這才意識到自己還沒從第一場辯經考試中恢復元氣（那彷彿已經是好久、好遙遠的事），身體感覺又要燒起來。諦諦拉耐心等我開口，那樣的耐心需要很大的勇氣。我轉頭注視他和善的臉——我的新哥哥，我即將要失去的第二個哥哥。

「諦諦拉……諦諦拉格西。發生了很不好的事。我……我沒有時間告訴你全部的經過。我不確定你知不知道我為什麼那麼想學你跟丹增學的東西。

「那是因為我奶奶，後來還有丹增……我聽說了生命之輪的事，聽說格西學的東西能抵擋死神，所以……所以我才努力學，拚命地學。現在我已經準備好……

「學會那些東西之後……現在我已經懂得夠多，知道有一部分知識由聖線智者保留下來，所以如果我真的想學會幫助人……幫助人自我療癒，我……我知道我非學會智者的方法不可。

「今天我穿著從某個地方拿到的智者腰布胡亂練習時……元老和德龍……他們剛好提早抵達，從窗戶看見我……

「我擔心他們會想辦法把錯推給伯父，殘忍地對付他，毀了你們打算幫助其他人的計畫……」我頓了頓，低頭看床。諦諦拉沉默不語，我感覺得到他對我的不捨，像外面的風

一樣強烈。

我抬頭看他，知道得長話短說才行。「我不能再說下去了……而且這樣也已經足夠……你知道情況了。我有東西要交給你，我需要你的幫忙，之後應該就會沒事了。」

我從嬰兒背帶裡拿出羊皮紙。神奇的是它竟然沒濕，原來長壽一路都保護著它。我把它捧在手裡片刻，然後集中目光看著諦諦拉的眼睛。

「這是我寫的信，是給你的。但明天一大早，大家正要起床到寺裡晨禱時，你就要把信拿給辯經長羅塔格西看。

「他看過之後，你要請他快把信拿給住持仁波切看，告訴他是我說的，是星期五說的，住持一定要立刻看到這封信。這件事非常重要，甚至可能攸關生死。

「你不需要詳細交代你何時或如何拿到這封信，我沒有要你爲我說謊，我不會再次讓你陷入那種處境……」我嘆了口氣，把信交給他。「請你先看這封信。」

諦諦拉打開羊皮紙，低頭開始讀：

我親愛的好友諦諦拉：

我寫你這封信是要告訴你我要走了，要跟你們看過之前跟我一起在院子出現的那個年輕的聖現智者私奔。我愛上了他，他給我一條智者白布，還交我沒人要交我的東西。今天他回來找我，我們要去他在東方地區的家。再見了，順便拜託你竟可能幫忙照顧我們家。

感激不進
星期五

讀完之後，諦諦拉沉默片刻，低頭看著手中的信。接著他抬起頭，用一種痛苦的眼神看著我，淚水湧上眼眶。

「不是那樣的。」他說：「你這是在掩蓋事實，在保護……你這樣是把責任都推給自己……」這是在陳述事實，而不是問句。

我又低下頭，然後輕聲說：「你們格西……你們格西……知道太多了，看穿太多事了。」他破涕爲笑。

「我就不多說了。」我說：「要是他們問你知不知道其他事，我不要你爲了我說謊。可是……可是你覺得那樣行得通嗎？」

諦諦拉又咧嘴笑，但我看得出來他激動到嘴唇都在發抖。「可以的……對，恐怕眞的行得通。大家……大家輕易就會相信像你這樣的女生會爲了愛情私奔。沒人會願意相信你已經精通格西的知識，如今又要去尋求智者之道，這這這樣就能將兩者結結結合，學會如何療癒他人，抵擋死神。」他頓了頓，我利用這一刻——最後的一刻——看著他，愛他，發現他眞的了解我做的事，而他是我眞正的哥哥，心靈相通的哥哥。

他用手背拭淚，一行淚橫過臉頰。「而我必須說，我必須說這個方法很聰明。它救了……救了所有人。你可以離開這裡去學你需要學的東西，等到有天想要回來也能回來，因爲沒沒沒有人會責怪一個幾乎是被聖線智者拐拐拐走的年輕女孩。我尤其佩服信上糟糕的語法和錯字，一看就知道是個天眞無知的女孩寫的，沒人能指控……其他人……幫你寫信。」他停下來清清喉嚨，輕聲補問一句：「所以你……你會……你還會回來嗎？」

我再度看著他的眼睛，讓他知道我接下來要說的話是眞心的。「諦諦拉……我的哥哥……我要離開是因爲……因爲我一定要回來。我要離開……這裡的一切，我愛的每個人……因爲我愛他們，因爲我必須學會怎麼樣才能眞正幫助他們。我們……我們不能繼續這樣下去，我們……不能繼續像以前一樣，眼睜睜看著人生病死去，坐在漆黑的蒙古包裡爲死者哀悼，直到他們自己也死去。而想要幫助他人的人卻必須活在恐懼中，恐懼那些拒絕幫助他人的人。太荒謬了，那是不對的。我會回來的，我必須要回來。我會把所學帶回來，把療癒之道帶回來，然後我們……我們就能阻止那些事，那些錯得離譜的事。」

諦諦拉聽完只是點頭，淚水潰堤，如雨泉湧。我站起來，跟諦諦拉合力把長壽放進背帶。我抓起哥哥的手，低下頭。他點點頭，也把頭一低，按照古老的方式跟我額頭碰額頭。或許有一小束金光轉瞬間從他頭上灑下我的背，也有可能只是我自己的想像。之後我轉身跑出門。

風更強了，雨也是，難以置信。我貼著牆壁爬下樓梯走向圍牆的後門，拉起門閂踏出門檻。放眼望去一片漆黑——狂風呼嘯，把雨打進我眼裡；僧院周圍的廣袤田野籠罩在黑暗中，寒冬中一片空曠，有如泥巴汪洋延伸至密林邊緣。

我停住腳。往南前往印度的路在我的左手邊。爸爸或伯父要找我，一定會從那裡找起。元老或僧院其他人若是在意我跟年輕智者的死活，應該會派人從僧院大門出去，朝著往東的道路走。這些都在我的預料之中，而我跟長壽要往西走進密林，然後……去找卡特琳。卡特琳——從我第一次聽到這個名字的那一刻起，這位大智者的名字就在我心中如樂音般迴盪不已。我們要去找卡特琳，無論如何都要找到他，請他教我另一半療癒之道。

我轉身關上柵門走進田野。好像才走了四步就發現，我也可以乾脆往北走上板岩山脊，那樣的話一、兩個小時就能回到溫暖的家。伯父會給我喝點茶，讓我上床睡覺，隔天早上他和爸爸會跟元老把問題解決。過一陣子我就算不能學到全部，也能從伯父那裡學到很多……

突然間，長壽整個失控。牠又搖又抓，奮力要鑽出背帶。我還來不及阻止，牠就跳了出去，狠狠摔進泥巴裡，瘦小的前腿凹折在身體底下，側身躺在地上片刻。我驚呆了，楞在原地。

只見牠緩緩起身，抬頭對著西方密林的方向，一邊臉和小小的身軀全都沾滿泥巴。濃密的毛髮貼在身上，原本蓬鬆的漂亮尾巴髒兮兮拖在水裡。牠往田野走去，腿有點跛，但昂著頭自信地往前走。

走了幾碼之後牠回頭看我，眼中的熱火能融化寒冰。「好日子過去了，」那雙眼睛說。「你我都是。這就是我們現在的處境，很辛苦，一定會很辛苦。」

然後牠轉過頭，直直走進密林，再也沒回頭看我有沒有跟上，一次都沒有。

49 上路

我記得我們越過田野——從泥巴裡拔起靴子一步步往前走的聲音；冷雨滲進鞋子裡，腳整個濕透；密林的幽暗輪廓浮現眼前，不時被閃電照亮。之後高大漆黑的樹影將我們籠罩，腳下的泥巴變成了滑溜寂靜的松針地毯。因爲精疲力盡，也因爲生命一下被抽空，我的腦袋完全停擺。

多虧長壽救了我們。脫胎換骨的長壽，一個野性、沉默又堅定的身影，穩步穿越黑暗。我疲憊的眼睛努力不讓那片小白影離開視線，強迫雙腿盡可能撐住，不去理會腦中的聲音。牠走在前面，我跟在後面，什麼都不去想。

到了某一刻，雨漸小，之後寒意變得更重，我猜天快亮了。幾分鐘後我差點踩到長壽，停在一片柔軟平坦的空地上，五棵樹瘤虬結的老樹將我們包圍。長壽抬頭看我，已經累到全身無力，舌頭垂下嘴角，受傷的那條腿懸空弓起，彷彿再也無法站立。我屈膝跪下，之後整個人躺下來，把牠溫暖的身體珍惜地擁入懷中，沉沉睡去。

49 上路

我醒來時已經下午，額頭發燙，背和雙腿都痛得要命。我坐在一束從樹間灑落的柔和陽光下，看見我的小獅子在幾呎外的草皮上，坐得直挺挺的，警覺地環顧四周。看到我醒了，牠慢慢走過來，腳還是有點跛，用鼻子磨蹭我的臉，像要減輕我身體的熱，幫我退燒。

我咳了幾聲，拿出爸爸的水袋，我們兩個都猛灌水，儘管昨晚淋了雨身體都還沒乾。接著我拿出奶奶裝乾酪的紅色小袋子，光是摸著它——我童年的一大安慰，如今幾乎是我僅剩的童年——都給了我們新的力量。我們默默咀嚼了很久。我恍惚地搔著長壽的耳後，望著周圍樹林的新奇面貌，小心避開腦中一步就會墜入的深淵，掉進寂寞和懷疑的泥沼。長壽也感覺到了，毅然決然起身走去空地邊緣，回頭看我一眼，示意我們該趁還有天光時出發上路。

第一天後來的情況跟昨晚很像。經過這一切，我的腦袋還是一片麻木，發生的事都變得模模糊糊，同時也隱約意識到家裡與日俱增的擔憂——伯父和爸爸的牽掛聲聲呼喚著我，連在這裡我都能感受到。伴隨著疲憊而來的是自我懷疑，那比任何事都要耗損心力。

但長壽很聰明，不給我時間想太多。周圍的樹木愈來愈濃密幽暗，地形漸漸變成上坡。不多久，我的眼睛再度接管雙腳，步伐沉重地跟在腳步輕巧無聲又平穩的長壽後面。牠只在一些地方短暫停留，從周圍盤根錯節的灌木叢找出一條小徑，讓牠帶領的小孩通過。

我們幾乎到天色全暗才停下來，喝了大半剩下的水，又吃了一些乾酪，後來累到沒力氣咀嚼，就地躺了下來。我發著燒昏睡過去，做了亂七八糟的夢。

隔天我們比較早起。陽光燦爛，抹去我心中的一絲悲傷。我們又吃了幾塊乾酪，之後再度由長壽帶路，這次牠選了一條幾乎直通山坡的小徑。早上這段路舒服宜人，曲折的小徑穿過及腰的蕨類和花叢。

中午過後，長壽突然停下來抬起鼻子嗅了嗅。我也跟著停下來等，不一會兒就看見前方樹叢有東西在動——上面和左邊。接著，樹叢裡走出身上有漂亮白點的棕鹿一家。先是爸爸，一頭頂著細小鹿角的小公鹿，再來是四下張望的母鹿和牠們的小鹿。

牠們立刻發現我們，當場愣住，在那段彷彿無限延長的沉默中，我們只用眼神互相試探。我腦中有個聲音要我獻給牠們「曼達」——這是一種特別的祈禱方式，我們會試著想像，這個世界和所有生靈都已經化爲無死的極樂世界。於是，我用一種特別的方式將手指扣在胸前開始誦念，聲音輕柔但清脆如鈴。公鹿和母鹿嚇了一跳，往後躲回樹叢裡。小鹿卻從牠們中間溜出來，獨自走上小徑佇立在我跟長壽面前，聽得入迷，當最後一個音符早已消散在樹林間仍一動不動。

49 上路

之後我們繼續往右上方走，穿過一大片刺藤和荊棘。我知道我們應該正朝著山頂走去；長壽有牠的理由，而我完全信任牠。但從這裡開始每一步都很艱辛，我努力把那些殘酷的樹枝往旁邊推，直到人能鑽進去，或是乾脆趴下來，肚子貼著濕土從底下爬過去。

接近傍晚時，我不得不停下來。我坐下來想了想，然後匆匆走到旁邊提起裙子狂拉肚子，拉完之後又爬回去躺在地上，痛得抱住肚子。長壽靜靜坐在我旁邊，低頭用悲傷的眼神看我。我看見牠原本蓬鬆的尾巴黃了一片，摻雜著乾掉的泥巴，這才發現牠也因爲發燒和吃了幾天的乾酪在鬧肚子。我們喝光剩下的水，牠讓我再躺一下。

等我覺得好一點之後，長壽低頭推我的手，然後抬起眼睛看前方。黃昏將近，我們必須盡快登頂。我毫不質疑牠的決定，直接站起來強迫自己往前走。走不到三十呎，我們就掙脫荊棘叢抵達山頂，站在寬闊的天空下，眼前是一小片平坦的石頭山脊。

長壽立刻走到懸崖邊坐下來，望著西南方。我跟上去，一邊調整呼吸。在最後一絲微弱的日光下，我看見西方密林的深綠色邊界，一道形狀像大V的白色花崗岩形成明顯的分界線，那就是伯父提過的「外緣」。再過去，只見一片迷濛的淡粉紅色天空籠罩著低地，以及通往卡特琳的峽谷之路。

50 與死神交會

我在山頂另一端的小空地醒來，口好渴。我的頭因爲發燒還有點暈，當我環顧一圈發現不見長壽時，我嚇了一跳，吃力地站起來走去底下的樹叢找牠，轉過身才發現牠在上面的荊棘叢裡。只見牠坐著不動，表情專注，不是凝望著前方的低地，而是回望著我們之前穿越的林地，像獵人一樣目光如炬。我腦中閃過一個念頭，我們也有可能是別人的獵物。

接著牠一溜煙跑下來，從我的雙腿飛掠而過，往前衝去，無聲催促著我。我直接抓起嬰兒背帶和空空的水袋跟上去，快速離開。我們都不想再吃乾酪，但我知道時間久了就會改變。

我們在薄霧中奮力爬下山，不到中午就又回到平地，在山腳下歇了幾分鐘。長壽看起來很緊張不安，頻頻轉頭回望我們爬下來的山坡。

又走了幾分鐘之後，長壽猛然停住，抬起頭，豎起耳朵。我也跟著側耳傾聽，終於聽到了——蜂群嗡嗡飛舞的聲音。牠往右朝著聲音的來源移動，我跟上去，最後來到一棵怪樹前，樹幹在離地幾呎高處一分為三。

樹中間空了一大塊，邊緣一排蜜蜂正在喝積在裡面的雨水。我從地上撿了根樹枝，盡可能把蜜蜂趕走，然後抱起長壽一起把有點鹹的雨水喝光。我不禁想，迫於所需，我們很快就會習慣各種事。離開時我手上被叮了一包，雖然一點都不痛，但繼續往外緣跋涉時，毒素漸漸往我的手臂蔓延，再加上燒還沒全退，我覺得頭暈暈的，心裡惴惴不安。

幾個小時過去，我們正沿著草地邊緣走，跟著鹿的足跡貼著林木線繞了個半圓。長壽似乎盡可能避免走在毫無掩護的地方，我的頭本來就隱隱作痛，因為這樣更有種不好的預感。一陣風從低地捎來，直往我們臉上吹。我前面的長壽走到一半倏地一怔，前腳停在半空中，後頸的毛倒豎起來。只見二十呎外有頭巨大的灰狼朝著我們小跑過來。

牠看起來身長約六呎，高度到我的腰，牠低著頭，嘴裡叼著一大塊帶骨的紅肉。我知道風正把我們的味道吹往另一個方向。牠幾乎是在毫無察覺的情況下靠近我們，這時我和長壽出於直覺反應讓牠知道我們在那裡：我清了清喉嚨，長壽對這頭野獸放聲長嗥。

灰狼一驚，霍地抬頭四顧。牠先看到了我，立刻放下嘴裡的肉，奔進高大的草叢裡。只見一條灰色影子沒入棕色的草浪中，在風中快速穿梭，發出沙沙聲響。我們又驚又奇地看著

牠走遠，我腦中突然浮現奶奶倒下那天，伯父倏忽穿越我們家後方麥田的深紅色身影。想到這兒我內心一震，驚覺現在發生的事差一點就讓我們可能再也回不了家，再也看不到伯父或爸媽。我胸口一陣劇痛，口渴和發燒因此更加難受，更令人感到絕望。

長壽回頭看我，眼神悲傷，一定也感受到我的絕望。我們慢慢走到丟在路中間的那塊肉和碎骨前。我停下腳步，心想長壽或許會想吃那塊肉，我應該沒辦法。但牠只是嗅了嗅，毛又倒豎起來，伴隨著詭異的低吼，然後小心翼翼繞過那塊肉，好像那是一條蛇似的。我跟在牠後面，繼續往外緣挺近，努力把那種詭異的感覺拋在腦後。

終於走出西方密林時，前方再度籠罩在粉紅暮色中，一片又長又平坦的白色花崗岩突然出現在眼前。我們慢慢走到懸崖邊，眼前的開闊視野令人震撼。這片「外緣」的大片山壁是我們國家的盡頭，幾百呎高的陡峭懸崖底下就是低地。但在霧濛濛的夕照下，底下仍然只是一片模糊不清的褐色土地。

我這才發現我們出來的地方有點北偏，靠近大V側邊中間，必須要回到尖端，才能找到走下外緣山壁的路。

我們停下來又休息了幾分鐘，欣賞對面山壁從粉紅轉爲深紅，太陽漸漸沉下地平線。接著我看見一大群鳥。好多好多大黑鳥，加起來將近百隻，像迴旋而上的煙囪飛上血紅色峭壁，乘著衝上山壁的上升氣流攀升。

長壽也盯著鳥群看，然後垂下眼睛又發出那個詭異的低吼聲。我奮力往薄暮裡看，終於看見一個巨大魆黑的身影一步步走上對面的血紅懸崖。那個身影比人還高大，寬大的肩膀弓起。

它佇立片刻，彷彿望著對面的我們：一隻髒兮兮的小狗和一個心驚膽戰的病弱少女。它扭過身，拉下背上的幾條繩子，一具赤裸裸的屍體便從它肩上墜入懸崖的冰冷岩壁。

我恍然大悟。我們看到的畫面是天葬；有人過世了，根據山上民族的習俗，會將其遺體獻給野生動物，以微小的肉身滋養並回報世界。

那個魆黑身影往後一站，收回繩子。黑色大渡鴉嘎嘎大叫飛下來扯咬屍身，啄食死者的臉。我突然想到，那也可能是奶奶美麗的臉或丹增英俊的五官，而他們說不定就葬在這片山壁上。我瞄了長壽一眼，只見牠轉頭對著那個魆黑身影，靜默如石。我伸手去摸牠脖子上的毛，想要尋求安慰，但在逐漸變暗的天色下，牠的皮膚彷彿不見了，只剩一個咧著嘴的骷髏頭凝視著黑暗，而我往外伸的手指也爬滿了蛆蟲，吃著鳥和狼沒吃完掉在土裡的殘渣。

一把怒火湧上來，彷彿在說：不會這樣的。我站起來，慢慢走到懸崖邊，好讓那抹魆黑身影——死神——看清楚前來消滅他的人的臉。

51 與溪水同行

破曉迎來了天清氣朗的早晨。陽光照亮我們所在的峽谷入口，「外緣」就從這裡通往低地。林間的松針地毯從這裡變成了粗獷的花崗岩和如玻璃般碎裂的板岩，幸好有糾結盤繞的橡樹提供遮蔭。朝著V形尖端往下爬了半小時後，我們來到一條水光閃耀的潺潺小溪。我發現了一個平台和小水池，沒脫衣服就直接跳下水。水冰得要命，冷到我差點停止呼吸，但我還是樂開了懷，讓水流沖走身上所有的病痛和恐懼。我勇敢的小獅子不知所措地站在岸邊，但最後讓我把牠抱在腿上泡進淺水裡，洗掉牠漂亮長髮上的污垢。這時我們才真正感覺自己逃出來了，擺脫了之前的生活和其中的死亡。而親眼看見死神——因而想起我們爲什麼離開、爲什麼要來找卡特琳——反而讓新的一天和我們的心充滿了陽光，還有一股無法動搖的決心。

我坐在陽光下，身上只圍著伯父那塊智者的白色腰布，裙子掛在樹枝上晾乾。長壽四下嗅了嗅，發現一堆藏起來的橡實。我用石頭把橡實敲破，去殼，再把害慘我們的剩下幾塊乾

酪放進去一起搗碎，然後放進碗狀石頭裡，加入溪水攪拌均勻，變出一碗差強人意的糌粑糊，雖然那通常是用烤過的青稞粉做成的粥。享用了一頓西藏人最喜歡的早餐之後，我們的精神又更加振奮。

跟著嘩啦啦的溪水走就能走出峽谷，沿途令人心曠神怡。頭上的松鴉通知在池子邊喝水的灰松鼠我們來了。在兩處水邊的小徑上，兩邊各有一堵高高的石牆；溪床是一塊光滑的水磨石，在兩堵石牆之間急速傾斜而下。一開始我抱起長壽涉進水裡，小心翼翼一步一步往下走。摔了幾次之後，我乾脆把裙子綁在腰上，坐下來用滑的，長壽在我懷中嚇得扭來扭去。但其實很好玩，而且能讓人忘了煩憂，我也因此對智者的柔韌腰布更加讚嘆。

但快傍晚時，橡樹林突然消失，我們來到一片灰塵漫天的平原，盼望已久的低地終於出現。溪水在這裡往南U形迴轉，沿著「外緣」底部延伸而去。但伯父曾對年輕智者說，到了這裡要直接穿越平原，往西南方向走。我們並肩站在冰涼的潺潺流水旁，一動也不動，放眼望去盡是一片乾涸大地，死氣沉沉，遍布岩石，漫天灰塵，唯一的變化是一棵孤單淒涼的矮小荊棘。

最後又是不屈不撓的長壽往後一站，走去溪邊開始猛喝水，盡可能把肚子塞滿。牠抬頭瞥我一眼，我立刻會過意，也過去大喝特喝。接著我把爸爸的水袋灌到緊到不能再緊為止。炙熱的豔陽逐漸下沉，我們邁步走向前方的荒涼土地。長壽步伐堅定，每踏一步，小爪子便揚起一小團紅土。

52 不祥之感

我們一路走到太陽下山也沒停下來，彼此都知道晚上走路會比白天輕鬆，能走多久是多久。月亮早早就升起，蒙上煙塵陰沉沉的，給人一種不祥之感，即使我猜離滿月只差一天。那就表示距離院子那場神奇的最後辯論才過了一個禮拜，但那份神奇的力量卻早已消失。

當我們走在一條單調、筆直且未曾中斷的路上時，我感覺到智者的腰布貼著我的臀部，心中暗想：即使我根本不是智者，這塊腰布有時卻幾乎讓我感覺到了智者的力量。今天晚上就是如此，因爲我感覺到有什麼正要到來，從不遠的未來逐步逼近，如同有隻大手按著我們腳下的乾土一樣確切無疑。而且還是一隻邪惡的大手。

長壽也感受到了，但仍打起精神毫不退縮。牠的尾巴垂下來，在乾巴巴的塵土上拖行，看起來很累，也可能是很害怕，或是兩者都有。儘管如此，牠仍舊繼續邁步。我們就這樣毫無防備地走在光禿禿的平原上，月光與陰影在身上錯落交織。

53 迷失方向

月亮即將落下，天空就要破曉之際，我們終於不得不停下來。我們在一棵荊棘底下躺下來，但只是出於一種儀式感，畢竟沒有樹蔭能為我們抵擋即將升起的烈日。正慌亂時，我發現水袋已經半空，但我幾乎不記得我們喝過水。

我跟長壽都沒睡好。這片土地雖然荒涼，但當我們靜下來時卻出乎意料地充滿各種雜音：不知什麼窸窣滑過，頭上突然一陣翅膀撲騰聲。長壽愈來愈憂慮緊繃，不斷從我胸前抬頭查看，連打瞌睡時都毛髮倒豎。

因為無事可做，太陽升起不久我們也跟著起床，眼皮因為進了灰塵和睡不好而又乾又紅。我們繼續往西南方跋涉，我開始擔心走夜路害我們迷失了方向。我頻頻掃視前方，但除了一成不變的紅土，什麼都沒看見。紅土延伸到地平線那頭的淡藍色山脈，我們不可能走得到那裡。

幾個小時後，我們拖著腳並肩而行，疲憊地低下頭，擔心著該在什麼時候喝下最後幾口水。突然間，長壽煞住腳，幸好我出於習慣立刻跟著停住。往前幾吋就是懸崖，高低差有幾百呎，底下是一片不可思議的峽谷。

你第一眼看見的是水。從懸崖頂只見一條細小的銀色帶子垂至谷地中央，在某些地方擴展成大而平的水岸，水深只幾吋，流過陽光下繽紛閃耀的各色卵石，激起水花。有些地方則匯聚成清澈的碧藍水池，四周圍繞著懸鈴木之類的寬大綠樹。

長壽雖然疲憊，仍然發出了勝利的叫聲，並興奮地低頭看瀑布。我往後幾步，再次看向峽谷——從這裡幾乎完全看不到，對面峭壁的鏽色沙岩跟我腳下的土地融爲一體，我不可思議地搖搖頭。我們開始往南沿著懸崖走，尋找往下的路徑。

一開始我們錯過了小徑的起點，後來回頭望才看見有條小徑橫切過山壁，被鹿和野生綿羊踩得平坦又好走。我們繞回去找到入口，像走上通往天空的階梯。十五分鐘後，我舒舒服服坐在清澈見底的水池裡，一棵枝葉繁茂的古老橡樹爲我遮陽，長壽坐在樹下的草地上。

有幾分鐘的時間，煩惱彷彿都煙消雲散，接著新的疑慮逐漸來襲，往往都是如此。事實上，我完全不知道從這裡要怎麼去找卡特琳。而且解了渴之後，我突然意識到我餓得難受。長壽也有同感。牠站起來，緊張地走來走去，先看看上游再看看下游，上路以來第一次如此猶豫不決。

我決定往下游走，因爲我知道所有小溪終究會通往河流，而河流遲早會通往人群。不到一小時，峽谷連向另一個峽谷，兩邊的溪流合而爲一。我開心地脫掉奶奶的靴子，因爲裡頭都是汗，然後抱起長壽涉過溪水到另一邊更大條的鹿徑。我們一次又一次重複這個過程，直到我突然想到這個峽谷會不會其實是個錯綜複雜的峽谷迷宮，就算折回原路我也認不出剛剛的起點。後來我下意識地聳聳肩，反正也不可能回頭了，峽谷只是爲我們確認了這個事實。

有些地方，小徑會攀升到溪流之上，驚險地沿著峭壁穿行。有一處被落石截斷，我只好抱起長壽跳過去。那讓我覺得自己勇敢又獨立，平常我很怕高，但當下別無選擇，也沒人能幫我。

到了另一個地方，小徑沿著溪水平順延伸，然後在一顆高度到我肩膀的巨石前中斷。我把長壽放進嬰兒背帶背在背上，奮力爬上巨石，到了頂端發現，放眼望去是一整片幾乎同樣大小和形狀的巨石林。彷彿有一群巨人把這些石頭當成彈珠來玩，不玩時就把峽谷當作彈珠盒，統統塞進這裡。

翻越這片巨石林比在峭壁上跳躍還危險。有些地方可以從巨石之間的空隙爬過去，但這些小隧道常常通到死路，我知道還有蛇窩。所以最後我只好從一個巨石的圓頂跳到另一個，心裡很清楚，要是不慎滑倒，我一定會摔斷腿死在這裡，沒人會發現。

我們又來到峽谷的另一個交叉口時，暮色已經很深。我涉過水走到一片寬闊的鵝卵石沙灘，一把長壽放下來，牠立刻抬起鼻子，耳朵往後貼，毫不遲疑地往下游小跑而去。我快步跟上，但天色灰暗，踩在濕滑的鵝卵石上差點跌倒，跟著長壽穿過一片濃密的蘆葦叢和瘦小的橡樹。

突然間，一小團火出現在前方，我們一怔。接著長壽折回來，穿過我腳下躲進蘆葦叢。我急忙跟上。

54 長壽的禮物

我想起伯父警告過那個年輕智者，強盜土匪肆無忌憚地把這片峽谷當作西藏南來北往的通道。但另一方面，火上有個煎鍋正在料理晚餐，陣陣香氣飄散而來。火光映照下，我看得出來長壽也閃過同樣的念頭。

有一刻牠驚恐地望向火堆，衡量著我們神不知鬼不覺溜過去的機率有多大。我也抬頭打量，看起來希望不大。空地後方有個漆黑的水池，在溪流的這一邊，石壁從水中拔地而起，形成兩根巨石柱。在那些柱子中間，傳來了來自峭壁上更高處的小小泉水瀉下水池的聲音。

長壽的視線隨即又飄回火堆。某方面來說，能不能神不知鬼不覺溜過去也不重要，因爲要是再不吃東西，我們應該也撐不久。所以我們決定等，看會不會碰到一群好心的過路客。就算對方是盜匪，說不定待會就會睡上一覺，在我們觸手可及之處留些吃剩的晚餐。

火堆另一邊傳來窸窸窣窣的聲音。有個男人從陰暗的樹叢走到火光下。他又高又瘦，肩上披著遊牧民族穿的那種髒兮兮的粗糙斗篷，腰帶上綁著一把可怕的長刀。只見他動作俐落又熟練地拔出刀子戳戳鍋裡的東西，頭因此低下來湊近火光。

他頭戴著破舊的毛皮帽，看上去好像沒有額頭，再加上抓著刀在火上笨拙地戳來戳去，所以看起來挺嚇人的，但又顯得愣頭愣腦。

我在想要不要乾脆走出去，用東西——比方我的披肩——跟他交換吃的。但爸爸常說的一句話在我腦中響起：「跟笨蛋交易是自找麻煩。」這一個就是，所以還是算了。

「逮到你了！」一隻強而有力的大手扭著我脖子上的嬰兒背帶。接著我摔到地上，那人把我拖到火堆前；長壽的脖子被另一隻手勒住，呼吸噎住，發出驚恐的哀號。瘦子飛快起身，舉起長刀，然後臉色一亮，露出邪惡的笑容。

那隻手把我推向火堆，卻沒放開繞在我脖子上的背帶，我奮力掙扎喘氣。另一隻手直接把長壽往黑暗中一丟，牠狼狽地摔在地上。我倒抽一口氣，抬頭看見一個卑鄙無恥的笑容、一雙充血凸起的眼睛，還有邪惡的彎鉤大鼻子。他把我的頭壓向他那雙沾滿泥巴的黑色靴子，然後拔出身上的刀在空中揮舞。

「要命！摸黑亂晃竟然給我發現那麼奇怪的東西！」刀子俯衝而下，往我的頭頂一拍就飛向鍋子叉起一塊嘶嘶作響的肉。他把肉送進嘴裡，發出豬一樣的聲音，熱油滴在我的腦側。

瘦子坐了回去，睨他一眼。「你打算怎麼處置她？」

「阿哉。」大個邊嚼邊說。「如果她聽話，讓她給我們來點樂子，當作甜點。如果搞怪，就宰了她，你說怎樣？」

刀子又飛過來，割破嬰兒背帶的側邊。瘦子伸手扯下奶奶的披肩和爸爸的水袋，一臉嫌惡地把東西丟在地上。「她身上大概就這點東西，沒半點值錢貨。」

大個呼嚕嚕只顧著吃，抓著繞在我脖子上的帶子不放，力道漸漸加重。我的臉貼在地上，只看得見靴子和火堆。

他大嚼特嚼，我聽得見聲音，耳朵嗡嗡響，很怕自己隨時會暈過去。

「狗又爬起來了。」瘦子說。

「無所謂。」大個咕噥道：「反正瘦成那樣也不能煮來吃，嚇成那樣也咬不了人。」我又聽見他把刀子伸進鍋裡，熱油再度滴在我身上。我從眼角看到長壽在火堆外圍。

「長壽。」我奮力發出聲音：「嗡嘛呢唄美吽。」那是長壽以前為了在桌邊討賞而學會的咒語。

大個說：「你看看，她嚇到已經在念經了。」

但長壽一聽就懂，立刻在火光下用後腿站起來，嗷嗷發出「嗡嘛呢……」的聲音。瘦子驚道：「你看看那個！」就在這個時候，我大喊一聲爸爸教牠的砰！長壽反射性提起小小的身軀，撲向插在大個刀上的那塊肉。鍋子震得飛起來，熱油濺到瘦子的手臂上，他大聲慘叫；大個重心不穩往旁邊倒。我跟長壽倏地跳起來奔進後方水池旁的陰暗處。

但大個身手矯捷，像貓一樣立刻翻身躍起追過來，手中揮舞的火把照亮他可怕的臉。我們一下就被巨石困住，抬頭一看我不由嚇得哭出來。放眼望去是一望無際的巨石。我轉過頭，只見大個朝我飛撲過來，長壽突然間站出來擋在中間，像掠過地面的一小道白色閃光。牠頓了一頓，回頭用那雙美麗的棕色眼睛注視我，驚恐到眼白都露出來。我感受到了牠的恐懼，也看出牠儘管恐懼也要捨身救我。牠用眼神對我說：「快跑！」然後轉頭面對大個。

我大喊：「不要！」但長壽已經跳起來，用小而銳利的牙齒咬下那隻手臂和火把。大個痛得大吼，他身後傳來跑步聲，還有一聲響亮的拍擊聲，之後就沒聲音了。四下一片漆黑寂靜，只剩下我自己的急促呼吸聲。我慌慌張張躲進黑暗中，鑽進巨石之間的縫隙，拚命往前爬。

55 無路可退

巨石擋在前面，我不得不右轉再右轉，最後還是死路。我蹲在漆黑的巨石陣裡，忍住不掉眼淚。

「你被咬得好慘。」

大個怒哼一聲，沒答腔。

「反正牠再也咬不了人了，跟你保證。」瘦子又說。我仔細聽，卻什麼也沒聽見，心想長壽一定走了。

接著，火把在我上方揮舞，但周圍靜悄悄，只偶爾傳來「這裡」或「沒有」的聲音。我知道他們遲早會找到我，而除了朝他們的方向往回走，周圍根本毫無出路。

快到空地時，巨石間出現了另一條縫隙通往懸崖。走不到幾呎，我的膝蓋就泡在冰水裡。水池到了，又是死路。

這時候一道光掃過來，離我很近，我急得趴下來，把身體壓進漆黑的水裡，直到我擺脫巨石，整個人蹲伏在水裡，只露出眼睛和鼻子。

「剛以爲在這裡看到什麼。」另一支火把也靠過來。他們遲早會想到要查看水池。

我看看瀑布直瀉而下的山壁。一片平坦的峭壁，但一邊就是其中一根巨石柱，有如煙囪從山壁突出去，上面的裂縫和岩架往上延伸到我看不見的地方。雖然想到要爬那麼高就怕得要命，但一把怒火在我心中愈燒愈旺——對死神的怒火。所以我弓著背靜靜移動到巨石柱下，然後開始往上爬。

我沒往下看，往上也什麼都看不到，有時感覺到火光照在我的背上，但我想他們根本沒想到要往上找。我一次找一個縫隙，找到就把手伸進去，撐起身體往上拉幾吋，雙腿直發抖，因爲冷也因爲害怕。我知道我的裙子會在石壁留下一道水痕，待會那兩個人就會循線追上來，但我只顧著往上爬。

伸手尋找下一個縫隙時，我發現上面的石頭一片平坦。我開心地撐起身體爬上最後一個岩架，站上山頂。

只不過那不是山頂，而是巨石柱頂，而且分叉成兩個尖角。每個尖角都只夠一隻腳站上去，橫跨在空蕩蕩的懸崖。所以我蹲在那裡，凝目望著石柱頂和峭壁之間的一片漆黑。光是

55 無路可退

轉身往下看都險象環生，底下的巨石和那兩個男人跟我有七、八十呎的落差。所以我又冷又害怕又傷心地蹲踞在半空中，知道自己已經無路可退。

56 墜入黑暗

有生以來，我第一次因爲不知所措而動彈不得。我就這樣蹲在那裡，嚇到一動也不敢動。我聽得見那兩個男人還在底下找我，也感覺得到大個的怒火隨著痛苦和挫敗而逐漸加深，化爲一種嗜血的欲望。後來我發覺我的腿冷到漸漸麻痺，等到整個麻掉，我無論如何都會摔下去。

突然間，一輪明月從峭壁的另一邊探出頭，就在我左肩後方。皎潔的銀白月光照在我身上，這時誰要抬頭往上看一定會看見我。但月光同時也慢悠悠拂過我對面的峭壁，就在這個時候我看見了那條小徑。

那其實不過是一條岩架，不到一呎寬，對角切過峭壁。一端延伸到我左邊的黑暗處，另一端往下停在泉水湧出峭壁之處，而後變成瀑布瀉下水池。

從我所在的石柱頂到對面的岩架，落差約有十五呎。但石柱跟峭壁的距離則難以估計。

後來我又聽到後方傳來那兩個男人的聲音，腦中浮現一幕幕畫面：奶奶和丹增的屍體躺在其中一片峭壁上；長壽溫暖的小身體在晚上貼著我的胸口，如今身上的溫度都流光，冷冰冰、血淋淋地躺在底下的塵土裡。我彷彿看見我認識的所有人和所有生靈，還有我不認識但活在這世上仍有溫度和生命的血肉之軀。我感覺到死神張牙舞爪到處尋找他們，勒住他們的喉嚨，而他就是我身後的那兩個男人。所以我當機立斷做出了決定：我要站出來對抗死神，爲了哪怕只是學會如何徹底消滅他的機會而奮戰，爲了世界上的所有溫暖生命而戰。

於是我望著對面的岩架，看見一顆從峭壁突出來的石頭打下的陰影，那片陰影的輪廓就像伯父的臉。我把那當作一個好預兆，然後轉過身，一腳踩一邊保持平衡。我彎下腰，將肩膀擠進尖角之間的空隙，身體盡可能往下滑，腳懸空，背對著懸崖。轉頭看到伯父的臉龐時，我放開手，墜入黑暗之中。

57 洞穴

我撞上峭壁，差點喘不過氣，但岩架就在腳下，而我的腳穩住了。碎石嘩啦啦落下，底下傳來激動互喊的聲音。我知道他們很快就會追上來，如果找得到路的話。

我左邊的岩架小徑肯定通往峽谷邊緣，我知道他們也很快就會發現，要是找到另一條上去的路就會在上面堵我。我往右邊看去，幾呎遠處有泉水從岩石流出來。我仰頭往後一看，泉水從上面的小峽谷流下來。

我一腳踩進水裡，一腳踩上石頭，抬起身體爬上一個形似大階梯的露頭，上面的空間足夠我把雙腳放上去。接著我再爬上一階，這片岩石更寬，一叢雜亂的灌木叢在我的左手邊。我舉手攀住下一階，這次跟我的肩膀一樣高，然後往上一撐。

一小陣風撲面而來，還有東西劈啪掠過空氣的聲音。只見一束月光照在我面前不到幾吋的形影上：一隻翠綠色毒蛇頭頸大張，隨時準備進攻。

我全身一僵，嚇到不敢動，知道牠只要掃到我一下，我就死定了。但牠卻只是處變不驚地立在原地，像站崗的哨兵，發出絲絲細響，像嘆息，彷彿在說「此路不通」。我突然想到該怎麼做了，於是慢慢放低身體，縮回岩架上。

不能往下，不能往上，但也不能杵在原地暴露形跡。於是我跨進灌木叢裡，看能不能躲進去。

只見灌木叢後方的岩石有個小洞，跟我的臀部差不多寬。我蹲下來把一隻腳伸進去，看蛇夫人一家會不會住在裡面，但裡頭靜悄悄。最後，後有追兵的恐懼逼著我繼續前進，於是我爬進洞裡。裡面一片漆黑，除了前方的一小圈月光。

往回爬時，我突然發現裡頭的高度要站起來沒問題。洞穴延伸了約十五呎後，天花板開始下斜，最後面有一小堆放了很久的硬木。曾經有人住在這裡。

我坐下來，抓起一根樹枝，打定主意盯著那圈微弱的月光看，直到天亮。但不到幾分鐘，疲憊和悲傷就排山倒海而來，把我推進斷斷續續的睡夢中。中間我恍恍惚惚看見一大片黑壓壓的蜘蛛，腳又細又長，看似嚇人實則溫順，從屋頂上垂降下來將我淹沒。

58 生命的曙光

天一亮我就醒了。即將升起的太陽發出柔和的光芒，從洞口射進來。我突然想起昨晚的蜘蛛，抬頭看見一大片，顫巍巍掛在頭頂的岩石上正要收工睡覺。我打了個寒顫，接著聽到了腳步聲。

是草鞋拖過地面的輕柔聲音，不是盜匪穿的長筒馬靴，我很確定。腳步聲發出輕快的節奏，走到我所在的岩架底下的小徑，然後停在泉水前（我猜）。我聽見類似罐子的重物放下來，接著是輕柔悠揚的哼唱聲，聽起來像伯父誦經的聲音。我悄悄爬去洞口，把臉藏在灌木叢後方往下看。

只見一個小小的人影背對著我，跪在地上用棕色的陶土罐裝滿一閃一閃的冷冽泉水。要不是瘦弱的身體披著藏紅色僧袍，上面縫了年長僧人專屬的特殊圖案，我會以爲那是小孩。

他從容不迫地站起來，轉頭面向我，用手臂把陶土罐夾在腰臀上。我趕緊把頭縮回來，再次探出頭時，他正在調整肩上的僧人披肩，僧人時常這麼做。只見他伸長了手，揮了揮布料，底下就是峭壁，然後轉過身並暫停片刻，沿著峽谷望去，然後輕快的腳步聲便折回小徑。

我躲在灌木叢裡想了一會兒，但心裡早就有盤算。我對剛剛那個奇特又瘦小的僧人已經打從心裡覺得信任，雖然才出現短短幾分鐘，他的氣息卻徘徊不去，留下一股難以形容的芬芳。他一定會幫我的，或是找人來幫我。

所以天還沒大亮我就踏上小徑，小心翼翼往峽谷邊緣走去。我緊貼著右邊的山壁走，盡量避免被底下的人看到，也不想白天看見長壽的屍體。

小徑延伸到峽谷邊緣，沿著邊緣繞了一小段才轉向。峭壁陡直，跟峽谷底部有幾百呎的落差。繞過一個小尖角之後我停下來，上氣不接下氣。

我站在一大片約有百碼寬的峭壁巨石上。形狀有點像碗，從峽谷邊緣傾斜而下，碗邊布滿高聳的尖石。從那裡開始是一片陡坡，連向底下綠意盎然的寬闊山谷，一望無際往西延伸。南邊仍能看到尖石，但沒那麼高，沿著峽谷邊緣綿延而去，直到幾哩遠外圓墩墩的棕色山脈才消失。

我走向小徑旁的一小排灌木叢蹲在後面，背對著峽谷邊緣和後方的開闊天空。底下，有棟方方正正的小屋蓋在碗形峭壁上，茅草屋頂，粗糙牆面是石頭和土灰泥砌成的。一邊角落連著另一棟方形小屋，兩棟小屋後方有片非常奇特的小花園，一排排翠綠色蔬菜排成扇形。我不敢置信地搖搖頭，這片小園地似乎遠比世界其他地方更早擺脫了寒冬。

接著，我後面有人輕聲清了清喉嚨，我嚇了一跳，回頭往峽谷邊緣看去。只見晨曦從峽谷上方射出萬丈光芒，那個瘦小的老僧就站在光芒中間，離峭壁邊緣近得不可思議。他張開雙臂，身後金光四射。因爲太亮，我還是看不見他的臉，但聽到他清脆嘹亮有如水晶鈴鐺般的聲音說：「進來喝個茶。」

59 你我的故事

「男人……危險……」我結結巴巴地說。他輕輕點頭，只說了聲「走了」便帶我走進溫暖樸實的小屋裡。裡頭其實只有一個房間，他讓我坐在一張破舊的小地毯上，底下是乾淨簡單的冰涼石頭地板，自己到後方角落的簡易壁爐前忙了一會兒。

後方牆上擺了一張小木床，床上方的小窗令人心情一振。窗外就是綠意盎然的花園和底下的深綠色山谷。對著窗戶時，我的左手邊是一個簡單的佛龕，由石頭和粗糙木板堆疊而成，上面擺著幾張細心維護的菩薩像，看了就心窩一熱。小朵小朵鮮花灑在上面，還有裝了新鮮泉水的小杯子跟手指大小的小糕點。

但最重要的是釘在床上方的粗糙小木櫃，伯父的蒙古包也有。一扇木櫃門開了一條縫，露出一小疊古老的經書，是用色彩鮮豔的破舊棉布和絲綢包裹的鬆散羊皮紙。

瘦小的老僧輕輕靠過來，把一碗熱騰騰的茶推進我手裡，然後默默把另一碗茶放在床邊一張搖搖晃晃的小木桌上。接著他站起來，跟所有喇嘛一樣盤腿坐在床上。床就是他白天的

椅子。他輕聲誦經，把茶獻給世間所有菩薩，然後點頭示意我可以喝了。

他每啜一口茶，我就會偷瞄他的臉。那張臉蒼老憔悴，佈滿皺紋；嘴唇薄而緊，嘴角深嵌在臉頰兩側，像用鑿子刻成的，是歷盡艱辛才學會沉默是金的嘴唇。眼角和額頭的皺紋如細密蛛絲，但中間那雙灰褐色眼睛卻散發著年輕的光彩，熱烈如火，堅毅如鋼，跟他和藹的舉止格格不入，像柔軟的羊毛放在鐵砧上。

他沉默不語，靜靜啜茶，任我偷看，直到覺得我的心平靜下來爲止。茶是香濃的酥油茶，加了鮮奶、奶油和鹽，當作早餐綽綽有餘。然後他直接問我：「我該怎麼稱呼你？」

「我叫星期五，長者。」我回答。

我頓了頓，然後用我們語言中的敬詞問了他同樣的問題：「長者，敢問您尊姓大名？」

他簡短回答我：「他們叫我……卡特琳。」

聽到這個名字的瞬間，我只覺得天旋地轉。幾世紀以來，接近老師、拜師都有特定的方式，已經變成一種傳統，通常需要好幾個月的準備、考慮並表明志向，但當下我驚慌失措，只說得出：「卡特琳！大智者！我……死神！所有人都會死或……漸漸死去！所以我……我必須……我必須知道！必須成爲……學會……療癒的方法。請你一定要教教我！」我激動地撲上前跪下來，把小木桌撞翻。

下垂的眼皮猛然豎起，像帳篷頂用柱子撐起來，一雙堅毅的眼睛銳利地看著我的臉。但他不發一語，我不由感到害怕，腦中閃過一個念頭：這個虛弱瘦小的人看起來一點都不像大智者。

「你是……你是……卡特琳，我是說大智者卡特琳？」我愚蠢地問。

他露出苦笑又立刻收起笑容。「我是卡特琳，就只是卡特琳，一個弱小的老僧人，你也看到了。」

老人又低眸凝視手中的茶碗半晌，然後再度用堅毅的眼神看我，細細打量我的臉。最後他終於開口：「你的要求……你要我教你的東西非同小可。」再度停頓，默默垂下眼簾，彷彿在茶湯底下尋找用字。

「就算我對這種……這種療法……略知一二，也不可能傳授給你。」一陣椎心之痛劃過我的胸口。他看見了。

「我是說，除非我知道……知道你是誰、爲什麼想學這些東西，還有爲什麼是你——年紀那麼輕，不過是個小姑娘。」

他又一頓，轉著手中的茶碗，一邊端詳，接著突然抬起頭，眼睛一亮。

「還有你是怎麼找到我的！怎麼找來這麼隱密的地方！從來沒有人像你這樣走到這裡！」

他靠過來，再次映入我的眼底和生命中。「孩子，從頭說給我聽，原原本本說給我聽。」

所以我跟他說了所有事，你在這本書讀到的一切。我知道故事可能有點長，我的文筆又不夠好。我也知道你住在另一個世界，甚至另一個時空，住在我們永遠難以想像的大城市裡，有神奇的機器滿足日常所需，對我們來說簡直像魔法一樣。

但我也知道，就算住在宏偉的建築裡，生活被那些不可思議的神奇發明圍繞，你同樣也一天天步入死亡。而我知道我的故事並不特別，因爲你一定也有奶奶，她可能已經過世或日漸衰老。我知道如果你也有像丹增那樣的哥哥，而你可能失去了他，或總有一天會失去他。我知道你或許有像長壽那樣的小小知己好友，而你我都知道，他們有天也會離你而去，或者你會離他們而去。

所以我的故事一點都不特別，我知道。但這就是我爲什麼要把這個故事告訴你，和我的老師卡特琳的原因。因爲故事在這一刻改變了，而曾經在這世上活過的生命，他們的故事也可以改變。因爲死亡、病痛和衰老並非人人必經的過程。那是種古老而邪惡的想法，也是錯得離譜的想法。

這些事之所以至今仍在發生，只是因爲我們不知道療癒的方法——那就是現在我要教給你們的方法，也是卡特琳傳授給我的方法。

卡特琳的精彩結局即將在第二部登場，敬請期待！

您可以參加麥可・羅區格西在台灣的課程：

Period
Score
Score
Personal Fouls
00:00:00
D C I
GLOBAL
MINING CLUB
SINCE. 2021

YOGA
STUDIES
INSTITUTE
YOGA WISDOM
瑜伽智慧學苑
KULA

瑜伽智慧學苑

Yoga Wisdom Kula

瑜伽智慧學苑，提供來自千年傳承的妮古瑪瑜伽深度學習與師資培訓，及瑜伽三大經典智慧的學習包含《瑜伽經》《哈他瑜伽之光》《勝者之歌》，由格西麥可·羅區和美國瑜伽經典研究院（YSI）的師資團隊教授。

把古老瑜伽智慧的傳承，以簡單易懂的現代語言，著重於把智慧融入生活。讓瑜伽練習不再單單只追求瑜伽體式，而是看見瑜伽的全貌，達到瑜伽的終極目標。

願你在此學習中得到指引，過上心滿意足的理想生活，讓瑜伽練習成為你的生活方式。

想了解更多資訊，請洽以下 Line@ 窗口。

官方網站　Youtube　Line @

衆生系列　JP0234

當和尚遇到鑽石 6

Katrin：女孩可以做得到

Katrin: Girls Do Do That

作者　麥可・羅區格西（Geshe Michael Roach）
譯者　謝佩妏
責任編輯　劉昱伶
封面設計　兩棵酸梅
內頁排版　歐陽碧智
業務　顏宏紋
印刷　韋懋實業有限公司

發行人　何飛鵬
事業群總經理　謝至平
總編輯　張嘉芳
出版　橡樹林文化
台北市南港區昆陽街 16 號 4 樓
電話：886-2-2500-0888 #2736　傳眞：886-2-2500-1951
發行　英屬蓋曼群島商家庭傳媒股份有限公司城邦分公司
台北市南港區昆陽街 16 號 8 樓
客服專線：02-25007718；02-25007719
24 小時傳眞專線：02-25001990；02-25001991
服務時間：週一至週五上午 09:30-12:00；下午 13:30-17:00
劃撥帳號：19863813　戶名：書虫股份有限公司
讀者服務信箱：service@readingclub.com.tw
城邦網址：http://www.cite.com.tw
香港發行所　城邦（香港）出版集團有限公司
香港九龍土瓜灣土瓜灣道 86 號順聯工業大廈 6 樓 A 室
電話：852-25086231　傳眞：852-25789337
電子信箱：hkcite@biznetvigator.com
馬新發行所　城邦（馬新）出版集團
Cité（M）Sdn. Bhd.（458372U）
41, Jalan Radin Anum, Bandar Baru Seri Petaling,
57000 Kuala Lumpur, Malaysia.
電話：+6(03)-90563833　傳眞：+6(03)-90576622
電子信箱：services@cite.my

一版一刷：2025 年 6 月
一版三刷：2025 年 7 月
ISBN：978-626-7449-85-1（紙本書）
ISBN：978-626-7449-83-7（EPUB）
售價：500 元

城邦讀書花園
www.cite.com.tw

國家圖書館出版品預行編目（CIP）資料

當和尚遇到鑽石 6：Katrin：女孩可以做得到 / 麥可・羅區格西（Geshe Michael Roach）著；謝佩妏譯. -- 一版. -- 臺北市：橡樹林文化出版：英屬蓋曼群島商家庭傳媒股份有限公司城邦分公司發行，2025.06
面；　公分. --（衆生：JP0234）
譯自：Katrin : girls do do that
ISBN 978-626-7449-85-1（平裝）

224.515　114005167

填寫本書線上回函